U0904558

New History Salon
新史学沙龙
陈启能
王学典
姜芃
主编

# 跨文化的争论：
## 东西方名家论西方历史思想

[德] 约恩·吕森 主编
陈恒 张志平 等 译

Western Historical Thinking
An Intercultural Debate

山东大学出版社

**图书在版编目(CIP)数据**

跨文化的争论:东西方名家论西方思想/(德)吕森主编;陈恒等译.—济南:山东大学出版社,2009.4
(新史学沙龙/陈启能等主编)
书名原文:Western Historical Thinking—An Intercultural Debate
ISBN 978-7-5607-3824-6

Ⅰ.跨...
Ⅱ.①吕... ②陈...
Ⅲ.史学史:思想史—西方国家—文集
Ⅳ.K091-53

中国版本图书馆 CIP 数据核字(2009)第 037109 号

---

**出版发行**:山东大学出版社
**地　　址**:山东省济南市山大南路 27 号(250100)
**经　　销**:山东省新华书店
**印　　刷**:山东新华印刷厂
**规　　格**:720×1010 毫米(1/16)
**印　　张**:13.25
**字　　数**:251 千
**版　　次**:2009 年 4 月第 1 版　2009 年 4 月第 1 次印刷
**定　　价**:27.00 元

---

# 《新史学沙龙》编委会

# 总 序

毋庸讳言，眼下的中国史学正经历着一场巨变，这一巨变因同时构成为中国社会巨变的一部分而显得异常深刻。

事实上，这一巨变已延续了近三十年之久。只是，在进入新世纪后，巨变在悄然加速。巨变不要紧，关键是要有个基本的方向。而此时的中国史学，却失去了度量变动的参照本身，如同茫茫大海中的一叶扁舟，正不知该划向何处。

方向不明，且道路崎岖，我们不得不承认，这就是当前的史界情势！

“历史学往何处去?”从“文革”结束后就一直是个问题。最初我们想回到前“文革”时代，很快发现不行。八十年代我们急切地拥抱现代化，“反传统”，向往所谓的“西方文明”。九十年代，“西方”虽未淡出，但“传统”却卷土重来，与传统互为表里的“国学”也随之复兴重光。出于对所谓“国学”的向往，九十年代的知识界集体向民国学术走去。近若干年，我们的学风又在调整之中，回归考据的势头有所减弱，“西学”特别是其中的“西方汉学”或美国中国学重又抬头，乃至有成为“显学”的迹象。但“西方汉学”能成为未来史学界的稳定方向吗？回答显然无法立刻作出。

实际上，史学界仍处在摸索和徘徊之中。

史家的天职让我们懂得，巨变的时代，巨变中的史学，需要一份清楚的历史记录，或者说一份实录。这份记录或实录必须要贴近时代，要同“本土化”与“全球化”交相辉映的学术现实共脉动；要尽可能多地容纳大家对其历史去向的望闻问切，尽可能全面地反映人们特色各异和角度不同的病情诊断与症候分析；还要能引领史学走出当下的迷茫，要竭尽所能地寻找中国史学前行的新航向。其中，富有洞察力、穿透力和概括力的审视和扫描必不可少，而基于不同审视和扫描的批评与专深分析显得尤为重要。当然，第一位的,是必须要有一份对中国史学存续承继的厚重责任感和使命感,这应是人们进行相关思考的起码的心理基础或共识。

我们发现,能同时体现上述追求的期刊和出版物,不是说没有,而是太过其少。对于巨变中的史学而言,这不能不说是一种遗憾!

因此,“新史学沙龙”出焉。

陈启能　王学典　姜　芃

2008 年 4 月

# 目　录

## 三、他者的观察



## 四、他者的差异



## 第三部分 编后记

# 导 论

## ——作为跨文化话语的历史思想

[德]约恩·吕森

## 为什么历史思想必定成为跨文化的

历史记忆与历史意识有一个重要的文化功能：它们形成认同感。它们把自己的活动领域划定了界限——它们自己生活熟悉的、令人安慰的一面——与别的世界相区别，这个世界通常是一个“他者世界”(other world)，也是一个奇怪的世界。以世俗的观点来看，历史记忆与历史思想履行了这种确定认同的功能；因为人类及其世界的世俗变化——人们的经验常识所带来的结果与人们曾期待的或计划的并不一样——这危害了自我(self)对自己所属世界的认同与熟悉。这种变化要求精神上努力保持世界与自我的熟悉，或者——在变化极端混乱的感受中——重新获得这种认识。

认同开始于起源与未来之间。这一过程不能是置之不理的自然之链上的事件，而必须是智力上的理解与获得。这种成就的产生——是靠历史意识——通过个人记忆和集体记忆，在现实的语境中回忆往昔而获得的。这一过程可以描述为一个非常特殊的制造意识(creating sense)的过程。[①] 这个过程把昔日的经验和对未来的期待融合为当代进程中的综合想象。这一

---

① See Klaus E. Müller and Jörn Rüsen, eds., *Historische Sinnbildung. Zeitkonzepte, Wahrnehmungshorizonte, Darstellungsstrategien*, Reinbeck, 1997.

当代概念铸造了人类生活世界,向自我(这一概念的主语是“我”和“我们”)提供了连续性与一贯性,提供了内在的一致性,在主题变化的期间内以防本质核心或相似想象的丧失。根据生活局限性的现实,以及自我精神状况局限在事与人范畴之内的状况,自我场所有一个时间的维度。仅仅通过这种时间维度,自我场所就固定在群体和个人文化环境中了。在自我定位的过程中,自我会在普通世界的时间、地点范围之内对他者或他性(otherness)划出界限,也就是在这里,他们彼此相遇,并区分出彼此,从而凸显自我。

这类界限被规范地决定着,并总有负荷价值(value-laden)。在那种特定的综合经验下,这种经验决定着一个有历史意识地知道一切并渴望指导自己的那些人的行动和目的,这种经验可以清楚地阐述为记忆经验,同时又是有意识的目的(intended goal);它是事实与规范(fact and norm)、贷方与借方,但又几乎是难以区别的。这对于区别自我与他者、相同与相异是特别重要的。为了生存于自己的世界,拥有自我的本质,就要很快地发现生活的价值与意义,因为每个人的生活方式都是由固定的观点、价值和规范的偏好决定的。负面的、危险的、不安的方面遭到积压并被排斥到“他者”方面,这些东西在这里是处于边缘的,是要遭到摧毁的。这就是历史记忆的部分功能,也是历史思想有意接近往昔的部分功能,而把任何往昔当作是属于自己的时间与自己的世界秩序,并且使自己的自我理解合法化,从属于一种固定的评价;因此通常被当作理所当然的事情来接受。在这个意义上,与世界、自我相关的经由时间积累而来之经验负面效果就消失于自我世界、消失于自我的内在空间;它们被排斥到边缘,并刻意保持那种距离。自我与他者之间建立认同(identity-building)的差异一直在每一个人的记忆中起着作用,记忆的任何努力在本质上是一种不对称的规范关系(normative relation)。民族优越感(ethnocentrism,尽管有不同的表现形式)在一定程度上来说是伴随人类认同(human identity)而来的。

自我与他者之间、相同与相异之间这种不对称的关系使得历史记忆处于矛盾之中,并易于产生冲突。就像对自我群体认同的强调会为其成员认同,而处于这一群体之外的人则拒绝,这一圈外的人在这些时间场景(time-tableaus)中表现并不自在,更不用说让他们赞成了。这种不对称的方式与程度变化很大;其一般的特征是紧张的状态,即它们一直处于一种彼此矛盾的战斗(bellum omnia contra omnes)之中,也就是说它们在构成自我中彼此排斥。当然,各个部分共同关心的一点是防止这种紧张状态的爆发。因此,它们寻求和发展内在的——和跨文化的交流方式来驯服、开化甚至克服种族优越感的不对称。

"历史意识"(historical consciousness)是历史记忆(historical memory)的一种特殊方式。历史意识扎根于历史记忆,甚至在很大程度上等同于历史记忆,但是在一些很重要的方面与历史记忆存在差别。"历史意识"的特性在于瞬间洞察(temporal perspective),在这一瞬间,往日与现在相联系——通过现在——联想到未来,以一种更加复杂的方法来构思的。特别是,"历史意识"的现代形式则把现实中的往日尽量清除,因此赋予现实的是另一种事物的面貌。这样做并不是说往昔对现实没有意义——恰恰相反——而是作为把历史关系的特殊重要性归结于往昔的手段。历史关系是由往昔与现在暂时的紧张状态决定的,是由往昔与现在本质上的差异决定的,是由时间进程中出现的往昔与现在的辩证关系、议论与叙述而决定的。

记忆至关重要的力量在于可以让往昔一直生动地存在下来,那些记着往昔的人可以一直真实地感受这些往昔。当精神的程序返回到往昔时,而这种返回是超越生理寿命的,往昔就成为历史,就会遇到不同时代的人们。因此,历史思想的未来展望也就远远超越了个人的平均寿命从而进入未来后代的生命之中。从而,无数的经验丰富了与往昔的历史关系。仅仅在这种情况下,那种特殊的历史记忆赋予历史经验的重要性和意义,才会进入视野和评估。这也改变了往昔经验宝库中有意义使用的方法。这些据为己有的方法也变得越来越复杂,因为它们可以使用范围广泛的叙述策略。不管怎样,在历史认同形成方面所制造意识的一般类型仍旧是相同的:因为往昔一直被解释性地转换为历史,"存在的自我"(being self)和"存在的他者"(being other)仍旧严重分离,并被作为对立物进行评价。

即使"历史意识"的解释业绩以历史研究的学术形式得以表达,历史认同的规范因素之传统力量还仍旧盛行。即使是在方法论上属于对照研究(controlled research)的历史学也是由当时的政治生活和社会生活决定的,是由历史研究的观众的期待和喜好决定的。学术上的历史研究被归属于历史文化,而在历史文化中,自我与他者又被分别对待,并以一种固有的眼光来进行评价。因此,也是在这种背景下,问题仍旧存在,假如从属形式之间存在差异,差异之间存在差异,又如何解决这些差异呢(一般来说,这些差异决定并社会化组织人类生活)?怎样能让那些产生种族优越感的相互冲突的场域平静下来并得以克服呢?这些问题的答案或许是千差万别的:从学术上看,历史研究有责任加强其对往昔的解释性转换的主观有效性,把这种有效性加强为归属与差异的历史构建。在这里,"主观"有效性也包括他者像自己群体中的成员一样认可的原则。然而,这类一致并不废除属性的各自形式之间的差异,也不废除在各自的历史影响下的那些特别的认同性。恰恰相反,差异与认同是由往昔的魅力所清楚表明和铸造的。因此,学术上对真理的申辩最终取决于那些方式,在方法论上属于对照研究的框架内用这些方式“产生意识”时是可以调控的。

今天,对于此类调节的寻求正变得越来越重要。因为在当今,不仅仅在一个共同的文化内所存在历史差异处于危险之中,就像,比如在历史学领域会以民族观点和欧洲历史职业标准的趣味来衡量。到如今,移民过程和全球化过程已经产生了一大堆新的跨文化交流问题。欧洲各个国家、民族、社会发现自身遇到了来自非欧洲民族和文化的置疑和挑战。这些非欧洲文化批评西方的文化霸权,急切地想把西方强加给他们的历史解释摆脱去。西方历史思想必须反思对意识形态的这种批评,这种批评坚持认为在普世有效性要求的背后,在理性标准的背后存在对权力和垄断的要求,这些要求如果不是毁灭其他文化的主权的话,也会危害到其他文化的主权。这种不同观点的冲突已经在历史思想的西方解释内部引起了自我批评的习惯。然而这并不意味着已建立的历史文化的方法和制度已经找到了协调自身文化与其他文化之间关系的新方法,或者说就彼此之间文化差异达成了协议。在西方社会内部,其自身也产生了类似的问题,他们不仅不将少数民族的文化当作不同,而且明确地将其定义为罕见的、奇怪的。这种少数的他者怎样能在多数的生活方式中找到一个位置呢?

## 历史应当怎样成为跨文化方向的资源?

(不仅)欧洲历史思想有两个传统,这其中存在一个可能克服种族主义优越感的观点被淹没了。其中的一个传统可以追溯到古典时代历史解释的古老模式,这一模式是由西塞罗的话语“历史是生活的导师”(historia magistra vitae)铸造的。从分类的角度来看,这可以描述为制造意识(creating sense)的楷模。这样一种历史思想方法可以把往昔经验的空间大大扩展并超越历史学家自身文化的范畴。因此,这种方法也拓展了以往把焦点关注在特定文化背景之历史观的视野。这种记忆模式把往昔当作巨大的经验库,从中可以得出人类行为举止的一般规则,这种经验品质被归结于一般人类世界的往昔,不管会从中得出什么样的价值与应用,这些东西在对当前进行自我评估和自我肯定时或许都是有用的。然而,在解释过程中,往昔就会变为利己主义的附属品。制造意识的这一模式拓宽了历史视野,也拓宽了归纳历史判断的可能性。因此——至少从严格的逻辑意义上来说——从客观的立场来看,把往昔不同的因素组合起来适合自我与他者之间不对称的两分法。因此,对他者的理解变得更加易受实际经验影响了,但这并没有完全摆脱狭隘的种族优越主义。从历史经验中得出的基于开放心灵举止原则之上的经验加强了活动与定位的能力,但是这并没有打破那种归属与差异规范模式的力量。

18世纪的"启蒙"及其带来的通史(universal history)概念拓宽了全球观的历史视野。同时,人类变为普世形式了,认同特性的构建也必须在这个基础上进行解释、构建、解构,从而获得知识的合理性(intellectual plausibility)。这种经验的、规范的普世性为历史思想打开了新视野,在这种情况下,在一定程度上不知名的那些他者也进入了人们的视野。[①] 大体上来说,这种普世观点打破了自我局限性的观点以至能用来反思他者。

在人类这一概念范畴内,历史思想获得了新的批评可能性,历史思想自身从特殊利益和权力主张的局限性中得以解脱。然而,这些利益和政治权力主张同时承担使普世合法化的权力,它们自身也获得了一种极端的意识形态的力量,这种力量掩盖着尊崇自我、贬低自身不熟悉的事物这一程序。这种不能适应特殊环境的自负淹没在"现代性精神"之中,而现代性精神则毁灭了那些从属于这种精神的自负。

"历史主义"反对对人类制造意识这一概念进行普遍化,沿着这一普遍化,通过加强个人原则、加强分歧与特性的一般合法性而不断达到进步的终极目的。兰克的著名言辞是:"每一个时代都立即与上帝发生联系,其价值根本不在于会依靠上帝从中得到什么,而是上帝的这种存在代表这自身的存在。"[②]这一说法表达了历史哲学的范式。在这种情况下,认同感的建立是在这样的条件下完成的:自我特性不是被当作唯一合适的普遍化,而是也必须理解作为其他特性的不同之处。

然而,甚至在这种历史主义者的范式下,判断与他者的关系仍旧是不稳

---

① 一个显著的例子是1736～1766年出版的66卷本*Universal History from the Earliest Account of Time*,该书1744年起被翻译为德语。

② Leopold von Ranke, *Über die Epochen der neueren Geschichte*, *Historisch-knitische Ausgabe. Aus Werk und Nachlaβ*, vol. 2, eds., Theodor Schieder and Helmut Berding, München, 1971, 59f.

定的。当各个民族、国家、文化的不同历史主题为权力和霸权争斗时,已经证明对那些有着特殊性的事物给予特别尊重的“上帝”是一言不发的。从长远来看,这个上帝继续是各个自我的上帝,在上帝面前,他者可能被叫做“陌生者”,因此就进化而言,他者被边缘化了;它们退化到仅仅是自身发展的初级阶段的代表,或者说它们被推到历史领域的边缘,从地理意义上来说它们自始至终属于那个领域。以中国为代表的在历史主义的通史和世界史是一个特别富有启示的例子。①

当历史观念超越了历史主义领域而发展到以解释世界的全球观点和自我理解的全球观点时,这不能否认他们欧洲中心主义起源,也不能否认他们欧洲中心主义观点和概念,即使他们认为在思考这个领域,迄今也认为这个领域是天赋的、永恒的。欧洲和西方仍旧是全部事情的标准,即使历史比较是在社会科学方法基础上以更加精确、更加全球的观点时也是如此。

当历史和历史思想本身成为主题时,历史概念中的欧洲中心主义(eurocentrism)变得特别明显。他者或许只是在验证人类的差异性时才被看作具有历史意义和解释意义,然而这一切是鉴于“研究过去”的方法,如果作为特殊的“历史的”方法通常已经——毫无疑问地——由我们自己的思考方式决定。即使是当今那些主题或标题为“史学”的著作,事实上只研究西方—欧洲传统而排斥其他传统,这还能得到学术界的承认。② 偶然出现的一些认为在我们自身传统③以外还有重要史学传统的评论并不能动摇把欧洲的优势当作本质存在的说法,因为这些他者的传统只有在西方研究者要揭示欧洲历史思想的轨迹或相似的一面而又不妨碍西方人的观点时才被承认。事实上,我们从这些观点中所能学到的是(除了概括特殊的趋势和把它转变为本质的趋势以外)使“我们的”历史处于特殊的第一位置。④

这并不是说纯粹的欧洲中心主义真正笼罩着史学史或者当代史学理论的研究。事实上,历史主义已经加强了历史差异的感觉,结果在解释学的帮助下,我们关于非欧洲民族和文化的知识已大大增加了。特别是历史教学

---

① See Andreas Pigulla, *China in der deutschen Weltgeschichtsschreibung vom* 18. *bis zum* 20. *Jahrhundert*, Wiesbaden, 1996.

② Christian Simon, *Historiographie. Eine Einführung*, Stuttgart, 1996.

③ Rüdiger vom Bruch and Rainer A. Müller, eds., *Historikerlexikon. Von der Antike bis zum* 20. *Jahrhundert*, München, 1991.

④ 比如 Donald E. Brown 的 *Hierarchy, History and Human Nature*; *The Social Origins of Historical Consciousness*, Tuscon, 1988. 该书价值就在于在严格的欧洲历史思想范式基础上对历史意识进行文化的比较研究。

法传播了解释和表现的多元策略，并加强了这些说法，至少在部分教科书中是如此。[①] 社会科学的应用研究方法已为历史思想的跨文化比较研究提供了系统的研究方法。然而在研究非欧洲历史或者在研究全球史问题和主题时，多元观点并没有成为一个普遍性的原则。关注非欧洲史学思想的方法和跨文化比较研究也不会导致对一般设想的批判性反思，这种一般设想就是在这种比较研究中被真正当作历史思想的观点。

当然，研究者自身历史思想中那假定的元史学作用（Metahistorical Role）[②]并没有引起注意。至少，后现代主义对各种现代化模式之无条件应用和意识形态上使用的批判已经动摇了以往完全自信的解释腔调，而这类腔调是那些人文科学研究领域的研究者们在宣称他们的解释模式是主观际性（intersubjectively）时常见的——这就是说他们的解释对不同的文化差异是有效的。然而对欧洲中心主义的涤荡，这种批判把历史理性中的认识有效性这一不成熟的想法抛弃了。结果是认识论上的文化主义、政治上的文化主义，这就把融入各种暂时性的、地区性的文化特性的洞见局限于不同文化的内在本质之中。在这一过程中，这已变得依靠这些文化自我理解的眼界。这类解释除带来巨大的认识论上的、解释学上的问题外，还带来下述问题，即当以另外一种欧洲中心主义模式看待他者，从而自由了他者的价值和自负时，会引起下一代的不满。他们发现这会迫使自身与解放了他者的自身文化发生联系，结果真正认识到他者。这种文化主义把文化上的差异转

---

① See Jörn Rüsen, "Das ideale Schulbuch. Überlegungen und Leitmedium des Geschichtsunterrichts," in id., *Historisches Lernen. Grundlagen und Paradigmen*, Köln, 1994, pp. 156-170.

② "Metahistory"一词系怀特根据"Metaphysics"（形而上学）一词杜撰而来，也有人把该词译为"玄史学"，明显含有贬义。鉴于该书对学术界有一定的正面影响，故译为"元史学"为好，这也符合中国人的习惯。海登·怀特（Hayden White），美国历史学家，主要著作有：《元史学》（1973）、《借喻现实主义：对模仿效果的研究》（1999）、《话语的比喻：文化批评文集》（1990）、《希腊罗马传统：形式的内容、叙事话语和历史表现》等。《元史学》全名为"*Metahistory: The Historical Imagination in* Nineteenth-Century *Europe*"，1973 年初版，霍普金斯大学出版社 1990 年再版。怀特的《元史学》在 1973 年出版以后，就在学术界引发了广泛的讨论，波及至今。怀特认为历史学是诗化性质的，以此为出发点，他否认历史学的科学性，认为历史学与自然科学是根本不同的。在他看来，史学自身的性质使得史学处于一种概念混乱状态，因而就其基本特征而言，史学不是科学而是艺术创作，所以叙事对史学来说是必不可少的。《元史学》一书就是用一套从其他学科借用的繁琐概念来阐明怀特观点的诗化过程。对于这种观点，赞成者有之，反对者有之，也有走中庸之道调和两派观点的。批评者中间最有代表性的当属伊格尔斯了。早在 1997 年赫尔辛基一次学术会议上，伊格尔斯就对怀特的观点进行了剖析，后来这篇文章连同怀特的回应文章一起刊登在美国《反思历史》（*Rethinking History*，2000 年第 4 卷第 3 期）杂志"争鸣"栏目中，使人们不得不再次严肃地思考这一问题。可参见 John Rüsen、Pieter Duvenage 编辑出版的《元史学研究》（*Studies in Metahistory*，1999）。

变为解释上的单子论(monadology),从根本上阻碍了文化间的交流或者以很高的代价使可接受的规则成为可能。

## 首先的尝试——问题和结果

因此,历史思想并没有准备好解决这些由国际间的和跨国际间所引起的问题。在一个已经预测到的"文明冲突"的背景下[①],结果是引起了新的交流,在这种新的背景交流下,所涉及的各种主题或许可以让我们知道这些文明彼此之间是怎样或为什么是不同的,自然也就建立了一种紧张的感情。这样的相互理解是必需的,至少从减少甚至是克服冲突的角度而言是这样。这些冲突的目的是为了认同,达到自我理解,自我本身最核心部分的理解。因此,历史是联结和积极解决认同问题的必要中介,从而也不能不牵涉文化研究和历史研究。从认识论的角度来看,这些问题根植于当代文化方向的每一个问题。这形成了一个现代社会的文化机构或因现代社会而形成的一个文化机构,产生了作为讨论、表现和实践的基本知识,在这类活动中认同、从属、自决(self-determination)和与他者的界限则引起了问题。

因此,我们必须回答文化知识和历史知识是怎样产生的,这也是文化能力如何产生的问题。这些问题可以并列为后代提供跨文化交流方法的目的问题吗?这需要各种各样的努力。这一问题涵盖的范围非常广泛,从简单的信息满足、理解方面的要求,到在研究、教学、公众表达方面重新评估自身文化工作的基础和习惯。当今不断增加的非西方专家加入将是极其重要的。尽管这些非西方学者自身努力的目的是为了解决由历史造成的当代价值不对称的情形,是为了认识他者的自我理解——这个问题只能由直接交流的实践来回答。只有当他者和我们自己互相同意时,只有我们以历史的观点与他们联系时,文化方向的客观性任务才能由主观的方式解决,反之亦然。在历史的自我现实基础上,自我与他者的相互一致意见已经取得了成就。(当然,这不能被当作一劳永逸地完成了的工作,而仅仅是开端、正在进行的过程。这些不断重复的经验源自日常生活,源于对权力的争夺,源于利益冲突,源于我们自身行为所带来的无意效果,源于他者对此作出的反应,

① Samuel P. Huntington, *Der Kampf der Kulturen. The Clash of Civilization. Die Neugestaltung der Weltpolitik im 21. Jahrhundert*, München, 1996.

这需要不断努力理解自身的历史位置，理解他者的自我理解。）

收于该书的论文所表达的就是这种目的：这些论文不仅要探讨从自身历史思想的角度来看待他者的原因，而且讨论、分析在与它们交往的历史文化的精神空间的共同基础和差异性。以欧洲历史思想的传统作为这种尝试研究的开端并不令人惊异，因为直到现在为止这一直垄断着国际话语。然而决定这种范式的方法——人类历史地叙述与世界的、与自身的关系——这种传统不再被当作必然的了。但是那些非西方国家的历史学家的话语并非是这种情况，而更多的是站在自身的立场上去考虑问题。后现代主义对现代化的文化策略的批判已让我们充分认识到这类策略的、根深蒂固的意识形态偏见将会持续下去。真正把西方当作特殊的是——甚至在其相反的定义和概念中——已成为公开的问题。

该书中相关的反思提供了一个有趣的答案，即使用最简单的、最清晰的方法也不能捕捉到西方历史思想的特殊性。这一观点在本书中得到了方方面面的反映[①]——这不应归咎于书的编排形式，因为书的内容是独立于书的编排形式的。那种认为不同文化的本体论之固定“本质”的观点不再扮演有意义的角色了。因此，从历史理论的角度来看，斯宾格勒的文化差异的单子论（monadology）已失去了争辩的权力（这种理论是否失去了对政治的控制权力是另外一个问题。由塞缪尔·亨廷顿[Samuel P. Huntington]的“文明的冲突”所引起的狂热让大众传媒身陷其中，这也让人难以有个果断的回答）。

鉴于这点，彼得·伯克（Peter Burke）发出了这种论调：“西方”不仅是文化价值取向和文化自我解释的一个原则，而且也是形成历史感的各种因素的混合物，这其中的每一种因素在别的各个文化中都可以找到。此外，关于彼得·伯克的西方历史思想的十个典型特征说法的争执正确地指出，即使是这种并列关系也易遭受分解和调整。然而，我们在非西方的评论那里发现了一种不断重复的与众不同的方法，这种方法仅仅是对自身历史文化的间接表达；在这里，对西方霸权所作出的抵抗正不断加强。这种抵抗或许有不同的形式，并列历史思想是同样有效地，甚或是西方模式比较好的替代方

---

① 我注意到，在这本书里的作者仅仅有一位女性的声音。在比勒费尔德（Bielefeld）会议期间——该书就是在这次会议基础上形成的——有许多女性学者参加了会议，许多女性学者应邀从性别的角度作简洁的发言，这对于史学史、史学理论的理解是非常重要的。部分是因为意外情况，本书最终几乎没有对这些女性学者作出反应。不过，大概与下述事实也有一些关系：作为文化研究中次要系统的女性主义话语越来越僵化了，自身越来越脱离了其他学术讨论。

法,或者以自己的传统比照西方思想可以更加表现出典型的特征。本书的一位作者得出这一结论——相当典型地——哀叹非洲文化中缺乏一般性的原创性实质和重要性知识。

这场争论引起了一个幅度比较广泛的、可替代的类型学(typologies),这有助于决定这些类型学的逻辑:它们基于基本的、主要的批判意识之上。这些种类是非常重要的,当不同的文化体系以不同的方式在形成过程中更是如此。从严格的意义上来说,这不是仅仅能适用于历史意识和历史文化的范围之内的问题。当然,范围广泛的方方面面也是受限制的。我们可以觉察出,从作为连续或变化的历史思想之长久存在的模式来看,这些类型学缺乏历史思想逻辑发展动态的、世俗的范畴。然而,也有人指出伯克的类型并没有覆盖西方历史自我理解经验的全部领域。并且,更让人惊奇的是未对卡尔·洛维特(Karl Löwith)①所提出的问题进行细致的研究:西方历史思想有其自身发展的动力,这种动力超越了现代化进程中暂时的限制。这种说法也适用于非西方传统的描述。特别是,历史思想之巨大持久性和亘久权威揭示出对共时类型学之现世的深深渴求。

类型学方法打破了西方霸权在历史思想领域的各种垄断权力,特别是区别了历史思想的不同形式的概念:那些被定义为西方的或欧洲的特殊东西也被发现作为其他各种不同文化类型的重要因素。然而,并不直接相关的是,仍需要被克服西方霸权之痕迹仍旧可以感觉到。可以比照的是,其他文化传统的表述(特别是中国文化传统和非洲文化传统)时常强调的东西正是欧洲所缺乏的一些因素;不能够在自身传统中发现这些因素;功能上的同等物也找不到。

收入该书的争执所表现的特点是不下最后的、系统的结论。恰恰相反,进一步的讨论似乎是必需的。这样的话,进一步的跨文化概念的特征或许在比较和交流的背景下提供更深层次的反思。然而,这种洞见是基于争论而引出有刺激的结果之上的:强调不同历史文化传统之间的显著差异不再重要了,作为文化实在论(cultural essentialism)的这类事物也不存在。尽管所收录文章的讨论是简洁扼要的,但这已证明了一个事实,即先前被当作文化特殊性的一些西方历史思想的特征现在不是如此了——这些特殊的文化现象在其他历史思想传统中也可以发现。因此,意识形态在处理不同历史

---

① Karl Löwith, *Weltgeschichte und Heilsgeschehen. Die theologischen Voraussetzungen der Heilsgeschichte*, Stuttgart, 1953.

思想时的自决(self-determination)压力也自然减少了。摆脱了这种压力,在历史思想跨文化交流格局之共同基础与差异之上形成的没有偏见观念的机会也就增加了。

## 进一步的方法

参加这场争论的许多观点容易浓缩成一般看法,即认为在以构造认同意识、确定他者的他性、叙述这种他性与自我之间的关系为一种手段来进行历史思想概念化中促进这一进步:"西方历史思想的解体"已经开始了,对西方历史思想因素的解构将会进一步深化,这一情况将持续下去。随着把历史思想之特殊西方性解构为一个复杂的各个因素的一系列格局,这每一个因素不再具有文化特殊性,文化差异的重要性正越来越少。但这并不意味着西方的特征正溶解为缺乏自我价值认同感的历史大杂烩。[①] 恰恰相反,这种自我价值在各种历史思想并列的背景下显现得越发清晰。同时,共有概念所关注的事实是,关于他者差异的组成因素也属于自身。

随着西方特殊性的分解,历史思想和历史文化的非西方形式的特色也将清晰;在历史感创造方面,这些非西方因素作为一般因素中特别引人注目的一群也应比较明显了。这类工作需要艰苦的努力研究。然而,这类研究应受构造意图之目指导,这个构造意图就是为了自身的跨文化比较研究。自然这也适应西方史学史的研究。没有他者的观念,狭隘的历史思想将会加强:昔日人们根据他者的主要差异进行事物的判定,这种狭隘的思想可以被当作对自我优越的幼稚相信。因此,过去常常表达出的下意识的种族优越感的轻率,如今应该批判性地反思了。

为了未来发展,系统文化比较研究应该加强共同问题和不同发展趋势的研究。所谓微观史学(microhistoire)[②]并没有使过时的宏观史学失效。但是除此而外,全球化文化的影响对微观史学的影响正变得越来越显著。无

---

① See Jörn Rüsen, "Some Theoretical Approaches to Intercultural Comparative Historiography," in *History and Theory*, 35 (1996), Special Issue "Chinese Historiography in Comparative Perspective", pp. 5-22.

② 微观史学是史学研究的一个分支,发端于20世纪70年代,但规模不大。微观史学研究的模式最常见的是小城镇或小村庄的研究。著名的微观史学史家有:Wolfgang Behringer、Alain Corbin、Theo van Deursen、Clifford Geertz、Carlo Ginsburg、Craig Harline、Giovanni Levi、Luis Mott、Osvaldo Raggio、Jacques Revel、David Sabean、Stella Tillyard 等。——译者注

论如何这种必要的研究正在进行,不过假如不对一些关键问题、关键解释与其他传统和解释进行比较的、批判性的反思话,这类研究结果将是薄弱的。重要的是这类研究在客观上、文化上支持了跨文化沟通,假如没有理论的反思的话,这将妨碍研究。鉴于反思全球化时代、不断增加的移民所带来的迫切的文化冲突问题,利用这类理论反思、利用经验材料将对我们自己的坦率讨论产生影响,对其他历史思想的当代形式和传统的讨论产生影响。当下学术话语的形式和特点还没有对这些急迫的需要作出反应:各位专家在其话语中并没有表现出这类声音。但这是可以改变的。

Inge Rüsen 德译为英文

(陈恒　译)

# 第一部分

# 论 题

# 全球视野中的西方历史思想

## ——十个命题

[英]彼得·伯克

本文所探讨的“历史思想”集中于职业历史学家的若干假定及他们的实践所具有的含义。但是,它也时不时地涉及历史哲学家。其实,如若不受篇幅、时间和知识的限制,我会把这个主题扩得更大,把每个人对过去的见解,或者把西方的“历史文化”——这是贝尔纳·盖内(Bernard Guénée)的有用术语——也包括进来。① 与一些较早的历史学家如汉斯·伯伦(Hans Baron)不同,我不是指历史思想在某一特定时刻(在伯伦那里是在文艺复兴早期)的“觉醒”。② 我也不会像黑格尔那样去假定或论证历史思想或历史意识是西方的专利。相反,无论何时何地,对过去的兴致似乎一直就有。

同理,由于具有不同文化背景的人对时间与空间有不同的概念,由于文艺复兴、宗教改革、启蒙运动、浪漫主义和实证主义等欧洲的文化运动和社会运动对历史思想和历史书写都产生了重大影响,只能指望欧洲的历史书写是独特的。问题在于明确界说这种独特性。不妨想想自希罗多德迄今的若干世纪中有多少历史著作被欧洲语言写出来,再想想要讨论欧洲历史思想的独特性,就有必要对其他史学传统——中国的、日本的、伊斯兰的、非洲的、美洲土著的等等——有足够的了解,也就不奇怪实际上无人尝试用比较的方法研究史学了(在个别明确的比较研究中倒有一本书,但令人遗憾的

---

① Bernard *Guénée*, *Histoire et culture historique dans l'occident médiéval*, Paris, 1981.

② Hans Baron, “Das Erwachen des historischen Denkens,” in *Historische Zeitschrift*, 147 (1932-1993), pp. 5-20.

是，其作者认为西方的历史书写风格在各方面都高人一等，这减损了此书的价值）。[①] 单凭个人之力给这个巨大主题下结论，显系愚勇之举。

因此，下文列举的与其说是“结论”，不如反过来说是开端。换言之，是一些暂时的主张，旨在引起争论和研究。让我一开始就明言，我并不把西方历史思想的独特性视为一连串独一无二的特征，而是视为种种因素——每种因素在别处都能找到——独一无二的排列组合，即视为一种有所侧重的模式，这些侧重随时代、地域、社会群体和每个历史学家而变化着。

我一开始还要澄清“西方”——或确切而言，显然是“欧洲”——这个概念的性质。下文所举例证自希罗多德迄今。自欧洲的观念从文艺复兴时期兴起以来，欧洲知识分子奉古希腊人和罗马人为祖先。但希罗多德或（比方说）阿米亚努斯·马凯利努斯[②]是否同意这点，则远远不能肯定。更可能的是，他们视自己为地中海世界的一分子，在这里，他们看上去更像东方人而非西方人。不管怎样，希腊的知性传统不仅对西欧，也对穆斯林世界产生了影响（对后者的影响甚至早于前者）。这就瓦解了包括希腊人在内的“我们”和包括伊斯兰教信徒在内的“他们”之间的任何对比。西方本身是一种历史的建构。[③]

本文以十个要点的形式表述出来，这是为了强调其图式的性质，而非强调主题的性质，同时也是为了便于查阅和讨论。出于同样原因，每节都编了号，但并不因此而奢望有任何科学般的精确或哲学般的严密。这十个要点将以西方传统的史学经典来阐明，但它并不意味着这些经典竭泽而渔地概括了西方的历史思想。或明或暗的对比会牵涉少数来自其他传统的经典，如司马迁和伊本·卡尔顿[④]，还会牵涉参考文献中所引的用西方语言写的少数二手著作。这是由于我所列举的绝大多数非西方的例证集中于中国和伊斯兰世界。“西方”(the West)和“余者”(the rest)之间误导性的二元对立将被尽量避免。

下文的十个要点并非孑然孤立而是互相联系的。这些联系时而是历史的，时而是逻辑的（尽管有些联系彼此之间存在着紧张甚或矛盾）。从这个

---

① Donald E. Brown, *Hierarchy, History and Human Nature, The Social Origins of Historical Consciousness*, Tucson, 1988.

② 阿米亚努斯·马凯利努斯(Ammianus Marcellinus，约330～400)，罗马时期用拉丁文写作的希腊历史学家。——译者注

③ Carlo Sigonio 的著作《论西方帝国》(*De occidentali imperio*, 1577)是对这一建构的重要贡献。

④ 伊本·卡尔顿(Ibn Khaldun，1332～1406)，阿拉伯历史哲学家。——译者注

意义上说,这些要点组成西方历史思想的一种"体系"、"模型"或"理想类型"。与其他模型一样,这一模型对西方与非西方历史学家之间的差异作了必要的夸大,而对西方历史传统内部的冲突作了必要的缩小。这仅仅是为了图式性地描述一种有所侧重的模式而已。

试图把西方历史思想与西方文化的其他特征联系起来,甚至把它表述成西方历史的产物,这当然是诱人的。实际上,我确实要时不时地指出西方史学、西方科学、西方法律、西方个人主义、西方资本主义和西方帝国主义之间可能存在的诸种关联。但重点在于描述,仅仅因为描述在逻辑上先于解释。只有先列举出历史思想在西方和在地球的其他地方呈现出的差异,我们才有可能系统地考察产生这些差异的原因。

下文所要表述的是一个动态的模型。随时间产生的变化在每一节中都有讨论。我总的看法是,尽管西方史学和其他史学之间的种种差异总是显而易见的,但它们在某些时段比在另一些时段显得更加重要。譬如,文艺复兴以降,西方史学和其他史学之间的分歧日甚一日,因为西方的历史书写越来越以一种独特的方式发展。

继分歧阶段之后而起的是19、20世纪的趋同阶段,这是由全世界对西方范式的兴趣引发的[①],或像佐藤将之(Masayuki Sato)在其对日本的研究中所言,是由西方范式与本土传统"遇合"引发的。在某些地方,譬如殖民时期的秘鲁,此一遇合很早就开始了,始于加西拉索·德·拉·维加[②]和古曼·珀马·德尔·阿雅拉(Guaman Poma del Ayala)的时代。[③] 这一进程的结果削弱了而非瓦解了西方史学的特征,并产生了一个全球性的职业历史学家的团体,它拥有相似但并非相同的实践标准。当然,今天有许多不同的撰史风格,但这些风格(思想史、微观史、计量史等)多多少少在世界上任何地方都能找到。

今天世界上不同地区总体的历史文化是否整齐划一,对此我相当怀疑。我的印象是,史学的处境与绘画的处境极为相似。视觉文化随区域而有所

---

① Masayuki Sato, "Historiographical Encounters, The Chinese and Western Traditions in Turn-of-the-Century Japan," in *Storia della Storiografia*, 19 (1991), pp. 13-21.

② 加西拉索·德·拉·维加(Garcilaso de la Vega)1540年生于秘鲁,是最后统治秘鲁的印加皇帝的外孙,其父是最早的西班牙征服者。著有《印加人的起源和秘鲁通史》两卷,出版于1609和1617年。——译者注

③ Margaret Zamora, *Language, Authority and Indigenous History in the Comentarios reales*, Cambridge, 1988; Rolena Adorno, Guaman Poma, *Writing and Resistance in Colonial Peru*, Austin, 1986.

差异,但全球性的职业艺术家的文化却凌驾其上,艺术家的国际展览会类似于历史学家的国际会议。这一全球性的职业文化并非千篇一律,但艺术家们所能获得的主要选择(视幻艺术、波普艺术、极简抽象艺术等)都是国际性的,这与历史领域内的主要选择并无二致。

下面关于"西方特性"的十条命题基本上按重要性顺序排列。

## 1. 西方历史思想最重要或至少是最显著的特点在于它对发展或进步的强调,换言之,在于它看待过去的"线性"观点

1.1.

此处所用之"进步"一词取其广义,指变化是累积的观念(一代人站在另一代人的肩上),或指变化是不可逆的观念(体现在"你不能使钟倒转"这一俗语中)。黑格尔的《历史哲学》和麦考莱的《英国史》可作为表达这些观念的著名例证。然而,不可逆的假定并不暗示历史变化必然或通常向着更好的方向发展。许多环境史或"生态史"的实践者断言或暗示,变化通常指向更糟的方向。

关于进步或发展的假定并非西方历史思想恒久不变的特征。相反,它有其自己的历史。① "历史"通往某个地方并由天命或神意引领(甚或其主题是上帝的行动而非人类的行动,如"通过法兰克人显现出的神迹"),这在西方是一个古老而广为流传的假定。历史进程是不可逆的并将迈向一个终点的观念同样是古老和广为流传的。这些观念深嵌在犹太基督教传统中,并被"应验"、"圆满"、"弥赛亚"、"千禧年"等字眼阐释着。菲奥勒的约阿希姆及其信徒的历史哲学包括了三个时代、天国教皇和最后的尘世皇帝的观念,但这种历史哲学只是这一命题的变奏之一而已。②

卡尔·洛维特(Karl Löwith)指出,历史发展的诸种现代概念可以被视

① John B. Bury, *The Idea of Progress*, London, 1920.

② 菲奥勒的约阿希姆(Joachim of Fiore,约 1135~1202),意大利南部一西多会隐修院院长。他把世界历史分为三个时期,分别对应三位一体,即圣父、圣子和圣灵时代。其中圣灵时代是敌基督和灾难的前奏。这种分期连同其启示论的解释对后世西方的历史哲学产生了深远影响。——译者注

为这些宗教观念的世俗形式。[①] 现代性的观念本身就是这一进程的一个实例。[②] "革命"的观念至少从1789年它被使用以来就是累积性和不可逆性观念的另一种表达。[③] "进化"作为供选择的概念同样如此。19世纪晚期的历史学家(像社会学家和律师那样)之所以采用这一术语,不仅是想用科学的、达尔文式的体面粉饰他们的技艺,还想以之总结他们已经相信或假定的东西。[④] 此外,在某种特定的文化领域内(如宗教教义)尚有更精确、更有限的"发展"观念,它本身从17、18和19世纪的历史进程中发展而来。[⑤] 自18世纪末以降,人物传记开始按发展的观念编排组织。[⑥]

1.2.

这些关于进步的不同观念长期以来与相反的、循环的历史变化理论共存,后者在古希腊罗马占据主导地位,但《旧约》中也有。[⑦] 举例来说,文艺复兴时期的政治理论家常常断言,政权的更迭遵循从君主制到贵族制到民主制然后从头再来的循环模式。正是这种循环运动的假定潜存于传统的革命观念之下,"革命"(revolution)一词是按"旋转"(revolve)的模式创造出来的。同样的假定也潜存于"文艺复兴"(Re-naissance)和"宗教改革"(Re-formation)[⑧]的观念之下。[⑨] 均衡的观念,即一种会倾斜但总能被校正的平衡的观念,是西方历史思想从乔凡尼·维兰尼(Villain)到爱德华·吉本的根

---

① Karl Löwith, *Weltgeschichte und Herlgeschehen*, Stuttgart, 1953.

② Hans Blumenberg, *Die Legitimitat der Neuzeit*, Frankfurt, 1966, Engl. transl.: *The Legitimacy of the Modern Age*, Cambridge, Mass., 1983.

③ Karl Griewank, *Der Neuzeitliche Revolutionsbegriff*, Weimar, 1955; Felix Gilbert, "Revolution," in *Dictionary of the History of Ideas*, ed., Philip P. Wiener, vol. 4, New York, 1973, pp. 153-167; Karl-Heinz Benda, *Revolutionen*, Munich, 1977.

④ John Burrow, *Evolution and Society*, Cambridge, 1966.

⑤ Owen Chadwick, *From Bossuet to Newman*, Cambridge, 1957.

⑥ Bruce Mazlish, "Autobiography and Psychoanalysis," in *Encounter*, October 1970, pp. 28-45.

⑦ G. W. Trompf, *The Idea of Historical Recurrence in Western Thought from Antiquity to the Reformation*, Berkeley, 1979.

⑧ 作者这里取两词的字面意思,分别为"再度—诞生"和"重新—组合"。——译者注

⑨ Peter Burke, "Renaissance, Reformation and Revolution," in *Niedergang*, ed. Reinhart, K., Stuttgart, 1980, pp. 137-147.

深蒂固的组织概念。[①] 譬如,在 16、17 世纪,发现美洲有时被解释为是对西方在三十九年前丢失君士坦丁堡的补偿。

在 18 世纪,维柯用他关于"过程"(corsi)与"复归过程"(ricorsi)的观点重新塑造了历史循环的观念。伏尔泰和吉本似乎假定历史向前发展,因为他们常常把最近的几个世纪作为文明程度不断增加的时期,以此比照更遥远的过去。但这两位历史学家都相信这种进步是脆弱的,一个新的野蛮时代将把所有已取得的成就扫荡一空。就此而论,他们根本的图式是循环的。[②] 在我们这个时代,思辨的历史哲学家和社会学家如斯宾格勒、索罗金、帕累托和汤因比又回到了循环的历史观,这表现在诸如企业家和食利者(rentiers)交替占据统治地位等不同的形式中。[③]

## 1.3.

不用说,线性历史观在西方之外也有。对弥赛亚和千禧年的期望像构成犹太基督教传统那样构成穆斯林传统的一部分。它们还在 19、20 世纪世界上的许多地区(在中国、在非洲、在波利尼西亚的"货物崇拜"[④]中)都有发现,这不仅是基督教传播的结果,同时也是基督教与本土传统互相作用的结果。[⑤]

尽管如此,我仍然要涉险宣称,在非西方的历史文化中,循环的观念是正常的,而进步的观念是例外的。我们可以用中国历史学家对中国朝代的传统表述,或用伊本·卡尔顿著作中游牧者和定居者交替占据统治地位的著名理论来阐明这些循环论。[⑥]

---

① Louis Green, *Chronicle into History*, Cambridge, 1972, 17ff, 27; Gerald J. Gruman, "Balance and Excess as Gibbon's Explanation of the Decline and Fall," in *History and Theory*, 1 (1960), pp. 75-85.

② Hans Vyverberg, *Historical Pessimism in the French Enlightenment*, Cambridge, Mass., 1958.

③ 帕累托的"精英循环"理论包括了企业家和食利者——运用计谋或投机来创造财富的人和首先希望财产安全并尽力运用可靠投资来获得财富的人——之间的交替更迭。——译者注

④ 货物崇拜(cargo cults),主要流行于太平洋美拉尼西亚群岛的宗教运动,相信来自超自然资源的特殊商品货物即将抵达,幸福新时代即将开始。——译者注

⑤ Vittorio Lanternari, *The Religions of the Oppressed*, London, 1963.

⑥ Arthur F. Wright, "Chinese Historiography," in *International Encyclopaedia of the Social Sciences*, ed., D. Sills, New York, 1968, pp. 400-407; Mushin Mahdi, *Ibn Khaldun's Philosophy of History*, London, 1957; Aziz Al-Azmeh, *Ibn Khaldun*, London, 1982; Tarif Khalidi, *Arabic Historical Thought in the Classical Period*, Cambridge, 1994.

## 2. 西方对历史视角的关注与进步观念有联系但又与之不同

### 2.1.

我所谓的"对历史视角的关注"或"时代错乱意识"(sense of anachronism)指这样一种观念,即过去不是千篇一律,不是越来越雷同,相反,它是极其变化多端的,每一历史时期都有自己的文化风格、自己的个性。我们可以把这种观念称为一种"文化距离"意识、一种把过去当作"异域他乡"的观点。[①]

这一观念亦有其自己的历史。它在古罗马就能找到,但它在西方连续不断的历史要追溯到文艺复兴时期对透视法的发现(艺术史家欧文·帕诺夫斯基[Erwin Panofsky]强调了两者之间的关联)。[②] 这种对过去日益敏锐的意识不仅可以通过考据学(瓦拉[Valla]对拉丁语、希腊语的语意变迁怀有兴趣)和法律(人们越来越意识到罗马法和古罗马文化之间的联系)加以阐明[③],也可以通过艺术(曼坦那[Mantegna]关心如何精确地表现古罗马的服装与建筑)加以阐明。察觉到服装也有历史既肤浅又发人深省地表达出了一种对过去的"他者"意识。这种他者意识在作伪者及其评论家的工作中都有显露,双方都激励对方在避免或辨认"时代错乱"(这是17世纪创造出来的术语)的努力中达到高超老练的新高度。[④]

对时代风格的关注与对"地方色彩"的关注都在19世纪早期变得更加敏锐,这与通常和浪漫主义联系在一起的对各时代之个性的关注有联系。它不仅表现在历史编纂和日益受到欢迎的历史题材的绘画中,还表现在斯各

---

① Leslie P. Hartley, *The Go-Between*, London, 1953; David Lowenthal, *The Past is a Foreign Country*, Cambridge, 1985.

② Erwin Panofsky, "The First Page of Vasari's Libro" (1939), in *Meaning in the Visual Arts*, New York, 1957, pp. 169-225.

③ Peter Burke, *The Renaissance Sense of the Past*, London, 1969; Roberto Weiss, *The Renaissance Discovery of Classical Antiquity*, Oxford, 1969; Donald R. Kelley, *Foundations of Modern Historical Scholarship*, Cambridge, Mass., 1970.

④ Anthony Grafton, *Forgers and Critics*, London, 1990.

特和曼佐尼时代所兴起的历史小说中。

2.2.

这种对过去的意识即使在1500年以后的精英中也不普遍。譬如,在18世纪英国的舞台上,演员们演莎士比亚的戏剧时通常穿18世纪的服装,包括戴假发。从文艺复兴时期到19世纪,尤其是雕塑家习惯用罗马人的服装来表现过去与现在的人物,无论这些人物在现实生活中如何着装,他们的雕像不是披着盔甲,就是穿着拖袈。

2.3.

并非只有西方才意识到文化风格的种种变迁。譬如在中国,对各时期的艺术风格抱有兴趣有悠久的传统,这既导致了赝品又丰富了鉴别赝品的技术。[①] 文艺复兴时期的那种考据学家在中国也有,至少在晚期帝国时期有。[②] 汉学家们有时用“历史主义”一词指涉这些实践和态度。[③] 日本也有类似的倾向,日本学者对中国的文化先例和文化范式非常在行。尽管如此,我仍然认为,对时代错乱的关注在西方历史思想中比在其他文化中占据更加核心的地位,受到关注的时间也更长。

## 3. 可以将时代错乱意识看作一串更大的西方观念与假定的一部分,这串观念与假定常常被称为“历史主义”(Historismus)。[④]弗里德里西·迈纳克把历史主义界定为对个性与发展的关注。上文已讨论了发展,让我们转向个性

① Craig Clunas, *Superfluous Things, Material Culture and Social Status in Early Modern China*, Cambridge, 1991, pp. 109-115.

② Benjamin A. Elman, *From Philosophy to Philology, Intellectual and Social Aspects of Change in Late Imperial China*, Cambridge, Mass., 1984.

③ On-Cho Ng, "Historicism in Chinese Thought," in *Journal of the History of Ideas*, 54 (1993), pp. 561-584.

④ Friedrich Meinecke, *Die Entstechung des Historismus*, Munchen, 1936. Engl. transl.: *Historicism*, New York, 1972.

3.1.

我用“个性”一词指一种意识，或一种对特色的兴趣，即意识到使某人、某群体或某种文化区别于他者的那种东西，或对此感兴趣。这是“描述特征的”(idiographic)方法，它与包括社会科学家在内的科学家的“制定法则的”(nomothetic)方法形成对比。①

自普鲁塔克和苏维托尼乌斯(Suetonius)以降的欧洲传记传统(它从中世纪晚期起才形成一个连续不断的传统)表明，对特色或特征的关注能追溯得很远。某些近代早期的思想家把事件看作独一无二的，这体现在两次著名的争论中，它们分别发生在马基雅维里和奎恰尔迪尼、霍布斯和海德(Hyde，即后来的克拉伦顿勋爵)之间。奎恰尔迪尼和海德分别批评了马基雅维里和霍布斯，认为后两人缺乏对事件之特殊性的意识。对个性和特殊性的关注在浪漫主义时期变得比以往强烈得多。这是西方历史思想在19世纪晚期和20世纪早期的一个特征，这点可以用狄尔泰、克罗齐和柯林武德等历史哲学家的著述加以说明。

3.2.

马基雅维里和霍布斯以及许多其他对人类行为之“法则”孜孜以求的西方思想家的例子提示我们(既然我们确实能找到这种提示)，对特殊性的关注和与之相反的对普遍性的关注是同在共存的。

悠久的传记传统看上去似乎是用以说明一种个性意识的有力证据，实则不然。必须留神的是，我们不能把对传记或个人的现代看法投射到(例如)文艺复兴时期的传记作家身上，他们当时常常把传主塑造成形形色色的楷模。换言之，这些传主被塑造成传统理想的具体榜样，以供读者效仿。

与传记的意义问题相类似的问题还出现在肖像画中。肖像画的兴起通常被当作自文艺复兴以降人们关注个性(或个人主义)的证据。但许多肖像表现的是某一类人而不是特定的个人。16世纪大量的肖像版画就用同一形象代表不止一个人。②

---

① Wilhelm Windelband, *Geschichte und Naturwissenschaft*, Berlin, 1894.

② Gottfried Böhm, *Bildnis und Individuum*, Munich, 1985; Peter Burke, “The Renaissance, Individualism and the Portrait,” in *History of European Ideas*, 21 (1995), pp. 393-400.

3.3.

肖像画的传统在中国和日本都有;尽管存在宗教禁忌,它在伊斯兰世界的部分地方,比如在奥斯曼苏丹的宫廷和莫卧尔王朝的皇帝那里也有。这告诫人们不要低估西方之外的对个性的兴趣。同样的道理也可运用于传记。以统治者为中心的历史编纂无疑在许多文化中普遍存在,而张彦远的《历代名画记》要早于瓦萨里的艺术家《传记》。

在构筑有关个性的问题时,与其用有或没有的标准不如用暗含在某一史学传统中的特定的"人物分类"的标准,这样做可能更好。[①] 尽管如此,要想在世界上其他地方找出对时代、地区或人物的个性有着敏锐兴趣(且未曾受西方范式的影响)的历史学家非常困难,这种兴趣自19世纪初以降成为西方历史著述的特征。由于印度教和佛教认为人是虚幻不实的,这些宗教在哪里占统治地位,我们就不用指望那里的文化会强调个体。

## 4. 集体力量(或至少某些集体力量)在西方史学中得到了非同寻常的强调

4.1.

这种倾向至少可以追溯到加图所写的罗马史(现已散佚),加图在这本书中不肯提任何个体的姓名(一头因英勇作战而享有盛名的大象除外)。

随着时间推移,重要地位不仅被赋予民族或国家,也被赋予家庭、城市、教会、宗教会社、军队、商业公司、政治集会、民众、政党和社会阶级等力量。我专门提到这些群体乃是因为它们中的每一个既在通史中占据一席之地,又各自产生了一种历史体裁。这种对集体力量的强调并非近来才有。城市史自文艺复兴以来就是一种常见的历史体裁。在17世纪,克拉伦顿的英国内战史把大量篇幅放在宫廷、国会和军队上。[②]

对集体力量的强调自19世纪以来变得尤其强劲,且不仅仅流行在马克思主义者中。孔德——他曾在书中写下"没有名字的历史"(histoire sans noms)——与涂尔干及追随这两人的历史学家都向着同一方向迈进。海因

① Michael Carrithers, et al., eds., *The Category of the Person*, Cambridge, 1985.

② Peter Burke, "Structural History in the 16th and 17th Centuries," in *Storia della Storiografia*, 10(1986), pp. 71-76.

里希·沃尔夫林(Heinrich Wolfflin)甚至有一个孔德式的工程,即像加图写罗马史那样写出“没有名字”的艺术史。[1] 简言之,所谓主题的非中心化(decentering of the subject)并不是后现代的发明,而是一个悠久的西方传统。

4.2.

强调集体力量与命题3所讨论的关注个性是对立的。像线性历史与循环历史之间的对立情况那样,我们正在讨论两种相反倾向的同生共存与相互作用。

4.3.

国家、帝国或王朝的历史在世界上许多地方颇为常见。因此,提炼我们的论点,把一些比国家(state)、人民(people)或民族(nation)小的群体作为西方史学中最具特色的集体力量,是有用而谨慎的。在这些更小的群体中,我们可以挑选出一些社会阶级和一些自愿团体,它们在西方历史上起了非同寻常的重要作用,孟德斯鸠和托克维尔便对它们产生的种种影响作了详尽分析。

佛教的寺院和伊斯兰教的教团是这些群体最显而易见的对应物,但它们迄今为止有没有在历史编纂中享有其西方对应物所享有的一席之地呢?

## 5. 西方史学的特色在于关心认识论,关心历史理解问题

5.1.

大多数历史学家——如果不是所有时代和所有地区的历史学家的话——都关注实用的考证。换言之,历史学家需要对他们听到或读到的特定历史的几种版本加以评估和鉴别,以选出看上去最可靠的一种。西方传统中富有特色的地方看上去就在于既在具体的层面上又在一般的层面上关注这个问题。所以,希腊和文艺复兴时期的怀疑论者否认了历史理解的可能性,而这些人的非难在笛卡尔那里得到了详尽发挥。为了回应这种所谓的历史皮浪主义的挑战,17世纪末18世纪初的历史学家精心阐述了一套辩

① Arnold Hauser, *Philosophy of Art History*, Cleveland, 1963, p. 120, 124.

护方法,他们对关于过去的种种陈述的可信程度作了不同的区分,由此开启了一个一直持续到我们这个时代的传统。[①]

5.2.

笛卡尔在关注理解的基础的同时也在回应科学革命的挑战,科学革命削弱了传统的自然观。西方史学和西方科学之间的关系尤其从这时开始变得既密切又复杂。一些历史学家试图模仿自然科学家,把数学运用到历史中。约翰·克雷格(John Craig)在17世纪就模仿牛顿,列举出一串历史原理和定律。剑桥大学的历史学家伯瑞(J. B. Bury)曾宣称"历史不多不少是一门科学"。从维柯到柯林武德的其他历史学家则把自己称为与"科学家"相对而立的人。无论是哪种情况,与现代科学的争论给西方史学打上了特殊的印记。

5.3.

即使在实用的考证层面上也有可能区分出西方关于"史料"(sources)、"证据"(evidence)和"见证"(testimony)问题的特有方法。历史学家当然是从律师那里借用了"证据"与"见证"等话语。在西方的史学传统中,各种法律隐喻是司空见惯的,如历史的"规律"(laws)、历史的"审判台"(tribunal)以及把历史学家类比为侦探与法官。这里谈论的法律可以是罗马法,也可以是普通法。但用来和史学体系进行类比的法律体系总是道道地地的西方法律体系。托马斯·夏洛克(Thomas Sherlock)《对见证耶稣复活之人的审判》(1729)就是以一场审判的形式组织起来的。

我不知道有谁就这个问题做了研究,遑论比较研究,但值得沿着这个主要隐喻继续深入,并考虑这种可能性,即西方关于历史"证据"的独特观念和假定是从深嵌在西方法律中的观念和假定那里发展出来的。穆斯林、中国和其他地方的法庭在传统上以其他方式运作,并有着迥异于西方的假定。[②] 迄今为止,生活在这些传统中的历史学家有没有从本土的法律体系中借取一些假定呢?或者他们迄今为止是不是不像他们的西方同行那样关注法律?

---

① Carlo Borghero, *La certezza e la storia. Cartesianesimo, pirronismo e conoscenza storica*, Milan, 1983.

② Lawrence Rosen, *The Anthropology of Justice, Law as Culture in Islamic Society*, Cambridge, 1989.

## 6. 试图解释历史是普遍的，但根据“因果”来表达历史解释是西方才有的特点

6.1.

这种史学传统需要追溯到古希腊，如修昔底德和波利比乌的作品显示的那样。他们关于因果(aition)以及因果不同于“症状”(symptom)的观念让人感到他们所遵循的范式来自希波克拉底的医学，历史学家们还从他那里借用了“危机”(crisis)一词，它最初用于发热。换言之，史学按自然科学的模式建立起来的西方理想是由来已久的。从人类行为的规律这个意义上说，这一理想常常与历史规律的观念有联系，比如在修昔底德和马基雅维里那里就是如此。

6.2.

当然，还有一种相反的倾向，即一种“历史主义的”(historicist, historist)倾向，它除了强调历史事件的独特性而外(参照 3.1 和 5.2)，还否认历史学家和自然科学家之间的可比性。在历史解释的层面上，这种反动采取了解释学的形式，强调意义而不强调因果，或强调柯林武德所言的历史事件的“内在”而非“外在”。[①] 至少就过去一百年而言，解释方法和因果方法之间虽说没有发展到公开冲突的地步，但两者令人不安的共存却在西方史学上留下了痕迹。

## 7. 西方历史学家长期以来为他们所谓的客观性而感到自豪

在公平超然地书写历史这一西方传统中区分出两个阶段是有用的。在第一个阶段，这个理想最好用“公正”(impartiality)一词来体现。人们认为下笔时重要的是“不带愤懑和偏袒”(sine ira et studio)[②]，换言之，不带感情和私心。这个理想被讨论最多的时候正是它最难被遵循的时候，也就是新

---

① R. G. Collingwood, *The Idea of History*, Oxford, 1946.

② 塔西佗《编年史》第1章第1节。——译者注

教改革后宗教冲突频仍的一百五十年中。譬如,德意志新教徒约翰·斯莱丹(Johann Sleidan)曾宣称他所写的宗教改革的历史述说了那些事件的历史,"就像它们发生的那样"(prout res quaeque acta fuit)。这与日后兰克著名的"如实直书"的相似之处是明显的,同样的相似也出现在法国新教徒拉波普里尼(La Popelinière)那里,他宣称他试图述说法国宗教战争的历史,就像它发生的那样(réciter la chose comme elle est advenue)。随便说一句,斯莱丹和拉波普里尼都对历史作为一种职业异常敏感。① 试图以公平超然的方式书写历史的第三个著名例子是 17 世纪末哥特弗里德·阿诺德(Gottfried Arnold)的《无党派偏袒的教会史和异端史》。自 17 世纪以降,一个尤其在英国广为使用的隐喻取自草地滚木球游戏(the game of bowls)。历史学家的理想在于避免"偏见"(bias),无论是宗教偏见还是政治偏见。②

在第二个阶段,公正或摆脱偏见的传统理想在自然科学模式的影响下被重新表述为"客观性"的理想,即公平超然地表现"事实"(facts)。兰克是这方面公认的光辉典范,他所代表的那类历史学家试图"压制自己",并设法从文献记载中获得"纯粹事实"。历史学家的任务是表现全部事实且只表现事实,这个理想自兰克时代以来被重申了许多遍。尽管不乏种种挑战,历史学家的这个任务恐怕仍在经验主义的英语世界中占据主流。③

## 8. 用计量的方法研究历史是西方的特色

众所周知,由于法国"序列历史学家"(serial historians),法国、英国的历史人口学家和美国"新经济历史学家"的推动,计量方法尤其在 20 世纪五六十年代变得越来越复杂。然而,这些运动源于一个早得多的传统。在 19 世纪后期,尤其在德语世界,人们已开始认真严肃地研究物价史了。对人口史的认真研究则始于 18 世纪。早在 14 世纪,乔凡尼·维兰尼就在其佛罗伦萨编年史中使用了数据,其中包括参加不同类型学校的孩童的人数,这是所谓

---

① D. R. Kelley, "History as a Calling, the Case of La Popelinière," in *Renaissance, Studies in Honor of Hans Baron*, eds., A. Molho and J. Tedeschi, Florence, 1971, pp. 773-789; id., "Johann Sleidan and the Origins of History as a Profession," in *Journal of Modern History*, 52 (1980), pp. 577-598.

② "偏见"(bias)一词原指草地滚木球曲线滚动的偏斜路线。——译者注

③ Peter Novick, *That Noble Dream, The "Objectivity Question" and the American Historical Profession*, Cambridge, 1988.

"算术心态"(arithmetical mentality)的突出例证。[①] 维兰尼提到的这类学校中有一类传授基本运算的"算盘学校",这一点也不让人意外。佛罗伦萨有为数众多的银行和商号,运算知识自然特别有用。简言之,我们可以认为西方的资本主义像西方的法律和科学那样塑造了西方史学。在任何其他的历史传统中能找到类似的对统计学的兴趣吗?

## 9. 西方史学不仅内容有特色,其文学形式也有特色

### 9.1.

波利比乌把同时代某些历史学家称为"悲剧作家",因为他们追求悲悯之情(pathos)。对修昔底德的一个著名研究强调了其历史与同时代希腊戏剧的相似之处,尤其是两者对环境或命运之突变(peripeteia)的关注。[②] 16、17世纪对历史艺术的研究把历史学家比作史诗作者,并强调诸如战争、人物性格和演说等具有文学效果的片段的重要性。这些片段使关于历史之"尊严"的古典观念更加明显,这种古典观念认为只有某些足够重要的事件和人物才值得记载和纪念。[③] 某些近来的研究采用并发展了这些论点。[④] 另一些学者注意到了历史叙述与小说家叙述之间的相似之处,以及它们之间的相互影响。[⑤]

然而,尤其是海登·怀特(他步诺思洛普·弗莱的后尘)才迫使历史学家们意识到他们所采用的文学形式(这种采用常常是无意识的,如 Monsieur Jourdain)。怀特用喜剧、悲剧、罗曼司和讽刺作品来形容历史的"情节编制"

---

① Alexander Murray, *Reason and Society in the Middle Ages*, Oxford, 1978.

② Francis Cornford, *Thucydides Mythistoricus*, Cambridge, 1907; 对照 Frank Walbank, "History and Tragedy," in *Historia*, 9 (1960), repr. in his *Selected Papers*, Cambridge, 1985, pp. 224-241.

③ Peter Burke, "The Rhetoric and Anti-Rhetoric of History," in *Anamorphoren der Rhetorik*, ed., Gerhard Schroeder, et al., Stuttgart, 1997, pp. 71-79.

④ J. H. Brumfitt, *Voltaire Historian*, Oxford, 1958; Roland Barthes, "Historical Discourse" (1967), repr. in *Structuralism*, ed., M. Lane, London, 1970, pp. 144-55; Burke, *The Renaissance Sense of the Past*, London, 1969.

⑤ Leo Braudy, *Narrative Form in History and Fiction*, Princeton, 1970.

(*emplotments*)。[①]

讨论其他预先编制的情节是有用的。譬如战争,无论是确确实实的(literal)战争还是引申意义(allegorical)的战争。[②] 恩斯特·卡西勒对17世纪英国新柏拉图主义的研究就是将思想史用战争的形式来表述的极端例子,这场战争是一场充满各种拟人化象征的"心灵之战"。[③]

另一个神话母题(mytheme)显然与进步的观念有联系,它来自作为先行者的圣施洗约翰。[④] 譬如,在新教的教会史中,胡斯、萨沃纳罗拉和其他教皇权力的批判者就被当作马丁·路德的先行者。契马布埃(Cimabue)在瓦萨里关于艺术在意大利获得再生的历史中也扮演了先行者的角色,但真正的主角是乔托。[⑤] 在拉丁美洲独立运动的史学中,弗朗西斯科·德·米兰达通常被贴上"先驱"的标签。换言之,他之于西蒙·玻利瓦尔就仿佛圣施洗约翰之于基督。近来,在精神分析的历史中,沙科(Charcot)已被当作弗洛伊德的先驱。

把伟人比作基督一般被视为胆大妄为之举,但这种做法时常发生。譬如,中世纪一部关于托马斯·贝克特(T. Beckett)生平的著作就提到了他的"受难"。[⑥] 这里包含了一个潜在的假定,值得对它作更细致深入的分析。这个假定是:历史事件(至少在有些时候)是对种种模型有意识或无意识的再次展现,因此,描述这些晚出事件的书面历史在某种意义上是一些寓言。[⑦]

## 9.2.

在这里什么才是西方的特色呢?按我的理解,怀特想把他所谓的"作为

---

① Northrop Frye, "New Directions for Old" (1960), repr. in his *Fables of Identity*, New York, 1963, pp. 52-66; Hayden White, *Metahistory, The Historical Imagination in Nineteenth-Century Europe*, Baltimore and London, 1973.

② Angus Fletcher, *Allegory*, Ithaca, 1964.

③ Ernst Cassirer, *Die Platonische Renaissance in England*, Hamburg, 1932. English translation: *The Platonic Renaissance in England*, Edinburgh, 1953. (《心灵之战》(*Psychomachia*)是4世纪后半叶拉丁诗人Prudentius的史诗,全书以拟人化的象征描写了美德与罪恶之间的战争。作为第一部基督教寓意诗,它在中世纪传抄极广。——译者注)

④ 施洗约翰曾在约旦河替耶稣施洗,并替耶稣作见证,说他是神差来的弥赛亚。因而被看作预备人心、迎接耶稣基督来临的弥赛亚的先行者。——译者注

⑤ Michael Baxandall, *Giotto and the Orators*, Oxford, 1971.

⑥ 英王亨利二世(1154~1189年在位)为了加强对英国教会的控制,于1162年使其御前大臣托马斯·贝克特当选为坎特伯雷大主教。贝克特表面上殷勤恳切,一上任却表现出他是教会权力的坚定拥护者。1170年,亨利派人将之刺杀。教皇则在1172年把他封为圣徒。——译者注

⑦ Peter Burke, "History as Allegory," unpublished.

文学制品的历史文本”当作放之四海而皆准的论点。但是，他的情节编制的例子全部来自传统的西方文学类型。[①] 文艺复兴时期的作家用来和历史进行比照的古典史诗就是西方的文学类型（或者说是对包括《摩诃婆罗多》在内的一种文学类型的变动）。[②] 类似的论点也可运用于悲剧。日本历史学家有没有强调日本文学中最受欢迎的“高贵的失败”这个主题？[③] 奥斯曼帝国的王朝史有没有受突厥史诗影响的地方？

就相对准确的意义而言，“小说”（novel）一词是指自 18 世纪以降发展出来的特定种类的叙述。至少从这个意义上讲，小说是西方的发明，就算它已在埃及、印度、日本及其他地方按照当地情况被相当成功地改造过了。因此，我向研究非西方历史书写的历史学家们提的问题是，既然有意识或无意识的模型对兰克、布克哈特和托克维尔等人的工作产生了作用，诚如怀特指出的那样，那么，本土的文学类型对本地历史学家的工作是否也产生了这些模型所产生的同样作用？奥尔巴赫（Erich Auerbach）对西方文学中表现现实的著名研究（其中有一章专门研究古典历史书写）暗示了一个更大的问题。[④] 历史书写中摹仿性的传统手法在不同文化之间有多大程度的区别？

## 10. 西方历史学家对空间的独到见解不亚于他们对时间的独到见解

### 10.1.

布罗代尔的《地中海》是距离问题占据绝对核心地位的著名研究。布罗代尔的一些追随者也分享了对距离问题的关注，其中突出的是皮埃尔·肖尼（Pierre Chaunu），他以明显类似的方式研究了大西洋。但是，布罗代尔所谓的“地理历史学”（géohistoire）并非史无前例。一如布罗代尔之于腓力二世的帝国，吉本的《衰亡史》亦对罗马帝国的交通问题给予了同样多的关注。与布罗代尔极为类似的是，16 世纪的让·博丹也曾在书中写到地理历史学

---

① 对照 Earl Miner, *Comparative Poetics*, Princeton, 1990.

② 但需要对照 Jaroslav Prusek, “History and Epic in China and the West,” in *Diogenes*, 42 (1963), pp. 20-43.

③ Ivan Morris, *The Nobility of Failure, Tragic Heroes in the History of Japan*, London, 1975.

④ Erich Auerbach, *Mimesis*, Bern, 1946.

家(geographistorici)。

10.2.

我不打算宣称只有西方的历史学家才对历史地理或对文艺复兴时期的历史学家所谓的"地志编写"(chorography)感兴趣。在中国,编写地方志的传统源远流长。[①] 伊本·卡尔顿关于游牧者和定居者之间差别的著名讨论已在1.3.中提过了。然而,有不少西方的历史研究是围绕人群与土地之间的关系编排组织的。这些研究是西方的但不是欧洲的,这看来并非巧合。它们是新欧洲人的产品。其中声名最著者无疑是弗雷德里克·杰克逊·特纳对美国历史上的边疆的研究,但也不难举出另外一些例子,如阿夫雷乌(Capistrano de Abreu)和奥兰达(Sergio Buarque de Holanda)对巴西殖民化过程中道路与边疆的重要性的论述;又如布莱恩(Geoffrey Blainey)的《遥远的暴政》,它分析了澳大利亚的地理位置对其经济发展与社会发展的影响。这些著作表达了地处世界边缘、远离权力中心与文明中心的一种空间感和存在感。与西方的法律、资本主义和科学一样,殖民化进程——不管我们称这种进程为"发现"、"遭遇"还是"帝国主义"——也有助于塑造西方历史书写的典型面貌。

以上我试图概括一个包含了诸多史学假定与史学原则的"体系"。称之为"体系"倒不是说这是从诸种公理中严密有力地演绎推断出来的,而是说西方历史书写被赋予的某些特点至少在一种松散的意义上互相联系在一起。但是,正如我们上述所见,这个体系并没有摆脱冲突和种种相反的倾向。无论是好是坏,在诸如是独特性还是对历史法则的举例说明,是进步还是循环,是因果还是意义等重大问题上,尚未达成任何共识(至少是几百年内的共识)。说到底,正是不同体系之间的冲突(或者说包含了不同冲突的体系),尤其是不同"力量"之间的动态平衡,才构成西方历史思想和历史书写的特点。

(宋立宏　译)

---

① W. Franke, "Historical Writing during the Ming," in *Cambridge History of China* 7, ed. L. Mote and D. Twitchett, Cambridge, 1988, ch. 12.

# 第二部分

# 评　论

# 一、一般评论

## 透析历史人类学

[德]克劳斯·墨勒

一般说来,历史学家的视野总是直视自己的历史进程。但是最近,这种直视的眼光开始超越自己熟悉的视界,它不但寻求领悟自己的历史,也试图解读外国历史,并把它们引入比较对证的舞台。西方中心主义已经过时,终将退出。

人们之所以惯于比较,是因为他们一直试图使周围错综复杂的现象变得井然有序,这种意图也是由来已久的。然而这些比较却基于民族中心主义,即:传统社会以原生的认同感和对世界极度一元化的概念对现象进行归类,如果某些现象看起来与本民族文化相协调,就将它看作自己文化的一部分;对于那些与自身并无一致性的"异类",则通常加以贬低、嘲笑以及排斥。丹麦民族学家伯克特—史密斯(Kaj Birket-Smith,1893～1977)复现了旧石器时代的一幕:人们讲述相邻部落那些滑稽得不可理喻的风俗,引得他的部落同胞捧腹大笑。[①] 在这种设想的早期娱乐活动之后,还有种种五花八门的形式,它们基于一种令人感到满足的、水到渠成的想当然之见。也就是说,

---

① Kaj Birket-Smith, *Geschichte der Kultur*, *Eine allgemeine Ethnologie*, Munich, 1948, p. 5.

人们的视野囿于有限的环境中,限于暂时的回忆和经验,这种小环境内的一致性和相似性证明了他们的结论:他们自身是被一种公共和恒定的因素维系在一起的。这种因素就是康拉德·洛伦茨(Konrad Lorenz)所说的①,使他们的社会存在与连贯运转的秩序得以永存不灭的规则。在参与者看来,他们的文化对应着一种固有的规则系统,其间的符号表达方式体现了协调统一的世界观,使社会井然有序,并且提供可靠的价值定位。哲学家卡尔·波普尔(Karl Raimund Popper)则认为,人们对这种系统有一种极为强烈的需要,强烈到根本无视规则的存在。② 然而,当人们走出自己的文化范围,在自己的小小世界之外,这一切都变得难以理解、千奇百怪;更新奇的是那些接踵而来的异国经历,离观察者自己的生活区域越远,就越发显得混乱不羁,似乎与任何规则都格格不入。为了使这一切能被理解——至少被理解为"反规律"(anti-order)的一种表现,它们被定义为原始、异化或恶化的状态,被理解为自己民族优越文化的歪曲表现或拙劣模仿;它们仅被作为轻视和谈笑的对象,除此而外基本上不可能引起注意,更不用说严肃认真的研究了——如果说真有什么研究的话。

希腊人也把自己视为世界中心的居民,尽管在不同时期这个中心在不断变迁:奥林匹亚、特而非以及后来的爱奥尼亚,这取决于民族缔造者的籍贯。③ 而且希腊人由于建立殖民地以及为了贸易和探险进行远征,早已将民族志学付诸实践。他们有意选择的这个过程,促使他们进行比较。对他们来说最值得关注的应该是那些明显不同于希腊生活方式的事物,因为正是在这里他们自认为能够辨认何为外族文化的特征。希波克拉底(Hippocrate,前 460~前 370),不仅以医药之父著称,也是一位民族志学者,他远涉外境,调查探险,曾达致今天的格鲁吉亚(Georgia)境内;他也是一位理论民族学者,他将上述原理总结为一句话:"我倾向于描述那些在自然属性和文化风俗方面差异相当大的民族,而将不考虑那些具有很大程度相似性的民族。"④这种方式进一步创造出了一个据以区别外族文化特性的系统,即:以古老文明的发祥地地中海为中心,其他地区则同心环绕:紧接的第一层由农

① Konrad Lorenz, *Die Ruckseite des Spiegels*, *Versuch einer Naturgeschichte menschlichen Erkennens*, Munich, 1973,162f.

② Karl R. Popper, *Objektive Erkenntnis*, *Ein evolutiondrer Entwuif*, Hamburg, 1973,p. 36.

③ Klaus E. Müller, *Ceschichte der antiken Ethnographie und ethnologischen Theoriebidung*, *Von den Anfangen bis auf die byzantinischen Historiographen*, vol. 1, Wiesbaden, 1972, 55, 65, 75f, 126.

④ Ibid., p. 142.

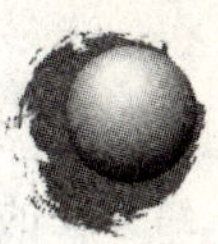



业文明组成；接下来是一些游牧社会，比如北非、阿拉伯半岛和斯基泰(Scythia)；而第三层，亦即世界最外围的边缘地带，是从事狩猎和采集业的非洲、印度和欧亚大陆的民族。与此水平差异图式相对应的，是一个纵向的阶段观念，由此发展出一个三维立体图式，也被看作一个发展进化模式的金字塔，而其中心轴线就是希腊。[①]

这一解释系统对传统社会通常具有的民族自我意识来说，并不是什么新鲜观点。因为根据那种意识，每个民族都认为自己处在人类发展潜能的顶点位置，对于周边民族不同于己的生活方式，就理解为未开化的原始形态或发展停滞的畸形产物，认为是失败的发展乃至退化。[②] 希腊人首先把这种意识理论化，即由希罗多德(Herodotus，约前 490～前 430)[③]创立、希波克拉底总结性重申的论题：地理环境与文化的发展之间存在着决定性关联。[④] 这一理论的系统性构架则来源于一种相应的气候区域理论，即认为世界的绝大部分地域可以分为三大典型区域：北方的湿冷地带、南方的干热地带和中心地中海区域波动可变的气候带。因为南方和北方那极冷极热气候的影响，那里民族的发展就会被遏制，从而一直停留在接近动物的阶段，而且事实上也确实这样；只有在气候适宜而又可变的中间地带，气候具有智能的刺激力，这种环境才适合持续而生机勃勃的发展。[⑤]

在希腊文化涉及的范围之外，生活的是"野蛮人"(barbarians)，按照字面翻译就是"胡言乱语之人"(babblers)——不能掌握"正确"语言的人类，他们被认为束缚于当地的地理条件，并由此被分为各式种类。而且他们是根据希腊的方式被衡量的，极端的个例就是真正的"原始民族"。比如那生活在小亚细亚东北部荒山野岭中的莫西人(Mossynoics)，在色诺芬看来，显得非常原始而野蛮，因为"他们的风俗与希腊人有着天壤之别"。希腊人如果在这种荒蛮之地穿行，甚至定居，就只能退化到这种原始风俗；谁若是与这些

---

① Klaus E. Müller, "Geschichte der Ethnologie," in *Ethnologie*, *Einführung und überblick* ed. Hans Fischer, Berlin, 1992, 28f.

② Klaus E. Müller , "Grundzüge des menschlichen Gruppenverhaltens," in *Biologie von Sozialstrukturen bei Tier und Mensch* , Gŏttingen, 1983, p. 109.

③ Klaus E. Müller, "Geschichte der Ethnologie," in *Ethnologie*, *Einführung und überblick* ed. Hans Fischer, Berlin, 1992, 27f.

④ Klaus E. Müller, "Geschichte der Ethnologie," in *Ethnologie*, *Einführung und überblick* ed. Hans Fischer, Berlin, 1992,137ff.

⑤ Klaus E. Müller, "Geschichte der Ethnologie," in *Ethnologie*, *Einführung und überblick* ed. Hans Fischer, Berlin, 1992,27f.

人直接接触,不知不觉中把他们的社区当作自己家乡一样,把自己融入这种生活,那他自身的文化特质就难以维续下去,至少会影响到他个人融入自己文化环境的能力。柏拉图(约前427~前347)发现,在这片荒蛮之地与希腊之间,存在着一种自然的(physeí)冲突。雅典,由于她得天独厚的地理位置,在人间所有的地域当中,最得上帝偏爱,高贵到无以复加的程度,以至于她的居民总是保持"作为纯粹的希腊人,与蛮族人相隔绝"。因此,他们都长得体格健壮,并成为智力上优越于其他一切民族的一个族类;而且,持久的民族间接触可能已经不可避免地侵蚀了他们高贵的种族,造成种族不纯。亚里士多德(前384~前322)也持同样的观点。他在希腊地理中心论的基础上总结道:希腊人将周围低等民族的优点集于一身,即北方欧洲人的勇武和独立意识与东方亚洲人的技能和才智。他认为,基于这个原因,希腊人能够"保持纯粹而持久的自由,但更重要的是一直保持在一个国家的秩序当中,而且能够对其他具有单独政权的民族建立统治"①。

19世纪末,自然科学取得了一系列胜利,并且给人们的生活质量带来了显著改善,从而使它的实用价值尤其得到了彰显。此后,达尔文主义一路凯歌。由于地质学与生物学上诸多新发现的促进作用,发展的观念在线性进化论的视角中,作用越来越不可低估。这又产生了另一个问题:是否可以说自然与文化的发展未必只能被理解为进化,而人类文化的历史能否被理解为自然史的一部分,从而受到普遍真理的支配呢?② 当这一观念提升到教条的高度,它就迅速地在人类学中占据了支配地位。爱德华·伯内特·泰勒(Edward Burnett Tylor,1832~1917),一位人类学进化理论(evolutionism)的泰斗,这样描述这一论断:

> 如果说人类的历史只是自然史的一个部分,或者一个分支,也就是说我们的思想、意愿与行为都精确地符合某些规律,精确得好似波浪起伏、酸碱混合与动植物生长那样的话,这种看法在有识之士看来真是专横而可恶。③

这种观念的另一个结果是,一系列先行的恒定条件现在也可以在文化与历史科学的范围内被预见到。其中的一个条件植根于这样的启示,即所

---

① *Politics*, Ⅶ 7, 1327 b, 20ff.

② Reinhard Goll, *Der Evolutionismes. Analyse eines Grundbegriffs neuzeitlichen Denkens*, Munich, 1972, p. 23.

③ Edward B. Tylor, *Primitive Culture*, vol. 1, London, 1871, p. 2.

有人种的心理和智力倾向性是一致的，这是一个先验性的前提。① 由此又牵涉出另一假定，世界的每一个角落，即使没有相似的思想和制度体系，至少亦具有相似的发展趋势，即单向进化的趋势。正如苏格兰人类学家约翰·弗格森·麦克伦南(John Ferguson McLennan，1827～1881)的论断：人类社会的历史遵从一种彼此非常接近的普遍规律。②

然而，这种论断似乎与众所周知的事实并不相符，事实上世界各地的文化差异是显而易见的。这样，第二个恒定的条件连同一系列可变的附加条件发挥了作用：在进化论者看来，解释文化多样性的合法方式就是达尔文主义的自然选择原理。另一位进化论的代表人詹姆斯·乔治·弗雷泽(James George Frazer，1854～1941)断言："在各种力量的竞争中，无论是体力的竞争还是智力的竞争，都是强者获胜，适者生存……在更好的言行中，只有更好的观念才会被我们奉为真理，才会胜出。"③退一步说，有些因素看来确实反映了发展过程中的差异，但是这对于适应不同环境、适应扩散与迁徙④以及战争(战争本身就是优胜劣汰的工具)⑤与种族差异来说，都是必要的。的确，对于后一种观点，所有进化论者都不会有异议。⑥ 如果说自然选择的原理本身就与平等的基本精神相左的话，那么这后一种观点则完全屈从于种族主义了。

以上两种观点都基于欧洲中心主义。彼得·伯克认为，欧洲中心主义应该被放在一定的历史条件下来看待，这是很公正的。而除此之外，另一种占主导地位的观点就是进化论，它认为一切文化的发展，其原理都同生物进化一样，是从简单到纷繁复杂之形态的进步过程。欧美民族自身就被当作这一观点最明显的证据：它们代表了历史上文化形态的最高水平，从而理所当然地在世界民族中占据了领先地位，而且当之无愧，因为在实力的角逐中他们作为最强者而明白无误地胜出。自然选择的原理——生物学模式所衍

---

① Goll, Evolutionismus, 83; cf. Theodor Waitz, *Anthropologie der Naturvolker*, vol. 1, Leipzig, 1877, p. 12; Edward B. Tylor, *Researches into the Early History of Mankind and the Development of Civilization*, London, 1870, p. 90.

② John Mclennan, *Studies in Ancient History*, London, 1896, p. 9.

③ James George Frazer, *Psyche's Task, A Discourse Concerning the Influence of Superstition on the Growth of Institutions*, London, 1913, p. 168.

④ Robert L. Carneiro, "Classical Evolution," in *Main Currents in Cultural Anthropology*, eds., Raoul & Frada Naroll, Englewood Cliffs, 1973, 82ff.

⑤ Caneiro, "Classical Evolution," 109f.

⑥ Ibid., 90ff.

生出的一种天经地义的发展模式——给予他们“科学的”明证。这种原理既然是基于生物学的，也就不能不涉及这个结论：欧洲人也必定属于优越的种族。被卡尔·马克思和恩格斯所深深崇敬和效仿的刘易斯·亨利·摩尔根(Lewis Henry Morgan，1818～1881)，就属于这个族类——不过他只是部分地属于，因为他既是雅利安人也是闪族人。在二者之中，他都歌颂了“人类进步的主流”，认为它们是“古老文明的基石”。[①] 其次，领导权当然是“由雅利安族独占”[②]，从此以后雅利安民族成了人类进步的中流砥柱，因为她孕育了人类最高级的种类，并且她的内在优越性使她逐渐控制了全世界。[③] 而他的美国同胞，政治科学家约翰·威廉·伯吉斯(John William Burgess，1844～1931)认为，只有雅利安民族具有“塑造文明的天生才智”[④]。泰勒的观点也是这样，他认为这个民族出众的智慧和领导才能注定了它会统治全世界。[⑤] 其他人的表达方式比这些更坦率，结论的变化纯粹取决于作者的国籍。赛希尔·罗德(Cecil Rhodes，1853～1902)，从1890年到1896年一直是海峡殖民地的总督，曾在非洲东南部扩展了英国的殖民地，其中包括后来以其名字命名的贝专纳地区，他声称：“我坚信我们是世界上一流的民族，我们统治世界的范围越多，对全人类的贡献就越大……这是多么美妙的梦想，而且这个梦想是有可能实现的。”[⑥]

欧美国家遥遥领先的国际地位，看来是基于自然的恩赐，因为他们纬度居中，气温适宜，在自然选择中得到进一步的锻炼，他们要求全球的控制权看起来天经地义。天真的种族中心主义已经成功地使自己附和于那头头是道且神圣不可侵犯的欧洲中心主义。

但是，令人有点起疑的是科学竟然被给予了几乎无限的信任。人们认为即使是社会科学领域中的问题，也理所当然地能够在科学的帮助下迎刃而解。孔多塞(Condorcet)对此早有声明。[⑦] 马尔萨斯纠正了一度被低估的

---

① Lewis H. Morgan, *Ancient Society*, Cambridge, Mass., 1964, 427, 40f.

② Lewis H. Morgan, *Ancient Society*, Cambridge, Mass., 1964, 427, 41.

③ Lewis H. Morgan, *Ancient Society*, Cambridge, Mass., 1964, 427, 475.

④ Hansjoachim W. Koch, *Der Sozialdarwinismus. Seine Genese und sein Einfluβ auf das imperialistische Denken*, Munich, 1973, 120f.

⑤ Edward B. Tylor, *Anthropology, An Introduction to the Study of Man and Civilization*, vol. 1, London, 1930, p. 58.

⑥ Koch, *Sozialdarwinismus*, 91.

⑦ Goll, *Evolutionismus*, 16.

人类体能和智慧的改善、和平的保持和对于不尽寿命的期望。[①] 另外，托洛茨基以其科学的眼光证明，要形成"更加强健、聪慧和高尚的"人类也是具有可能性的，"他们的身体更加协调，运动更有节律，嗓音更加动听"，即使普通人也能"使自己与亚里士多德、歌德和马克思的水平同日而语"。[②] 几十年前，赫伯特·斯宾塞(Herbert Spencer)的断言曾经更加绝然无误——确定得就像我们绝对信奉的真理一样。[③]

但是其他非欧洲人种会怎样呢？他们也能在天堂般的未来中找到一席立足之地么？或者，他们在自然选择的法庭无情宣判之后，还会长久存在吗？他们当然会被根据欧洲人的标准来衡量，正如泰勒所说："欧美的文明民族，仅仅通过把自己放在社会序列的一极，把野蛮部落放在另一极，就可以确定一个标准。"[④]"根据种族中心主义，形成了一种根深蒂固而不证自明的认识，即一个民族本身的形态代表着人类发展的顶端水平，与之相差最远的民族就是水平最为低下的——陈腐守旧、发展滞后"[⑤]，甚至"倒退不前"[⑥]，文化贫瘠，而且根据达尔文主义，由于先天缺陷，他们注定要在自然选择中被完全淘汰出地球[⑦]。

但是世界之精神的推动力是无情的。根据欧洲中心主义的视角和进化论的基本标准，文明的发展不得不呈现单一的线性进步过程，以满足连续性的假设。这种认识论，正是彼得·伯克描述的"西方史学思想中最重要的，至少是最显著的特征"。然而，这意味着我们正在这里讨论的有意无意中就成了西方民族的特殊气质。[⑧] 事实上，上述论断只是在为世界等级划分进行辩护的意识形态化(此处为欧洲中心主义)辩解中的极端情况。

传统的农业社区建立在亲属关系(血缘、家族)的基础上，规模不大，一

---

① Koch, *Sozialdarwinismus*, 27f.

② Leo Trotzkij, *Literatur und Revolution*, Berlin, 1968, p. 215.

③ Koch, *Sozialdarwinismus*, p. 23.

④ Tylor, *Primitive Culture*, p. 23.

⑤ Carneiro, "Classical Evolution," 72ff.

⑥ James George Frazer, *Folk Lore in the Old Testament Studies in Comparative Religion, Legend, and Law*, vol. 1, London, 1919, p. vn.

⑦ Charles Darwin, *Die Abstammung des Menschen und die geschlechtliche Zuchtwchl*, vol. 1, Stuttgart, 1871, p. 139.

⑧ This is in fact held by many to be the case. Rudolf Wendorff, for example, refers to "thinking in terms of progress as a new dynamic attitude on the part of Western humanity [my emphasis] towards its history". 见 Rudolf Wendorff, *Zeit und Kultur Ceschichty des Zeitbewu βtseins in Europa*, Opladen, 1980, p. 326.

般在八十至两百人之间，他们以严格的互惠原则联系在一起，以保社区的主体部分在经济上自给自足，政治上自治；由于长期定居于此，他们积累了丰富的关于生存环境的知识，并代代相传。这些构成了社区对其社会秩序、组织以及适宜得体的行为准则进行解释与合法化认定的先决条件。由于这样的社区彼此之间是相对孤立的，所以它们随着时间逐渐分化（类似于生物学上的物种分化），形成具有固定范围和最佳同一身份的文化单位，并以一系列统一有效的机制保持稳定（同外界形成界限的划分，确认并保持严格的传统主义）。于是，产生了自始至终不受干扰的连续性，人们深信，对某一社会准则的侵害同时可能危害整体的功能运作，把全体成员置于危险境地。

在认同理论的视角下，这种程度的传统农业社区构成了理想类型的范式群体，他们的普及化特征（相对于具有地理或历史局限性的特征来说）是开放式的，能够从基本相似的社会实体中得到较好的理解。这样的相似性比如相似的规模、三代以上生活在固定的地域、协力合作、共同的文化传统（即历史）。这种认同理论下的"标准群体"，用解析的标准看来则可以被认为是衰退的、混合的或者增生的实体。

这种认同性的意识形态有一个基本特点，即倾向于将本民族的自我价值观绝对化。具有内在自我认同意识的群体，很容易把自己从祖先那里继承下来的生活方式看作一切可能的生活方式中的最好者和人类智力所及的终极形式。这种民族认为自己居于世界的中心，独享理想的气候条件，由于这种得天独厚的环境，他们的直系先祖由造物主直接赋予生命（包括生命元气与自由精神）。相应的，在许多情况下民族的界分无非指"人种"（human beings）。[①] 由于这种"选择"，只有他们自己的人民才享受神的偏爱。印度奥里萨邦的邦德（Bondo）族认定自己是"整个人类的长兄，其他民族都是后起之秀"[②]。东尼泊尔林布族的一个成员对雷克斯·琼斯和雪雷·琼斯（Rex and Shirley Jones）解释过林布族的世界观。他说："世界的中心是林布，因为这里是我们的土地，我们的家。我们是老大。"[③]别忘了根据上述柏拉图的论断，这种角色只适用于雅典人。"殉道者"查斯丁以早期基督教世界的名义宣布："我们是一个圣洁的民族……没有哪一个野蛮的部落或群族能够像卡

---

① Klaus E. Müller，"Grundzüge des menschlichen Gruppenverhaltens，" in *Biologie von Sozialstrukturen bei Tier und Mensch*，Göttingen，1983，102f.

② Verrier Elwin，*Bondo Highlander*，Bombay，1950，p. 266.

③ Rex L. and Shirley K. Jones，*The Himalayan Woman*，*A Study of Limbu Women in Marriage and Divorce*，Palo Alto，1976，p. 40.

里亚人(Carian)和弗吉尼亚人这样,这就是上帝的选择。"[①]在《萨利克法典》(*Lex Salica*,*Recensio Pippina*)的"绪言"中,弗兰克斯家族自诩为"造物主上帝创造的杰出的人"[②],而拜占庭人也认为只有他们自己才能得到上帝的祝福[③]。

认同意识,亦即种族中心主义,有一个必要的补充,也可以说是它的阴暗面。其肇端就在于自我价值观的绝对化,在一个民族看来,凡是在本族文化圈以外的陌生世界中发现的与本族文化相左的事物,也就是与自己的理解方式相冲突的事物,都显得卑劣低等,好似未开化或畸形发展的产物,而且在理论上对应于其背离正常状态的程度。轻视异族之物都有一种认识倾向:工具和技术粗劣而功用低下,不足挂齿;风俗观念荒谬可笑,怪诞可憎;至于其民族成员,本身就是原始人、野蛮人。就是因为他们处于观察者视角的外围,于是他们显得比动物似乎也强不了多少。关于这种划分方式的实例数不胜数。新几内亚岛的居民在回答汉斯·尼维曼(Hans Nevermann)的提问时,宣称他们的名称是"Uir"(意思是人、人类),他们对此的解释很不屑:"其他部落当然根本就不算是人类。"[④]澳大利亚东南部的库尔耐族(Kurnai)直率地将异国领域上的邻居描述为"野人"(brajerak)。[⑤] 更有甚者,像刚果的俾格米人[⑥]、坦桑尼亚的爱桑祖人[⑦]和巴西西北部的门都修各人(Mundurukú),都毫不迟疑地把异族列入动物之类[⑧]。欧洲人在民族主义上也是如此目光狭隘。在特罗布里恩岛民(Trobriand Islanders,新几内亚人)

---

① Iustinus Martyr, "Dialogus cum Tryphone Judaeo," c. 119, in *Patrologiae Cursus Completus*. Series ed. J. P. Migne Graeca, vol. 6, 212, col. 752. Cf. Clemens of Alexandria, *Protreptikos* Ⅻ 123,1.

② Cited in Walther Lammers, "Vorwort," in *Geschichtsdenken und Geschichtsbild im Mittelalter*, ed., Walther Lammers, Darmstadt, 1965, xvl.

③ Hans Nevermann, *Die Naturvôlker und die Humanität*, Leipzig, 1948, 11f.

④ Hans Nevermann, *Die Naturvôlker und die Humanität*, Leipzig, 1948, 11f.

⑤ Alfred William Howitt, "The Jeraeil, or Initiation Ceremonies of the Kurnai Tribe," in *The Journal of the Anthropological Institute of Great Britain and Ireland*, 14 (1885), 301, fn. 3, 311, fn. 8.

⑥ Perter Weidkuhn, "Die Rechtfertigung des Mannes aus der Frau bei Ituri-Pygmäen,"in *Anthropos*, 68,3-4 (1973), p. 447.

⑦ Ludwig Kohl-Larsen, *Wildbeuter in Ostafrika. Die Tindiga, ein Jäger-und Sammlervolk*, Berlin, 1958, p. 31.

⑧ Robert E Murphy, "Intergroup Howtility and Social Cohesion,"in *American Anthropologist*, 59 (1957), p. 1028.

的眼中,异族人是变态生物,是"跛子"[①];内华达州的华沙人用形容野生动物的词(mushege)来指其他民族的人[②]。在中国,野蛮人和用来指非华夏民族的动物词汇之间,一直具有等同性,这在两千年的帝国时代中司空见惯。[③]亚里士多德用以下的推论法去证明这种"事实":既然人类"天生就是向往联邦的生物",那么其他"天生存在于任何联邦之外"且又不属于意外情况的生物,就只能是"非人类,要么比人类高等,要么劣等"——精灵或动物![④]

凡是有一定的凝聚力和稳定的自我认同意识的社会,其世界观都由互相对立的两个层次构成,内层属于自己的世界,只有在这一层次上,人类的存在才能被完美地意识到;外围的层次则代表前者的对立面,从而被有害的、破坏性的力量所控制。[⑤] 在这种视角下,即使有比较,也只是在本民族独一无二的合理性之下进行比较,而此种比较的结果也是"建构起来的差异"。

在欧洲,内层的发展仅是一种特殊而近乎极端的过程,在各种不同的文化进程共同积累的财富中作指数增长。前提是,信息和物质的传播都不得不通过大量的制度和制度群,其数量比在差异性较小的文化中传播时要多得多,也就是说它们要通过大量的"衍射"和"折射"效应。恰恰就是这种差异性以及事件表现出来的灵活性,它们在传播到当地俗世视域之中的时候,呈现出事件加速的假相。[⑥] 这样一来,欧洲人所经历的历史仿佛被一种特殊的推动力所浸透着。加上欧洲中心主义的推波助澜,使人们更加深信"发展"是欧洲人的专利。于是,假说得到明证,甚至他们也因此被授权承担起启蒙世界的使命。

"历史" 就意味着发展的多样性。在外部世界的视域下,衡量方式不同于中心地区,很难找到任何事物看起来是变化或"迁移"的,人们都牵制于萧条停滞。如利奥波德·兰克(Leopold von Ranke)所说,那里的居民是"永远

---

① Bromslaw Malinowski, *The Sexual Life of the Savages in North-Western Melanesia*, London, 1932, p. 258.

② James E. Downs, *The Tivo Worlds of the Washo—An Indian Tribe of California and Nevada*, New York, 1966, p. 78.

③ Claudius Müller, "Die Herausbildung der Gegensätze, Chinesen und Barbaren in der frühen Zeit (1 Jahrtausend v. Chr. Bis 220 n. Chr)," in *China und die Fremden. 3000 Jalre Auseinan dersetzung in Krieg und Frieden*, ed. Wolfgang Bauer, Munich, 1980, p. 60.

④ *Politics*, I 2. 1253 a , 1ff.

⑤ Klaus E. Müller, "Identität und Geschichte. Widerspruch oder Komplementarität?", in *Paideuma*, 38 (1992), 25f.

⑥ Klaus E. Müller, "Identität und Geschichte. Widerspruch oder Komplementarität?", in *Paideuma*, 38 (1992), 20.

止步不前的民族"(die Volker eines ewigen Stillstandes)。他认为，若是"为把握世界历史的内部运动之故"而将这些居民当作发展起点，将是荒谬的。[①]这类民族也被库尔特·布雷斯格(Kurt Breysig)以相似的语言描述为"永远停留在原始时代的民族"[②]。既然这样，历史学家轻视他们也就是顺理成章的事了。作为欧洲中心主义的一种表达方式，上述两位当然不是这种观念的始作俑者。奥托·弗雷森(Otto von Freising，1112～1158)对基督教居民与非基督教徒(犹太人及异教徒)的比较，是更早的一个例子，他得出的结论是："所有举足轻重的国家都是前者建立的，而后者，不但在上帝面前毫无作用，即使在世上也不重要"；"他们的所作所为几乎都不足挂齿，也不足以荫庇子孙"。[③]

对野蛮世界的兴趣只有在有利可图的时候才会被唤起，而且这种侵袭的发生毫无顾虑，因为那毕竟只是"空旷"或"弃置"(借用语言学对时间的用法)的土地[④]，而那里并没有真正意义上的人民。英国数学家、生物学家、社会学家卡尔·皮尔森(Karl Pearson，1857～1936)这样描述这类土地上发现的居民："人类进化的轨迹充满了古老民族的腐朽之气，到处都是低等民族留下的足迹，他们因为找不到通往完美前景的狭窄之途，而成了不幸的人。"他们构成了"人类达于当代高度文明阶段的必经之路"，虽然他们不能以此来慰藉自己。[⑤] 然而，可以预见，在不久的将来，"已经达到完美境界的人们"进一步的发展将会把他们碾碎在脚下。

不过，这个过程不会太迅速。毕竟，他们看起来还是强大得令人震惊。由于他们数量众多，种族灭绝的方式虽然经常被考虑到，而且也被部分地实施过，却没有真正成为一种可行的解决方式。所以，还存在着其他的选择，如将他们训练并蓄为奴隶，或进行文明化。殖民势力认为自己是高等民族，有权从事二者中任何一项。正如当时的美国参议员艾伯特·贝弗里奇(Albert J. Beveridge)所说："作为征服者，我们必须顺从自己的血性……我们在统治艺术中的技能是得自上帝的礼物，因此我们能统治野蛮卑贱的人。"另一位美国历史学家詹姆斯·肯德尔·霍斯摩(James Kendall Hosmer，1834

---

① Leopold von Ranke, *Weltgeschichte*, 4th edn., vol. 1, section 1, Leipzig, 1886, viii.

② This is the title, he gave the first volume of his *Geschichte der Menschheit*, Berlin, 1907.

③ Otto von Freising, *Chronica sive Historia de duabus civitatibus*, V, Proömium.

④ Otto Kôbner, *Einführung in die Kolonialpolitik*, Jena, 1908, 15, 196. Cf. Charles Dicken, Martin *Chuzzelwit*, Munich, 331.

⑤ Koch, *Sozialdarwinismus*, 117f.

~1927)进一步阐发了他的论断:“盎格鲁—萨克逊的制度、盎格鲁—萨克逊的思想以及英语,必将成为人类政治、社会与文化生活的基本特点。”①

使用“训练”这个词,是得到普遍赞同的,这个词符合野蛮人的特质,他们的特质与动物差不多。印度人、中国人和马来人在这之前早就把野蛮人区别为“野生的”和“驯化的”。② 著名的伊斯兰历史哲学家伊本·卡尔顿(Ibn Khaldun,1332~1406)辩解道:让野蛮人去适应有意义的劳动,比如说搬运,这是比较理智的做法,总比让他们呆滞地待在原地无所事事或者发动代价惨重的战争去消灭他们要强。③ 这种辩解屡见不鲜,奴隶制也是普遍现象。

对野蛮人进行的开化过程也值得怀疑。在有些情况下根本就没有这种机会。非洲人的情况更是有着独特的疑点。他们被伏尔泰评价为:智力较欧洲人“相当低下”,“对各种类型的思想硬是一窍不通,或不能将它们形成系统联系”。④ 美国生物人类学家诺特(J. C. Nott)和格雷登(G. R. Gliddon)在其著作《人种学》(*Types of Mankind*,1854)中表达了他们深信不疑的看法:非洲的人民“智力比肤色还黑暗,他们头盖骨的结构使得将来进步的希望显得渺茫如乌托邦白日梦”。德国文化历史学家弗里德里奇·冯·海沃德(Friedrich von Hellwald,1842~1892)的绝然定论使这一评价达到了极致:“黑人只能被训练,不能被教育。”⑤

还有些人至少进行了尝试,他们向野蛮人伸出双手,并且成功地把后者改造为人类,这种解决当然只能取决于以下事实:正如英国历史学家约翰·克罗泽(John Beattie Crozier,1849~1921)所说的,必要的铁腕手段“被温情脉脉的形式所改装和软化了”⑥。早在罗马人改造大范围的荒蛮世界时,这

---

① Koch, *Sozialdarwinismus*, 115, 120f.

② Wilhelm E. Mühlmann, *Rassen*, *Ethnien*, *Kulturen. Moderne Ethnologie*, Neuwied, 1964, p. 191; Claudius Müller, “Die Herausbildung der Gegensätze, Chinesen und Barbaren in der frühen Zeit (1 Jahrtausend v. Chr. Bis 220 n. Chr),” in *China und die Fremden. 3000 Jalre Auseinan dersetzung in Krieg und Frieden*, ed. Wolfgang Bauer, Munich, 1980, p. 53.

③ Susanne Enderwitz, *Gesellschaftlicher Rang und ethische Legitimation*, Freiburg i. Br., 1979, 49, cf. 26ff.

④ Catlos Moore, *Were Marx and Engels White Racists? The Prolet-Aryan Outlook of Marx and Engels*, Chicago, 1972, p. 12.

⑤ Wilhelm Schneider, *Die Naturvôlker*, *Mißverständnisse*, *Mißdeutungen und Mißhandlungen*. vol. 2, Paderlorn, 1885/1886, p. 168.

⑥ Hansjoachim W. Koch, *Der Sozialdarwinismus. Seine Genese und sein Einfluß auf das imperialistische Denken*, Munich, 1973, 93.

种可效法的方式就已被实践过了。后来，它又具有了一种更加高贵的动机。亚历山大的神父克莱门(Clement)对野蛮人承诺，只要他们“改变自己，通过信奉主，把自己从动物的状态下解救出来”，就能成为“上帝的子民”。[①]

另外，其余所有人还存在着一种动机，随着文明的进程，野蛮人也得到了人类历史之才智的恩赐。在这个意义上，塔西佗(Tacitus，55～120)的《阿古里可拉传》(*Agricola*)与英国历史非常一致，英国史首先始于罗马人的统治。在伊斯兰古典史学写作中，出于不同信仰的事件只有在“与伊斯兰世界发生正面冲突”的时候才会得到关注。[②] 在殖民地统治者看来，即使那些“未开化”的民族，也开始步出笼罩着他们的黑暗，进入“世界历史”的光环——首先是进入了“殖民地历史”的外围区域。在这种环境中，他们新近被历史人类学所关注，而历史人类学只承认他们具有书面证据的历史，而且所谓书面证据是指出于西方人之手的文件材料。在这之前的时间早已被机能主义者发落为“猜测出来的历史”。

彼得·伯克把当前普遍的“史学文化”与绘画类比，绘画本由于地域而千差万别，却被全世界一致的专业标准所统摄，尽管它们可以有灵活的选择。我本人愿意设想有一个大画室，其间有一位导师辗转于画架之间，指导着他那不同肤色的学生们，他熟练机敏，使得学生们相信作画的是自己。

美国在1948年起草《独立宣言》的时候，美国的民族学者们——主要是梅尔维尔·吉恩·赫斯克维茨(Melville Jean Herskovits，1895～1963)——作用不可轻视，他们对美国人类学协会提供的草案发挥了决定性的影响，而这个草案对宣言的正式形成又有着根本性的作用。这个文件坚决地采用文化相对主义的原则。赫斯克维茨本人坚信这种原则，他也是与这种原则有关的思想最坚决的支持者。根据这种原则，所有文化都是个性的、独一无二的，因此都是不可比的自我价值体系，只能根据各文化自己的情况来理解，若要由他种文化来判断，既不合理也不充分。[③]

这代表着对“原始人”和殖民地人民非野蛮化过程中明显而有意义的一步，而且早就有了榜样。文化相对主义的先驱、美国民族学者鲁思·本尼迪克特(Ruth Benedict，1887～1948)使其研究定位于德国传统。她的著作特

---

① Stromateis Ⅵ 50.

② Beriold Spuler, “Islamische und abendlandische Geschichtwwchreibung. Eine Grundsatz-Betrachtung,” in *Saccuhum* 6, 2 (1955), p. 130.

③ Klaus E. Müller, “Geschichte der Ethnologie,” in *Ethnologie, Einführung und überblick* ed. Hans Fischer, Berlin, 1992, p. 45.

别继承了赫德的思想，赫德极力拥护的一个论点是：每种文化都拥有自身固有的珍贵个性和历史特性，与其他文化不具有可比性。至于原因，赫德认为在于不同的环境条件，致使文化沿着不同的道路发展。因此每个民族都有特殊的“民族特征”（即“Volksgeist”——指民族的精神），使它所有的文化呈现形式（社会、道德、艺术和宗教）具有典型性和独特的呈现角度。但赫德毕竟也是欧洲人，不忍将这一大胆的观念深化，而是把它整合为一个放之四海而皆准的“发展观原则”。他认为，同每个人一样，全人类的人性发展（由于神的意愿）也经历了一个准生物形态的生长过程，起始于“童年”，经历“幼年”和“青年”的阶段而达到“成年”的鼎盛时期，然后进入了衰落期，即“终老的年龄”。在这个模式之下，野蛮人被放置在童年的水平，而欧洲人占据着制高点——“树尖”部分（auf dem Wipfel des Baums），而且没有任何开始衰老的迹象。[①] 文化相对主义的大胆论断消失在欧洲中心主义的重压之下，并预示着文化进化论的到来。

然而，“民族精神的观念”在进化论的阴影下继续存在，虽然它们水火不容。一些致力于这种观念的学者，如法制史学家卡尔·萨瓦格尼（Karl von Savigny，1779～1861）、民族心理学家海曼·斯丁萨尔（Heymann Steinthal，1823～1899）、哲学家威廉·狄尔泰（Wilhelm Dilthey，1833～1911）、民族学家阿道夫·贝斯丁（Adolf Bastian，1826～1905）和社会学家艾伯特·夏夫（Albert Eberhard von Schäffle，1831～1903）、保罗·冯·利雷费尔得（Paul von Lilienfeld，1829～1903）、路德维格·伽普洛维茨（Ludwig Gumplovicz，1838～1909）之辈，也都止于概念层面。[②] 同时，民族精神观念为当时兴起的民族主义提供了合法的理论基础，与进化论一同构成了民族主义膨胀的幕后动力，却又将它引入了欧洲至高霸权的狂妄本义，因此也注定了二者结合的失败命运。

彼得·伯克对相对主义概念的阐述不但坚决而且令人欣慰。他说：“不同文化的人民对时间与空间有着不同的理解。”而欧洲只是其中之一。他还认为，这个问题决定着各种特殊民族气质中的具体细节。他把调和性的文

---

① 见其著 *Ideen zur Philosophie der Geschichte der Menschheit*, 4 vols., first publisned 1784, p. 91. 及 Eberhard Berg, “Johann Gottfried Herder (1744-1803),” in *Klassiker der Kulturanthropologte*, ed., Wolfgang Marschall, Munich, 1990, pp. 51-68; Klaus E. Müller, “Geschichte der Ethnologie,” in *Ethnologie, Einführung und überblick*, ed., Hans Fischer, Berlin, 1992, 34.

② Klaus E. Müller, “Geschichte der Ethnologie”, in *Ethnologie, Einführung und überblick* ed. Hans Fischer, Berlin, 1992, 43f.

化类比看作解决这类问题的基本方法。

然而,严格地说,相对主义是排斥类比的,类比的言外之意当然是可能存在共同点。况且,若是要求各种文化只能单一地根据它们自己的条件来理解的话,那就只能导致语义循环的解释。后现代作家们那种不羁的格言,即每种文化都有各自的真理,是那么言之凿凿,但仍然有一个未解的问题,谁来决定什么是真理?[①] 正是在此处,人们发现了文化相对主义根本上的自相矛盾——它阐发理论来说明普遍的合理性,却违背了自己的前提。[②] 而且,不要忘记,这整个理论是欧美思想体系的产物,在这个意义上,它是指美国而言的。再者,它至少是潜在地基于欧洲中心主义的陈述,贾斯廷·斯坦格尔(Justin Stagl)对此的解释更为激进,认为它形成了一种权力运作。[③]

在物理学上,相对论是有一个要求的,即观察者没有特权同时涉及空间和时间[④],也不能先入为主地认为自然界中那些同一的规律能够用于任何时间中的任何个例。但在人类社会领域,既然各种社会因为冠冕堂皇的理由总是等级结构的,那么至少第一个要求被排除了。物理学家们也是社会中的成员,他们中的一些人对相对主义颇为不满,认为自己正是"有特权的观察者",在这上面他们是"学术中心论"视角的牺牲者。[⑤]

除此之外,仍有一个悖论。文化相对主义去除了种族中心主义的弊病,但它更多地被理解为一种呼吁,而不是有理有据的理论,它既不能阐释种族中心主义,也不能阐释它自己。更加过分的是,这种原则驱使各种文化变成了"按照一元论原则组织而成的、处于孤立状态的个体系统",个个都举世无

---

① Hans Georg Soeffner, "Kultursoziologie zwischen Kulturwelten und Weltkultur, Zu Joachim Matthes (ed.), Zwischen den Kulturen? Die Sozialwissenschaften vor dem Problem des Kulturvergleichs," in *Soziologische Revue*, 18 (1995), p. 12.

② Klaus E. Müller, "Geschichte der Ethnologie," in *Ethnologie*, *Einführung und überblick* ed., Hans Fischer, Berlin, 1992, p. 46.

③ Justin Stagl, "über die Stellung der Ethnologie zur Entwicklungspolitik," in *Soziokulturelle Faktoren der Entwicklungs zusammenarbeit und der Beitrag der Ethnologie*, ed., Frand Bliss, Bonn, 1986, p. 57.

④ Timothy Ferris, *Die rote Grenze. Auf der Suche nach dem Rand des Universums*, Basel, 1982, p. 126.

⑤ Magoroh Maruyama, "Endogenous Research vs. Delusions of Relevance and Expertise among Exogenous Academics," in *Human Organization*, 33 (1974), 318ff.

双。这就言过其实了。照这么说来,各文化既不能被比较也不能被解释。[①]

单一性可以理解为与建构出来的概念唱对台戏的所有"事实"。在19世纪末,对进化论的批评开始的时候,众多的考古发现、民族志、田野调查和档案研究也恰好使人们对物质财富增长的关注容易起来。[②] 有人试图弄懂"实际上是怎样的"。彼得·伯克说明,这种要求早在利奥波德·兰克之前就提出来了。但直到现在,上述研究才有可能为这种要求提供令人信服的手段。兰克的学生狄尔泰(Dilthey)宣称,科学的任务只能是在经验的基础上立志于针对事实探索新知。他的信条是:"一切科学都是实证科学。"(alle Eissenschaft ist Erfahrungswissenschaft)[③]新康德学派的威廉·文德尔班(Wilhelm Windelband,1848~1915)和亨利·李凯尔特(Heinrich Rickert,1863~1936)为这种立场提供了哲学角度的系统基础。他们认为,历史知识仅是对"作为孤立过程的孤立事件"的记载。[④] 同时文德尔班又认为,自然科学的任务是"建立、搜集并彻底搞清它所针对的事实,以便理解这些事实遵从的总体规律,它既是出于这个原因,也是为了这个目的"[⑤]。自然科学关注的是"恒定不变的形式",而历史科学的对象是"真实事件独一无二的内在特质",即"曾经是怎样的"。他说,对于前者,众所周知,是"以法则为根据的"(nomothetic),而后者则是"具体而微"(sidiographic)的科学。[⑥] 李凯尔特的阐述与此类似,但更加精确地定位了人文科学:"文化作为存在的意义,不在于它与其他存在的共同之处,而恰恰在于它区别于其他文化的地方……确实,通常一个实体文化内涵的发展越是排外,相关的文化价值观就与此实体那

---

① Hans Georg Soeffner, "Kultursoziologie zwischen Kulturwelten und Weltkultur, Zu Joachim Matthes (ed.), Zwischen den Kulturen? Die Sozialwissenschaften vor dem Problem des Kulturvergleichs,"in *Soziologische Revue*, 18 (1995), p. 12.

② Klaus E. Müller, "Grundzüge des ethnologischen Historismus," in *Grundfragen der Ethnologie. Beiträge zur gegenwärtigen Theorie-Diskussion*, eds., Wolfdietrich Schmied-Kowarzik, Justin Stagl, Berlin, 1993, p. 199.

③ Wilhelm Dilthey, *Einleitung in die Geisteswissenschaften. Versuch einer Grundlegung für das Studium der Gesellschaft und der Geschichte*, Leipzig, 1923, xvl.

④ Heinrich Rickert, *Kulturwissenschaft und Naturwissenschaft*, Freiburg i. Br. 1899, 39, cf. 37ff., 52.

⑤ Wilhelm Windelband, *Präludien. Aufsätze und Reden zur Philosophie und ihrer Geschichte*, vol. 2. Tübingen, 1924, p. 143.

⑥ Wilhelm Windelband, *Präludien. Aufsätze und Reden zur Philosophie und ihrer Geschichte*, vol. 2. Tübingen, 1924, 145ff.

与众不同的形式紧紧相连。”[①]

这些阐述标志着“以法则为根据的”进化论向个性化与具体化的历史相对论的转变,弗雷德里希·迈纳克(Friedrich Meinecke)称赞这种事件为西方思想史上最伟大的智力革命之一。[②] 彼得·伯克也用相对的形式对此进行了恰当的评价。他提到,合乎法则之传统与具体而微的传统至少从上古以来就是并存的,证明个性化倾向也是由来已久,而且在欧洲以外的文化中也是如此。他这样说有点解释不清某些民族为什么、在什么时候、又是在具体何种情况下假定自己处于优势地位的。他这个论断所涉及和推导出来的结论也值得商榷。

这种“事实性研究”尽管有着注重经验的特色,却仍然摆脱不尽疏谬之处。个性主体是不可被解释的。人们相信这一点可以弥补,即把它们中的某些事件进行关联,能够关联的事件应该在时间或地域上接近,能够在相似的基础上显示出关系和因果。[③] 如果不考虑其他因素,这样的假设是绝不可能强求的;因为若要出现这种情况,除非所指的事件只涉及极少的恒定不变的前提条件,只有这样它才能重复发生,而这又违背了个性原则的基本前提。当然,把相关或相似的现象彼此安置在一起,也是有原因的,但这个原因似乎要先于历史的考虑。大卫·休谟称它们为通用的“观念性结合的两个原则”,其一使用了“相似性”的准绳,另一个则采用空间或时间上的接近性,或“邻近”标准。[④] 前文引述过的苏格兰民族学家詹姆斯·乔治·弗雷泽能够证实,这个问题涉及的是两个基本手段,他称之为“相似性原则”和“接触蔓延原则”。[⑤] 而心理学家们曾经特意研究了邻近原则,也曾用实验的方式为它的有效性提供了最清晰的证据,他们把它描述为“思维中具有重要意义且根深蒂固的特征”,能够引起“强烈的互相依赖”。[⑥]

假如几个事件是接踵而至的,那就会形成互相信赖的关系链,逐次互相加强,从而构成一个连续的、类似有法则支配的序列,即“表面连续性”(ap-

---

① Rickert, *Kulturwissenschaft*, 45, ef. 37.

② Friedrich Meinecke, *Die Entsteheng des Historismus*. Werke, vol. 3. Stuttgart, 1959,1.

③ Edward Hallet Carr, *Was ist Geschichte*?, Stuttgart, 1972, 8f.

④ David Hume, *Essays and Treatises on Several Subjects*, vol. 2, Edinburgh, 1809, p. 24.

⑤ James George Frazer, *The Magic Art and the Evolution of Kings*, vol. 1, London, 1963, 52ff. 见 Klaus E. Müller, *Das magische Universum der Identitat. Elemcutarforision sozialen Verhaltens*, Frankfurt a. M., 1987, 204ff.

⑥ John Cohen, Mark Hansel, *Clück und Risiko. Die Lehre von der subjektiven Wahrscheinüchkeit*, Frankfurt a. M., 1961, 38.

parent continuity)。事件序列越长,事件之间的关联就越可靠,支配序列的阵容也就越稳固,这样绵绵不绝的连续性就有了能够赋予他者合法地位的功能。

这种功能随着序列中第一环节的重要性而增强,因为第一个环节是此序列的肇端,并赋予它原动力,从而合理性才得以建立。神圣的祖先、权威显赫的家族、创立重要制度的英雄、传说中城市的建立者以及宗教创始人和先知先觉,都是这一类型的代表。彼得·伯克说,欧洲学者已经开始研究古代的学者和知识传统,而不限于文艺复兴以来。在古代之世,传统轮回取决于游历东方并跟从“圣贤”学道(这“圣贤”甚至包括拜火教创始人)的伟人,如毕达哥拉斯、米利都的泰勒斯、克尼杜斯的攸多克索(Eudoxos of Cnidus)和柏拉图。[①] 科普特人自称埃及人“纯种的继承者”。[②] 信仰伊斯兰教的索马里人也自称是自己信仰的最古老的典型,因为他们认为自己是亚当绝对直系的后裔,而亚当是地球上出现的第一个穆斯林。[③] 总之,这类证据同样数不胜数。

根据伊斯兰学者阿尔布雷希特·诺斯(Albrecht Noth)的说法,“肇端的问题”对现代史学家来说非常的正统和必要。9 世纪以来的伊斯兰文学中有许多作品,它们仅仅关注初始情境的问题,而且在众多的领域中都是如此。这种态度在 7 世纪之前就有了。他们真正关心的是决定意义,比如,谁首次开创道路进入一个被征服的城市,谁首先杀死了一个波斯人,谁是挺进叙利亚的第一个司令官,谁在开罗建造了第一座两层建筑,又是谁首先禁穿阿拉伯服饰。[④]

人们对第一诱因(prima causa)的追求独领风骚,不仅是由于它是事情的根源,也是因为它具有使事物合法化的功能;这个“根源”一旦被确定,人们就认为事情的理解会更容易一些,也确实能够解释进展中的继发事件,包括最终结果。法国著名的古生物学家和史前史学家安哲·莱罗—哥汉(André Leroi-Gourhan)也表达了这种信念,他说:自从“人类文

① Müller, *Das magische Universum*, p. 210.

② Muna Nabhan, “Kopten und Muslime in Ägypten. Eigenverständnis und Vorurteil,” MA-Thesis, Frankfurt a. M., 1988, 57ff.

③ Günther Schlee, *Das Glaubens- und Sozialsystem der Rendille, Kamelnomaden Nord-Kenias*, Berlin, 1979, 277.

④ Albert Noth, *Quellenkritische Studien zu Themen, Formen und Tendenzen Frühislamischer Geschichtsü-berlieferung*, Bonn, 1973, 97f.

明的早期及至发展的所有阶段”，这项追求就在“人类的基本工作”之列。[①] 莱布尼兹和沃纳·康茨(W. Conze)特别指出，源头的问题是历史科学的首要问题。[②]

当然，这也是与民族学经验相唱和的，纵然在程序上并不如此。没有哪个民族不热衷于对自己祖先和发源地的命名。一般说来，起源问题的关键总是少不了民族领土的问题，在这个民族自己看来，正是在这片土地上，上帝亲手创造了他们的祖先来作为第一个人，他顺着一根绳索由天堂降临此地，或是从这里破土而生。其中包含的决然断言是：何人攫取了某种事物的拥有权，或是创造了某物，或是在荒蛮之地播撒文明并对此文明拥有“优先权”。在古代文学中贯穿着古老的创始神灵的和谐印象。再说得深入一点，无论是希腊人还是罗马人，在他们对城市、宗教等事物的认识上，“起源的故事”(即关于上古或源头)形成了民族学和历史撰写的传统主题，通常起着介绍性的作用；在某种程度上，它继续作用于中世纪“各民族历史叙述”的发展过程，这些民族史诗的创作者包括：约旦斯(Jordanes)，塞维利亚的伊希多尔，图尔斯的格雷戈里、鲍勒斯·蒂安寇纳斯(Paulus Diaconus)和科魏堡(Corvey)的威德金特。[③] 这正好有助于阐释人们一直在追寻的、彼得·伯克所说的“欧洲特殊性格”的源头，也是他为找出欧美民族历史观的独特性所做努力中的一部分。在这个关系中，他也提到了古代来作为延伸，尤其提到了原因论(aitia)对于希腊的意义。然而，民族学却发现了文化传播中的一种特殊风格，它表现为，故事的主题正好就是针对根源的特别兴趣，因此也就没有被随机地表述为“根源论”。这样的主题包括：有些鸟为什么长着红色的喙，或者女人为什么不擅长打猎；日落的起源何在，或者相邻的民族为什么把房屋建造得风格相异。这个问题，同样需要一种相应的方法。

也许，这个问题倒不如表述为：历史学为什么对根源感兴趣？一般来说，对根源性事件的认定需要对某个人物(如一位建立者、统治者、长官、发明家)或一个特殊事件(如伟人的诞生、一场战争、路德主张的传播、成功的

---

① André Leroi-Gourhan, *Hand und Wort*, *Die Evolution von Technik*, *Sprache und Kunst*, Frankfurt M., 1980, p. 13.

② Werber Conze, *Leibniz als Historiker*, Berlin, 1951, 58f.

③ Klaus E. Müller, *Geschichte der antiken Ethnographie*, 340ff.

端倪[①]、一个发现、一场灾难)命名。这种结构形成一个倒立的锥形,事情的“根源”就是那个处于底端的顶点,它作为一个核心或者种子,孕育出向无限未来发展的可能性;假如翻转这个核心,所有的历史运动向上凝聚为一点,凝聚为一个可预见的终点,那就是一个仅能被勉强认同的前景。这也许会形成理论性的解释。

但是为什么所谓根源就正好是这位统治者、那项发明或那场战争呢?最近的一项调查揭示,在被确认为根源的事物之外,还潜在着其他的原因,它们混合于大量纵横交错的分支中,延伸至无穷,最终达到那个“未定的”、由或然定律统治着的量子物理世界。在那里,人们同样发现只有“无边无际越来越稀薄的水体”。正如物理学家大卫·皮特(David Peat)告诉我们的,“试图达到最深奥层次的”任何尝试,都会使我们陷入真正的迷宫,而且“在那之后所需要的过程仍然深不可测,未可理解”。[②] 事实上,并不存在“独立的根源”,单独的事件之间也不存在“能够简化为线性关联的因果链”。这样的因果链存在并融解于事件盘根错节的整体关联中。[③]

况且,即使得到这么一个孤立的源头之点是有可能的,这也只能是一个付出极大代价而获得的成果;因为这个源头是孤家寡人,不仅它自己是无可解释的,而且,虽然它用来界定自身性质的维度与同类事物是相同的,它却不适合对其他事物进行结论性的解释。可想象的最小的粒子,与宇宙一样都是孤立的。穷究根源至于一点,也许会轮回到宇宙整体关系结构中,除此以外,将会一无所获。

然而,正如在社会领域中明显存在着“特权观察者”,同样,“孤立的根源”也可以凭借毅然决然的理由被设置于此。这有意无意的决定是基于在这个领域中举足轻重的、有意无意的选择标准(“权力意志”经常指定的是一个唯一的根源,却又不失为有影响力的方面)。这样,变得名正言顺的“根源”、“因果链”和“连续性”,就只能粗略描述这个根源之点“本来”面目的一种可能状态了。

不过,在这种描述中,无论涉及的“相关利益”是什么,随机选择的可能性都不大。那些曾经很活跃的人(有些现在也很活跃,比如历史学家),总是属于他们自己的民族,因此或多或少地要遵从特殊认同性的行为标准,包括

---

① 见 Juhus T. Fraser, *Die Zeit. Auj den Spuren eines vertrauten und doch fremden Phdnomens*, Mumch, 1992, 118f.

② E. David Peat. *Synchronizitat*, *Die verborgene Ordnung*, Munich, 1992, p. 210.

③ E. David Peat. *Synchronizitat*, *Die verborgene Ordnung*, Munich, 1992, p. 53, 56ff.

思想形式方面的。民族学借助于跨地域的文化类比能够将上述遵从行为识别出来。被比较的文化在基本特点上相符相似,无论它们属于何地。因为这些特点是建立在通用准则的基础上的。这可以构成一幅合情合理的蓝图,而且事实上已经是这样了。记得彼得·伯克在其文章的开始就强调,"西方史学思想的独到之处","不是一系列独特的特征,而是一个独特的组合,这个组合中的元素个个都可以见于别处"。[①]

认同理论的先例也可以说明这种历史意识的出现:正如类比研究所揭示的(不仅指传统社会与古代文明),这种意识在社会冲突中兴起或复苏,没有失败。而社会冲突,发生在文化强行传入或激进变革动摇整个传统根基的衰微时刻,民族文化交叠对抗,对正统权力发出质疑,从而造成社会的冲突。冲突的结果包括社会、民族和宗教各方面相区别的过程:分裂、融合、形构和重塑,最终重新组合,并伴随着认同意识的分裂与破碎。创造者的神话,作为文化认同普遍而坚实的基础,这时也出现了纰缪。有关的各部落、民族、阶层和阶级纷纷根据自己的特殊需要来调整这个认同基础,这是不可避免的。但还不止如此,他们在寻找新的文化氛围,使自己的独特身份具有处于优先地位的先在前提。若能确定这种氛围,必须是在原始社会之后,因为只有在那时人类才逐渐对事件具有影响力。于是这些文化氛围通过传奇和颂歌传播开来,当然,传播它们的还有史学传统,而且首当其冲的是官方史学。[②] 他们为立国者和君主以及发明家、先民、非凡的事件、胜利的战争和改革命名,这些都对他们自己的民族上升至巅峰有所贡献,至少是为他们这种自我评价提供了合法的氛围。那些个人与事件被赋予重要性,说明单一事物的价值复苏了。对氛围的需要和将单个证据聚合配置至此的努力,"铺平了历史叙述的道路",使它能够根据过程所涉及的动态和复杂性质而不断增长。历史科学成为不可缺少之物,成为民族的自画像。[③] 而且,一个具有历史典型意义的事例流传愈久,就越发显示出事件之间的相互联系,而且是发展进步的线性联系。

虽然如此,在中间层次上,"循环"的持续倾向也可谓显而易见。为了维护系统内的认同并保持它的协调性,它的制度和规范必须维持稳定。对生

---

① Cf. Soeffnet, "Kultursoziologie," p. 13.

② Müller, "Identitat und Geschichte," p. 26; Klaus E. Müller, "Prähistorisches," "Geschichtsbewuβtsein. Versuch emer ethnologischen Strukturbestimmung," ZiF: Mitteilungen. 1995 (no. 3), 13ff.

③ Müller, "Identität und Geschichte," p. 28.

命与劳作的周期划分、固定在特殊日子一年一度的纪念性节日、创立某物的五十周年庆典、选举周期和政府任期都构成了一种"周而复始的回归"，这就是对某些事物的保持，这些事物毫无疑义值得永世长存，以此捍卫并巩固文化的基石，摈弃变迁因素的威胁。

规则至上与个性至上无论如何是要互相抑制的。但另一方面，它们又必须形成互补的整体。分开来说，它们二者都会造就"学术中心主义"，或进入信仰主义的死胡同并扭曲知识。历史人类学提供了一种可能的一元论解释，这不是因为它当下有些时髦，而是因为它提供了最理想的学术环境，准确地说它把民族学和历史学联合起来，使我们无论是在历史背景下还是在当前环境中对人类社会的理解都更加合适，更加可行。

考虑到这个任务，历史人类学也可与一位堪称"创立之父"的人联系起来。如希罗多德所说，如果要"从所有文化中选择一种品质最好的，每个民族都会在审视所有不同的文化之后，认为自己的文化优于一切。人类见解的渗透能力是如此地强大，以致自己民族所发展出来的生活方式才是最好的"。希罗多德能够发现这条民族学的定律，他也理应被誉为"历史学之父"。

我们前有古人，后有来者。斯宾诺莎曾经写下的话在这里可以用来奉劝所有人文科学，尤其是受到欧洲中心主义蛊惑的那些学说。他说："人类应该做的不是讥笑，不是哭泣，也不是诅咒，而是互相理解。"①

（王琳　译）

① Spinoza, *Tractatue politicus*, I 4.

# 探求共同的史学原则

## ——关于伊斯兰传统的辩护及评论

[巴勒斯坦]塔利夫·卡利迪

彼得·伯克的论文是一篇词藻优美、表达精确的辩护的文章。撇开其优美与精确不说,该论文认为自文艺复兴以来,西方史学思想已形成了许多特征。这些特征看起来可将西方史学思想与其他非西方史学思想区分开来。这篇论文的意图是什么呢?回答是:“只有在我们列出西方史学思想和世界上其他地方的史学思想之间的差异清单之后,我们才有可能系统研究造成这些差异的原因。”在这一问题的特定模式中隐含着一种质问:这正是我们关于历史所思考的或已思考过的东西。你的回答是什么呢?

有几种不同的可供人们采取的解答对策。其中,就有这样的一种解答对策,它会涉及到下面的设想:让我们假定联合国教科文组织已授权一委员会编纂世界史论文选集。并且,让我们再进一步假定该委员会成员依据选集目录表分为两派。其中一派主张按地域分类,例如,分为“西方”历史文献、“西亚”历史文献、“非洲”历史文献和“东亚”历史文献。另一派则主张按专题分类,例如,分为“论点”、“原因”、“序言”、“证据”和“体裁”。这一分类双方的各自观点会是什么呢?我至少可以想出专题分类的一个最主要的优点在于:它将使我们摆脱一种错觉——把文献简单地或孤立地视为其文明或民族的“范例”。换句话说,有人可能会认为历史写作及历史思想的主要原则源于一个共同的人类环境,在这个共同的人类环境中,研究历史写作动机差异将是我们最为关注的东西。

我认为,所谓这些史学的“主要原则”可以简要地概述如下:无论何时何地的史学向来都是一种借鉴和求助的行为活动。史学借鉴了伦理学和政治学的目的,借鉴了哲学和自然科学的方法,借鉴了文学的体裁。而且,史学求助于推理或发现的支持。倘若有人假定这种或类似的观点,他们会不由自主地仿效托马斯·库恩(Thomas S. Kuhn)的《科学革命的结构》而寻求史学革命的结构。依我看,这种寻求似乎不仅在理智上更为激动人心,而且还会更接近于事物的真相。

关于"动机差异",有人可能会引证下列研究领域:首先是某种特定文化或民族在其获得一种新的宗教或意识形态时,学习一种新史学所使用的方法,以及这种新史学对他们认识如时间、原因、起源和结局这类东西的影响方式。其次是在诸如本体构成或自然规律根源与超自然规律根源之间的斗争这样的领域里,国家政权或国家合法性的新模式对历史写作和历史思想的影响方式。第三是官僚权贵已规定了历史进程并强制规定其真实性标准的方式。依我看,似乎寻求这些或类似的跨文化的动机基本上要比为了寻求伯克的"差异清单"而将史学传统相互隔离更值得。

我认为彼得·伯克未必会对上述问题的重新模式化提出异议。毕竟他本人就非常明确地关注比较史学,这促使人们得出上述结论。不过,除了提出列举差异法这一可供选择的对策之外,也许还需要更多的方法去应对。我心中有许多具体困难,包括困扰着伯克方法的困难和我想要列举的困难,这些困难(不是依据重要性的特别顺序)包括以下几个方面。

## 一、直线论与循环论(论题1)

我总是为这种对照感到相当不安,尤其是在用它来区分历史节奏与历史结局这两种完全不同的方法时。在被假定为其中任一方法时,都往往会过于简单化。为了论证起见,让我们来考虑螺旋式历史观。断言一个历史学家真正相信循环往复但又相信历史正朝着一个既定的尽头行进,这不是有可能的吗?在我看来,似乎许多在进行研究的历史学家都受到了周期模式和直线演化或进化的影响。或许有人并不使用"直线"和"循环"这样的字眼而是使用"目的论"和"非目的论"的史学概念。在伊本·卡尔顿(Ibn Khaldun)的《历史导论》(*Muqaddimah*)所关注的范围内,历史发展的总体模式可以简单地描述为循环往复的,这一点毫不清楚。这样,某一特定时期的艺术与科学可以很好地幸存下来并可以继续无终止地发展下去。卡尔顿本人敏锐地认识到了这一事实:他本人的人类文化科学是完全独创的。

## 二、进步观念

伯克将这一观念与循环历史思想观念和直线历史思想观念联系起来。不过对这一观念还需要再作稍进一步的分析。对于同一历史学家来说，他可能同时持有不同的进化概念，如道德上的进化概念和理智上的进化概念。例如，他有可能认为人类在道德水平上在滑坡而在智力上却在进步。我认为相信所有文化中的智力进步是与深受自然科学成就所影响的知识环境密切相关的。依我看，这些史学环境似乎就是最富有挑战性的探索途径。

## 三、"有特色的"意味着"中心的"和"更长久的时间"（论题2）

史学重点的这种或那种模式是"西方特色"的，伯克之所以这样说，这是就其中心性和连续性而言的。不过，依我看，在研究史学传统时，这两种特性似乎都特别难以被证实。首先，如所指的历史思想绝非仅局限于历史学家的思想。实际上，有人可能会认为在所有的文化传统中，历史的理论反映最常见于纯文学作品、哲学作品和政治学作品中，而并非"面包加奶油"的历史学家的作品中。在这种概括层次上，确立任何一种特定史学传统的中心性和连续性都变得极其困难。伯克问道：历史"证据"问题在其他史学传统的法律中就像其在西方传统中一样根深蒂固吗？回答是：至少对伊斯兰的史学传统而言，这是一种非常广泛和普遍的相互作用的传统。人们尚未对伊斯兰的史学传统进行彻底的研究，这是真的，但它显然是具有中心性和连续性的。关于诸如下列的问题：证据（shahada）、传播者链（isnad）、单个传递和多个传递（ahad，tawatur）以及所有这些法律讨论对史学所产生的影响，有人可能会引证法律文献。

## 四、"历史的故事情节"（论题9）

在此，我也经常对历史分析的文学修辞感到忧虑不安。完全撇开修辞本身的主观性及其对几乎无限的增加与变化的容纳不说，文学规范如何影响历史体裁这一更为普遍的问题就类似于上面所讨论过的法律与历史证据的问题。依我看，似乎更为明显的是：倘若历史撰写的确是一种借鉴活动的话，那么，在任何历史时期，史学借鉴它所能利用的文学规范的体裁只能是自然而然的事情。当历史本身如往常那样被看成一个使臣或确切地说“绅士”全部教育的一种附属品时，则尤为如此。在伊斯兰传统所涉及的范围内，有人会暗示《亚哈》(*Ahab*)(纯文学作品，或者更好的是 *Paidea*)的传统形成于伊斯兰史学的起源与演化过程中。

## 五、诸如“文艺复兴”和“宗教改革”这样的运动有多少欧洲特色？

我想没有任何一种广泛的史学传统能够摆脱那些划分历史时期的主要里程碑的影响。在任何文化史或思想史中，人们几乎不能离开它们。19 世纪，研究非欧洲文化史的欧洲东方研究者开始使用这些特定术语。在我看来，这一事实似乎反映了现代欧洲对非欧洲世界的知识的丰富积累，但并不存在固有的或独特的欧洲特色的东西，也不存在介绍它们以及用它们来描述被伯克称之为“文化运动与社会运动”的东西。

但是，如果我们推翻到目前为止的这种论证过程，并且认同伯克关于欧洲特色的基本设想时，我们试图应对他的质疑，那么又会怎样呢？换句话说，让我们假定列出差异清单是一种合乎逻辑的可行方法。当我不知道我本应该知道的其他史学传统时，我试图以某种特定的(比方说伊斯兰传统的)特色来记录这些特色，当然，从一开始我几乎就伴有一种不安感。但为了论证起见，让我们对伊斯兰史学尝试一次非常简要的伯克式的反清单式的研究方法(counter-inventory)。我只谈如下两点：

### 1. 对非穆斯林民族的历史与人种论长期而独特的关注

可以这样认为：从其开始至少一直到 18 世纪，伊斯兰史学传统对非穆斯林世界的历史与文化表现出一种独特的、广泛的而非常明显的关注。比鲁尼(Biruni，约 1050)的《印度志》(*India*)一书便是反映这种人类社会传统的最杰出的作品之一。但早在比鲁尼很久之前，穆斯林历史学家就已经断言：由于伊斯兰教是人类最后的宗教，所以它也就是世界文明的继承者。这样就产生了一种对作为伴随各民族历史概念的文明的明显而“独特”的关注。

2. 对传记长期而独特的关注

直到今天,传记大全构成了伊斯兰史学博大而独特的部分。这些传记大全几乎包括了伊斯兰各个历史时期各行各业的人物传记,这些传记篇幅长短不一。这些传记几乎也未曾被用作重新构画前现代和现代穆斯林的面孔与性格。不过,在接受了伯克告诫把现代个性观念强加给前现代传记的危害时,有人可能会断言这些人物传记赋予了伊斯兰史学一种生动性、多样性和独特性,或者有人的确这样认为。

显然有人可能会丰富这一反清单式的研究方法。但是,倘若我们现在接受伯克的建议并且着手"系统研究造成这些差异的原因",那么我们又将会得到什么样的结果呢?例如,我们会断定伊斯兰教在世界宗教中的年代次序就是它以为自己是世界文明的继承者的原因吗?伊斯兰教强调道德需求和个体灵魂的得救是它过分关注个人传记细节的原因吗?我认为这些或类似的回答并不会使我们走得很远。根据传记的真实本性,这样的解释是专断的、不可靠的和模棱两可的。

详细研究特定史学传统的目的,与其说是为了使我们孤立于一个个具有独特特征的小岛上,还不如说是为了把这些详细研究的成果进行系统化,以便进一步彻底地搞清它们之间的相似性。综上所述,我已提出了:对所谓跨文化的史学思想及史学编撰的触媒的比较研究可以为比较史学提供更富有成效的探索途径。

## 参考文献

1. J. E. Schlanger, *Les metaphores de l'organisme*, Paris, 1971.

2. M. Lombard, *The Golden Age of Islam*, Amsterdam, 1975.

3. G. Fowden, *From Empire to Commonwealth*, Princeton, 1993.

4. A. Al-Azmeh, *Muslim Kingship*, London, 1996.

5. A. Al-Azmeh, *Al-Kitaba at-tarikhiyya wa'l ma'rifa at- tarikhiyya* (*Historical Writing and Historical Knowledge*), Beirut, 1995.

6. H. Lazarus-Yafeh, *Intertwined Worlds*, *Medieval Muslim Bible Criticism*, Princeton, 1992.

7. 中世纪阿拉伯的历史著作保存下来的很少,但现在可以参阅 T. Khalidi, *Arabic Historical Thought in the Classical Period*, Cambridge, 1994.

8. A. al-Arwi, *Mafhum al-tarikh* (*The Concept of History*), 2 vols., Beriut and Casablanca, 1992.

9. Peter Burke 在 *Memory, History, Culture, and the Mind* (ed. T. Butler, Oxford, 1989, p. 110)一书中提出了"作为社会记忆的历史"。

(魏茂菅　译)

# 二、西方的特性

# 论历史思想的古代史[①]

[法]弗朗索瓦·阿尔托

如何谈起呢？从评述和简短地讨论彼得·伯克提出的每一点谈起怎么样？这样做有一定的不利之处，因为这个拟议的框架势必被当成一种规定的框架。那么合适的做法是，在接下来的分析中，就伯克对之已经作了基本概说的这一点或那一点谈些稍有差别的看法和补充几句结语。关于这些论题和解决今天这些问题的方法的开场白就讲完了，下来我将请读者集中精力注意一下这种"历史思想"(historical thought)的起源。

即使用一种有意义的方法来进行比较分析存在着困难，我们至少也能

① "Archaeology"一词在西文中通常的意义为"考古学"，指以研究古代实物资料为内容的学科。在少数情况下，该词还被用来指"古代史"；而这一罕用意义正是该词的希腊语词源"*arkhaiologia*"(直译为"对于古代的讲述")的原义。如米歇尔·卡斯维便将哈利卡尔那索斯的狄奥尼修斯的《罗马古事记》中出现的"*arkhaiologia*"译作"archéologie" (histoire ancienne)，即"古代史"，参见 F. Hartog & M. Casevitz, *L'histoire d'Homère à Augustin: préfaces des historiens et textes sur l'histoire*, Paris, pp. 196-197. 从本文的内容来看，原文题目"The Peculiarity of the West: Toward an Archaeology of Historical Thinking"及正文中出现的"archaeology"(或"archeology")具有的也正是后一种意义。换言之，这里的"archaeology"指的是对于"历史思想"的起源和原初情形的描述和探讨，故将之译为"古代史"。——译者注

够把这种比较分析用作目前思考的一个框架。这如果不是实际的,那就是一种潜在的比较方法(comparativism)。一部史学史,若是受到了这种比较的需要的推动,由这种需要开启,甚至被这种需要投入到争论当中,那么这部史学史将能够避免不断的重复,还可以防止总是由内部产生的那么多的修正主义。通过把"历史思想"一词写入比较的框架之中,我们就能够同西方历史编纂范式拉开一定的距离,也许还能重写一部新的历史,甚至更好地写一部古代史。这是一部重视那些组织"历史"并使之具有意义的连续性和回顾性目的论的古代史。对此我们还可以加上进一步的详尽阐述:历史编纂(historiography)可以被理解为一种思想史或思想史的一部分。要读懂历史学家的书,你必须阅读历史学家著作以外的书——否则你就会葬送掉一个专业!伯克这样更多地谈及"历史思想"的做法是很正确的。

这篇文章打算打开一个更广泛的世界,并且也确实打开了这样一个世界,它无疑是以旧欧洲心态写成的。试想,比如同一问题在加利福尼亚的一所大学也被问到了,那么答案肯定是不同的。说到这一点时,我们应当感谢伯克冒险发起了这样一种争论,因为这些问题刚一提出,就极有可能不是遭到驳斥就是受到批评。

如果伯克一开始就想到了西方本身就是一种历史建构的话,那他仅仅是指当代职业历史学家的情况,这些历史学家今天组成了一个共同遵循同一职业标准的"全球共同体"(但是谁制定和传播这些职业标准的呢)。他们之间只有风格的不同,这就是说,只有不同类型的历史学存在(计量史、社会史、文化史等)。最近三十年中的历史学疑问和争论都缺乏直截了当的作风。它们不正是关于"历史思想"的"长时段"(longue durée)的夸夸其谈吗?以至于伯克想把它们变得更加一目了然,这种想法颇为正确。(这会是一种避免认为历史思想可以用黑格尔的历史哲学来归纳和概括的努力吗?)

西方社会科学被宣布具有世界性,而该世界性又被列入这种历史学(这种历史是那些西方社会科学的历史吗)计划的核心,它不是转化为欧洲中心主义的最确切的证据了吗?它本身不需要"非殖民化"吗?难道世界性的东西不曾是地区的吗?把"târlkh"这个阿拉伯语词译成"历史"(这无疑是自16世纪以来的做法)会导致穆斯林历史编纂学的独特性被忽视。最近一位译者感到有必要强调,târlkh"也是并且尤其是记载于一种非西方文化体系内的一个知识领域……它自身服从于客体,它将特定的观念付诸实践,它在社

会当中和在一种与西方的事物相去甚远的普遍的知识领域内承担着若干功能"①。没有这种初步的观念转变,比较方法只能是缺乏远见的。

针对西方提出的关于其历史编纂实践的各种质疑,在最近几年中全都触及到了论说的客观性及对之的相关预想这一问题。不管该问题是一个以探讨历史和虚构的关系为内容的语言特色研究问题,还是导入对词语的性进行关注的调查以及之后的文化研究问题,这些方法都必须解答如下问题:谁在什么时候怎么样和为什么对谁说?在这一点之外,我们还可以加上第二点。过去的情况是,只要欧洲创造历史,撰写历史的实践似乎就是不言而喻的事情;今天这种情况不复存在了,那么疑问回到如何撰写这种历史之创造之上也就不足为怪了。

根据伯克的看法,西方历史思想的独特性——或用贝尔纳·冈德(Bemard Guende)的话来讲是其历史文化的独特性——在其各构成要素中要比在这些要素的结合中表现得更为少见。这些要素在其他文化中也能看到,只是在西方对它们的制备是独特的。而且,这种"思想"本身就是一种合成物;它由一个若干论点的集合构成,每种论点都各有自己的历史、纪年,它们不具有必然的一致性,而是或好或坏地并存的。在其他推论当中存在着与这种推论相作用和冲突的空间:历史"文化"与其他若干种历史编纂学之间的距离远不是经久不变的,而是在若干世纪的历程中发生变化的,它显然是伴随着文艺复兴而增大,在19世纪中又在缩小。

伯克由希罗多德谈起,打算展示"历史思想"的漫长轨迹,展示较早期的若干论点是怎样促成这种"思想"的形成和改变以及对这种"思想"的系统再阐述和批评的。这样一种方法通过把这种西方模式如此清晰地历史化,也堪称是把它相对化了。② 这种方法径直挑战"大分流"(the Great Divide)的观点,目的只是为一种"差异的描述性清单"提供一定数量的观点条目;有十种观点被列入,每种观点都引起了若干争论,或者导致一种张力在构成它的西方传统的中心扎下了根。这些观点组成一个体系,或至少相互提及,贯穿于各世纪当中,精心创造了一种由若干相同意见、不同意见、甚至自相矛盾的说法构成的争论的话语。伯克甚至认为,在这里可能会看到一个"冲突的

---

① Ibn Khaldun, *Peuples et nations du monde*, translated and presented by A. Chaeddach, Paris, 1986, p. 25.

② 在这个意义上,他部分地回答了从印度传来的由阿西斯·南迪提出的反对意见,见 Ashis Nandy, "History's Forgotten Doubles," in *History and Theory*, 42 (1995), p. 65. 在文中阿西斯·南迪批评西方历史学家根本就没有做到使历史学本身历史化。

体系”(也许是以民主的形象出现的)。这一阐述是很吸引人的,但它令人信服吗?

伯克提议进行一种规划来为未来阶段作准备,这个未来阶段将认真回答“为什么”存在差异这一问题。然而,西方“模式”有点像一幅人可以在其中指点和估量虚无与存在的画,它依然是“理解”其他由中国、日本或伊斯兰世界无论怎样迅速地表述出来的经验的东西。如果我必须尝试写一部西方“历史思想”的古代史的话,我宁愿“估量我们停止成为西方的这种可能性”。莫里斯·梅洛—庞蒂(Maurice Merleau-Ponty)就印度和中国艺术谈了这么一句话,但在我看来这句话对于历史同样是正确的。

在以下各页中,我将仅限于对“历史思想”的“史前史”作一些普遍性的论述:这并非出于对起源的偏好,而是因为在这里我们能够建立起一种实验情境。我们能够理解不必不同或可能不同的选择和分歧由来的构型。而后,这些选择和分歧被遗忘或者变得不言而喻乃至于没有人再想到质疑它们。我们也能够衡量“对过去的兴趣”和“历史思想”的出现之间的距离;“历史思想”首先关心的是现在。

让我们追溯一下美索不达米亚的情况。公元前三千纪末,阿卡德(Akkade)王国第一个把该地区统一于其权力之下,它召集书吏撰写“它的”历史。换句话说,就是来证明它当前权力的合法性。这是第一个纪念性王室历史编纂模式,其方法是原始的,同样也是无懈可击的。我就不就这一模式多谈了,而是想着重探讨那种看起来将占卜和历史联系在一起的互换关系。正如我们所知,在古代美索不达米亚,占卜在决策中起着重要的作用。[①]预言者怎样工作呢?他们积累事件的资料,对之分类,制定目录,进行编纂,建立了真正的图书馆。他们为一种力求详尽无遗的理想所引导,这种理想本身则由一种先例的逻辑所支配,这种先例的逻辑与我们所知的法官和司法惯例的情况近似。换句话说,占卜首先是一种对于过去的知识。一系列发现于马里(Mari)的神谕(年代为公元前两千纪初)被现代研究者戏称为“历史神谕”。这些神谕没采用一种规范模式:“如果(作为牺牲的)动物的肝脏如此,即为国王将以这样一种方式取得此城的征象”,它们说“如果动物的肝脏如此,即为国王以这样一种方式取得了此城的征象”。这种从将来时到完成过去时的转变的确很令人惊讶,甚至当我们现代人认为它们提到的事

① J. Bottero, “Symptômes, signes, écriture,” *Divination et rationalité*, in Edition du Seuil: Paris, 1974, pp. 70-86; J. J. Glassner, *Ghroniques mesopotamiennes*, Paris, 1993.

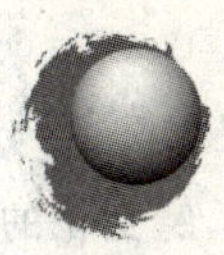



件已经实际发生时，这就更令人惊讶了。此外，有些人曾想在这里发现美索不达米亚史学编纂的开端：首先是占卜，然后是历史。像汪德迈(Leon Vandermeersch)这样的汉学家们对中国的历史编纂也持有同样的观点。

我的无能使我无法决定同意哪一种意见，但令我感兴趣的是占卜和历史编纂这两种方法似乎属于同一知识空间。从卜问者即国王的观点来看——他来寻求决策上的帮助；从占卜专家即观察、记录和研究"历史"神谕的书吏的观点来看——他们把神谕呈现的形状加入他们的目录当中，并以此来增加他们的先例储备量。我们还可以想象反向进行的工作：从叙述"事件"(取得城市的消息)开始来解释(证实)刻写于肝脏上的征象。另一种可能是书吏会重抄记录国王这样或那样行为的现有王室铭文，并对照王室神谕目录，使该行为与这些事件所暗示了的或会暗示的肝脏情形相"符合"。

我们可以通过考察因其失传而变得更为著名的《大祭司编年史》(*Pontifical Annals*)来把这一调查扩展到罗马。每年大祭司长都要编写一部编年史(tabula[①])，并把它挂在"他的"房子的正面。西塞罗认为，这一撰写举动是罗马历史编纂的起源，尽管这种起源是拙劣而粗陋的。约翰·沙伊特(John Scheid)最近在对该问题的重新考察中，指出这种于每年年底提交的文件肯定具有作为关于城邦与神祇关系状况的报告的功能。编纂它的任务被交给了大祭司长，而这也是"在他的 tabula 上保持对"已移交给他的"事件的记忆"的权力。[②]这是些什么事件呢？胜利、灾难和奇事所有这一切都被收集起来，并且仅仅被当成了出于保存关于虔敬行为的记述这种考虑的征象。在这一点上尤其重要的是如何解释凶兆，以及最终如何为它们"抵罪"。

如果我们愿意的话，它可以称得上是一部罗马的"官方"史或"宗教"史，这种根据城邦历法的律动情况而划分的编纂物要回答以下问题：我们在哪里与神发生着关系？我们做了必须做的事情了吗？我们应当做什么？大祭司也是一个以对于先例(特别是关于征兆)的研究为导向但又关注现在的档案管理人。他每年都向新上任的执政官提供一份有关城市宗教状况的报告。

希腊城邦的做法则不同。在其中，占卜当然是有的，对神谕的收集也确实存在。但是对希腊人来说，作为历史编纂——并且以后对于现代人来说成为"历史"——的东西走了一种不同的道路。这种历史编纂以史诗为先决条件。希罗多德想与荷马竞争，最后他成了希罗多德。他为希波战争着手

---

① 拉丁语"tabula"本义为"板"。——译者注

② J. Scheid, "Les temps de la cité et l'histoire des prêtres," in *Transcrire les mythologies*, under the direction of M. Detienne, Paris, 1994, pp. 149-158.

去做的事情正是荷马为特洛伊战争已经做过的事情。从这一点出发所撰写的历史就是从讲述一场冲突开始,由确定“起因”(对希罗多德来说是确定aitia①,对修昔底德来说是确定“最真实的原因”)来讲述一场伟大的战争。第一批希腊历史学家与从原初时代开始讲述一个连续故事的《圣经》截然不同,他们确立了一个出发点,并仅仅限于叙述一系列特定的事件。

歌唱英雄业绩的史诗诗人必须应对记忆、遗忘和死亡。同样,希罗多德想使人类活动的痕迹不致因不复讲述而泯灭。但是他仅限于记载“人为”事件的发生,只讲述他所“知道”的一个特定时期即“人的时代”的事情。史诗诗人把他的知识来源归于无所不在、洞悉一切的缪斯,而历史学家则呼吁historia②。他打算通过这种作为缪斯替代物的historia来为自己取得一种与由缪斯提供的而今后无法获得的眼光相似的眼光。③ 这一首次历史编纂“运作”遇到的是希腊人赋予作为认识工具的眼睛的首要地位,并且也加强了这种首要地位。从此开始,西方史学史便可以在作为一部眼睛和眼光的历史的衬托背景中撰写了!

即使在与东方的历史编纂的关系中希腊人是后来者,但是正是从他们——确切地说是从希罗多德——开始历史学家才作为一种主体人物而出现。希罗多德没有受任何政治权力的直接委托,他指明并宣布开头记载有他名字的故事是他自己讲述的故事。从一开始,知识的这种地位就被宣布了,不过它肯定完全是被建构出来的:这种建构当然将是著作本身。此外,希腊人与其说是历史学的发明者,不如说是作为写作主体的历史学家。这样一种自我断言的模式和话语的创造决不单单是历史编纂的现象。它们表明的是相反的情况,它们是希腊思想史上一个同时在艺术家、自然哲学家和医生中间兴起“自我主义”时期(前10～前6世纪)的鲜明特征。

历史学家是知识舞台上的新人物而非出现于其他领域中的人,然而他不会长期拜倒在哲学家面前;可以这么说,从公元前4世纪开始哲学家将成为知识分子的主要参照和象征。哲学家将是一个学术界里的人(历史学家不是这样),而他的地位、他与风俗制度的关系从现在起将处于一种不断地被造就的状态。历史不再能像修昔底德可能会希望的那样声称自己是政治科学,留给历史学家的任务就是使他的听众和读者相信历史也是哲学,它也

---

① 希腊语“aitia”义为“原因”。——译者注

② 希腊语“historia”本义为“调查”、“采访”,从希罗多德的历史著作开始衍生出了“历史”之义。在此处,历史学家呼吁的是要进行“调查”;而“调查”也正是他们的“历史”的认识手段。——译者注

③ F. Hartog, *Le Miroir d'Hérodote*, Paris, 1991, Ⅲ-ⅩⅥ.

能令人愉悦和有用。这将最终导致把历史描述为“生活的导师”(magistra vitae)和用实例进行的哲学宣讲:它与其说是一种行为科学,不如说是一种自我实现的科学。但是,莫米里亚诺(Momigliano)经常提到,从修昔底德的做法来看,以下这一论点依然站得住脚:真正的历史首先(并且在未来长时间内都)是政治史,古代生活和学问的领域则被丢在了一边。只有在现代,关于古代世界的研究才会重新加入到历史学当中。

亚里士多德在《诗学》中的系统阐述对修昔底德的历史学目标给予了沉重一击。修昔底德的目标是遵循 ktêma(“获得的东西”)这一著名的原则路线创造一部永恒的作品,他的目标不再是使岌岌可危而又受到重视的行为免于被人遗忘,而是要把一种能够理解现在的手段传递给将来的人们。在从现在(而不是过去)走向将来的过程中,这种目标不是预见,而是解释将要到来的现在:因为无论人们怎么样,其他相似的危机肯定会在将来爆发。正是人性的永恒性证实了这场冲突,即伯罗奔尼撒战争——记述它的历史学家(常常)这样称呼它——的典型性(理想类型)。

众所周知,亚里士多德将历史同诗歌对立了起来,把历史限定在“特殊的”东西之上,限定在阿尔齐比亚戴斯(Alkibiades)[①]的所作所为或发生在他身上的事之上。“普遍的”东西按定义来说处于历史的范围之外。结果是诗歌比历史更“具有哲学性”。稍晚,波利比乌斯力图修正亚里士多德的论点,他指出历史比诗歌更具有哲学性,因为历史的悲剧是真实的。他的努力没有获得什么成功。即使意大利人文主义者重新发现了这场争论的各种论点,后世也没有对它表现出太大的兴趣。另一方面,亚里士多德的划分将仍然是西方历史编纂学中重要的主题之一,也是反复出现的疑问之一(以各种各样的形式——个体的或群体的、专门性的或普遍性的历史,等等)。谈到这里我们已经有了一种“长时段”的构型了。

在发了这些简短的议论之后,我要在这里结尾了。这些议论并非想方设法地试图证明每种东西都可以在最初发现,或是所有重要的问题在很长时间以前都已经被提出来了。而是说,我把这些实例视为一种实验空间;在这一空间之中,各种歧异的历史学经验得到传播,分化开始出现,经选择而获得的积极有益的方法得以程式化,破裂形成了,一种“西方”的传统开始被创造出来。

(徐晓旭 译)

---

① 原文将“Alkibiades”误拼作“Alieibiades”,译文括号中作了订正。关于正确的拼写形式,请参见亚里士多德《诗学》1451 b 10。——译者注

# 创伤与苦难

## ——一个被遗忘的西方历史意识根源

［荷兰］弗兰克·安克史密特

### 一、方法论问题

比较总需要某种或多或少是中性的背景(a genus proximum)。据此，人们才能描述他们想要比较的各个项目。但在试图处理被伯克教授提上议事日程的问题时，我们却遇到了难题。这个问题就是：就西方和非西方的过去概念而言，人们能把什么样的历史意识描述当成实际上是中性的并因此满足了我们要求的历史意识描述呢？正如可提出证据加以证明的那样，正是它们的“不可通约性”才激起了我们对西方和非西方历史意识的兴趣并引起了我们对它们的比较。

因此，我们的初始问题就是，如何一开始就让我们的研究进入这种关系当中；更明确地讲，如何才能确保我们是把可比较的事情放在一起加以比较。为了更生动地表述这一点，我们不妨采取这种说法，那就是，与西方的过去概念最相似的东西，不像我们所想的那样应该理所当然地在非西方的史学中找到；相反，举例来说，它是在我们从非西方的文化中所发现的神学体系、自我概念或者艺术作品中找到的。此外，甚至西方的历史意识本身也可以为我们进一步提供这种复杂性的实例。

例如，一个人如果想理解1800～1830年西方历史意识的演变，他就不能不考虑文学，尤其是历史小说。如果一个人把自己的目光仅仅局限在历史

著述本身上，特别是忽视 Scott 的历史小说对西方历史意识的发展所产生的巨大影响，他就不会发现在西方历史思想演变的彻底批判时期对这种演变最具有决定性的因素之一。在这一时期，历史意识的历史临时抛弃了历史著述本身，而喜欢跟在文学的后面走。此外，可以证明的是，19 世纪的现实主义和自然主义小说乃是历史小说"当代化"的结果[①]：对历史小说中人物的生活和时代表现的精确性（该流派所严格要求的精确性）如今也被转换成对当前现实表现的精确性。在这种转换完成之后，人们就会要求现实主义小说家向读者呈现"人类生活精确的、细腻的描摹"（une copie exacte et minutieuse de la vie humaine），正如左拉在他的《红杏出墙》（*Thérèse Raquin*）的前言中所说的那样。要对这一切作出总结，人们或许会同意他的说法。海登·怀特曾写道，从 19 世纪直到现在，历史著述一向都谨慎地向现实主义小说的风格和散文性靠近，尽管从 20 世纪开始，在现实主义小说中已经出现了很多通过语言来表现人类经验的、崭新而又激动人心的实验性作品。

由此，我们会发现，从西方历史意识发展的角度看，19 世纪，在小说流派和历史著述之间存在着千丝万缕的联系。如果不对这种千丝万缕的联系加以适当的考虑，有关西方历史意识发展的任何解释就都没有资格宣称自己是有效的。并且，如果人们在同一文化中发现了小说流派和历史著述之间的交叉关系，非常有可能的是，这些交叉关系也同样会对更具雄心、更加冒险的比较西方和非西方历史意识的尝试造成干扰。

还有一种与此相关的复杂性，那就是，自赫卡泰戊斯（Hecataeus）时期以来，特别是西方历史意识已经经历了如此众多、如此深刻的嬗变，以至于很可能出现这种情况，那就是，在其发生演变的几个阶段里，西方历史意识更加接近各种非西方的历史意识，而不是各种或早或晚的西方历史意识本身（稍后，我还会回到这一点）。更不用说，如果事实确实如此，追问西方和非西方历史意识之间是否存在绝对差别就会变得毫无意义。于是，我们所能拥有的一切只是经验过去的不同方式，而那种试图发现西方和非西方过去概念的系统差别的努力，就像试图发现同一地点或同一采石场挖掘出来的

---

① 在历史小说的诞生中，我们会发现与此相反的运动。这是因为，人们一直认为，历史小说乃是"阿卡狄亚"这种文学流派历史化的产物。一般来说，在这一出现于 16 世纪的意大利的文学流派中，有一群年轻的恋人，他们一边在乡村旅行，一边相互交谈。不过，他们不只是谈论爱情，他们也就所游历的小镇和村庄的历史人物进行学术讨论。通过这种方式，他们把（处于现在的）小说要素和历史结合了起来；并且，其唯一的要求就是把（当前的）小说要素"历史化"，也就是说，把阿卡狄亚的爱情故事定位在过去。由此，历史小说流派就诞生了。

两块大理石之间的系统差别的努力一样,只能是徒劳的。或许差别是存在的,甚至将会存在,但它们不会允许我们超出这些差别本身的性质去作出任何臆测。在这两种情形下,差别只不过是它们自身的符号而已。

## 二、历史意识的"心理分析"

不过,即使伯克教授没有坚持这一点,没有追究类似的方法论问题,这一点就其本身而言也不足以动摇他就西方和非西方的历史概念之间的差别所作的说明。因为我们应该认识到,凡是这样的比较总是不得不从某处着手。总会有一个起始阶段;在其中,我们还不能确定我们到底是在把什么和什么加以比较,以及我们是依据什么作出这种比较的:只有在我们沿此方向作出了某种或许会(甚至必然会)流产的最初尝试之后,我们一直谈论的什么才会逐渐清晰起来。诸如此类不可避免的、跨文化的比较只能以一种试错的方式开始;并且,在比较的起始阶段,并没有一种简单可靠的方法论规则供我们随意支配,让我们盲目遵循。不过,我们应该意识到这一问题的存在,并应尽量避免把我们自己下意识的假设或"历史性的神经症"投射或"移情"到其他文化头上——就"移情"一词在弗洛伊德那里的含义而言。

我之所以在此有意使用弗洛伊德的术语,是因为心理分析语言或许有助于澄清我和伯克教授之间的分歧。需要再次声明的是,我并不反对他所列举的西方和非西方的历史意识之间所存在的十点差别。在我看来,他就此所说的一切,如果不是绝对正确的话,表面上看也是完全合理的、令人信服的。我的问题毋宁是这样的:我们怎样才能知道他的列举已经详尽无遗,或者更进一步讲,我们怎样才能知道他的列举不只是随意采样并因此可以随意扩展的结果,而是真正抓住了我们所讨论的问题的实质。

在此,我倒是愿意把另外一个阶段引入这项研究。我的建议是,我们不应该从对西方或非西方文化如何记忆过去的形式特征的直觉开始,就像伯克教授通过范畴所做的那样,而应该追问这样一个准先验的问题:无论在西方还是非西方的文明中,是什么使历史意识成为可能?类似地——这就是刚才我把心理分析作为我的范型的原因,如果我们对 A 和 B 两个人非常熟悉,我们就可以就他们自身如何对待他或她自己的过去列出任何数目上的差别,但仅从心理分析的观点看,我们可能是通过猜测确定这些差别的重要性和适当性。只有对 A 和 B 的人格进行(准)心理分析评价,才可以在这些差别之间分出等级，并使我们认识到它们的关系及其相对的重要性。我们的解释是，正是 A 和 B 的心理状态使这些差别成为可能，并因此使我们能够真正理解它们；这种心理状态乃是所观察到的这些差别的最终基础。因此之故，我想提出一个建议，那就是，我们应该把这样一种“文化心理分析”应用到西方和非西方对待过去的态度上；而不应在还缺乏任何能把它们关联起来的可靠指导的情况下，只是满足于去罗列它们之间的相同之处和差别之处，不论这类罗列在研究刚起步时是多么地有用和多么地富有启发性。

如今，我已经意识到，尝试做这样的事是件不凡的抱负；要彻底完成它，不仅需要整个图书馆，而且为了使我们的努力建立在坚实的基础上，甚至不得不扩建整个图书馆。所以，就此我将会做的，只是指出在这种关联中人们应该考虑到的诸多问题，而不是去讨论在这些问题上什么才会是正确的和最充分的事情。

## 三、作为西方历史意识根源的创伤

如果用我刚才所介绍的“文化心理分析”的眼光去看待西方和非西方的历史意识，那我们就一定会明白，西方历史意识不仅受到有关某些历史事件的创伤体验的极大激发，而且它甚至就根源于其中。我们在此会想到的是，1494 年对马基雅维里、奎恰尔迪尼以及其他人数众多的 16 世纪意大利历史学家意味着什么，或者会想到的是，1789 年以及其后的革命对 19 世纪初的法国和德国的历史学家意味着什么。我们完全可以说，盎格鲁—撒克逊世界很幸运从未遭受这样一种创伤体验的事实有助于我们去解释历史意识为什么恰恰是欧洲大陆的一项“发明”。本文的另外一个论点是，在英国历史思想的发展中，毫无疑问最令人感兴趣的阶段是紧跟着 1649 年到来的——因此，是紧跟着英国历史进程中最接近这样一种创伤体验的事件到来的。

此外，下面的论点也能帮助我们澄清（西方）历史意识（的根源）应该和创伤有关这一见解。人们经常争辩说，只有在创伤当中我们才接触或经验到实在——因为在有关实在的非创伤性经验中，实在仅向我们显示它为我们所知晓、所熟悉和所驯服的一面，只有在有关实在的创伤性经验中，实在才向我们显示它真实的一面、对我们来说全然陌生和威严超然的一面。非创伤性地被经验到的实在已经是被我们加工过的实在。这种加工方法和康德的知性范畴对原初的经验材料进行“加工”并将其变成康德所说的“现象”

实在的方法差不多是完全一样的。在此,实在一直被我们所占有、为我们所熟悉并被我们剥夺了其带有胁迫性的全部创伤性内涵。同时,我们在此也发现了创伤和康德所说的"崇高"之间的关联。由于崇高就像康德所定义的那样,先于被知性范畴限定并加工过的、有关实在的经验,并由此作为准本体性的实在呈现给我们,因此,崇高呈现给我们的就是一种仍保留了其根本相异性的实在。创伤就是崇高,反之亦然。并且,从根本上讲,两者就是对那种能粉碎我们所有的确定性、信仰、范畴和期望的实在的经验。

由此论点出发,我们会进一步得出这样的结论,那就是,历史作为它自身的实在只能作为我们此前所说的那种创伤性的集体经验的结果才能形成。而这意味着,在历史和过去的不幸和惊恐之间存在着密不可分的关系。另一方面,按照这种观点,幸福对历史的主旨并没有做出过重大的贡献。实在"本身",本体的实在——对历史实在来说同样是这样——就其本质而言乃是充满痛苦的实在——从根本上说乃是遭遇死亡,这种实在"本身"在20世纪大屠杀的创伤性崇高中对自身的显现就是最典型的例证。当然,我们在此并不同意黑格尔那众所周知的观点,那就是,人类的幸福岁月在史册上留下的eo ipso(当然)是一片空白。

此外,这种论点还会使我们同意哈伊津哈的观点,即:历史就是悲剧,对进步的信念、我们对过去较为乐观的看法只不过是想隐瞒不愉快的实在而已。因此,康德在他的《学派之争》(1798)中用有关过去的"道德恐怖分子"和"幸福论者"这两个概念所指称的两种情况就不应该被相提并论。从(心理)逻辑上讲,前者要先于后者。这又一次说明,过去在本质上并且主要地是一种充满痛苦的过去。例如,尽管各种历史记载会为君主的胜利而欢欣鼓舞,但士兵和英雄却永远不能告诉我们那种幸福的本质。与创伤和苦难所能达到的一致性和同一性相比——至少在某些特定的情形下,某个民族、社会阶级或文明的丰功伟绩所能给予幸福的、那被历史地规定的一致性和同一性要少得多;在历史上,为什么历史的受难者会比历史的胜利者更能找到强有力的同盟者,原因或许就在于此。与幸福和快乐相比,被分享的创伤性痛苦能在更深的实在层面上为集体提供共同的基础。就此而言,蒂耶里(Thierry)和马克思主义者是对的。他们在谈到中产阶级和工业无产阶级时说,中产阶级和工业无产阶级过去所遭受的苦难乃是他们日后在人类历史上发挥如此突出的作用的前提条件。

至此,我相信这一点将使我们能分辨出西方和非西方历史意识之间的根本差异。尽管非西方的历史自身上演了更多的战争、谋杀和蹂躏的悲剧,

尽管与阿兹特克人、美国印第安人的悲惨命运相比，与蒙古人的统治在中亚造成的无法形容的恐怖相比，1494 年和 1789 年甚至会被人们当成历史表面泛起的一丝涟漪，但似乎只有西方人能够拥有有关历史的创伤性体验。非常令人奇怪的是，一种文明所承受的苦难的数量和它对这些灾难事件进行创伤性体验的倾向似乎是不成比例的。很显然，就像解释一样，经验也是各种各样的。相对而言，在某些情形下，与人类所承受的最惨烈的灾难相比，较小的集体性灾难在历史进程中反而更能刺激人们的历史意识。

我甚至已作好准备去为这样一种观点进行辩护，那就是，这种见解可以揭示出文艺复兴以来的西方文明和此前的中世纪的西方之间所存在的本质区别（以及就和过去的关系而言，它和非西方文化之间的区别）。与罗马帝国的崩溃以及随之而来的混乱相比，与 1348 年屠杀了欧洲 1/3 的人口并让西方人的心灵在长达两个世纪的时间里充满强烈的恐惧、绝望和孤独的黑色死亡——德鲁穆（Delumeau）在他的《恐惧在西方吗？》（*La peur en Occident?*）中曾对此有过出色的描述——相比，1494 年和 1789 年又算得了什么？这再次证明，它们只不过是历史表面泛起的一丝涟漪而已。但是，无论是中世纪早期和晚期所发生的那些残暴事件还是百年战争[①]所造成的那些悲剧和恐怖，都没有产生哪怕和奎恰尔迪尼对图尔的格列高里和傅华萨（Froissarts）脑海中的过去的体验在连贯性和强度上有一点点相似的效果。奎恰尔迪尼曾（以非常客观的笔触）详尽无遗地描述了这些令人发指的

---

① 在此，我们不妨回想一下莎士比亚借奥尔良的 La Puccelle 之口——当她向勃艮第的公爵、好人菲利普致辞时所说的那些话：

看看你的国家，看看富饶的法兰西，
看看被残酷的敌人那毁灭性的打击所摧残的城市和小镇，
一如母亲看着自己心爱的宝贝，
当死神将要合上他临死前温柔的双眼时，
看吧！看看法兰西的这种瘤疾，
注视这些伤口，这些最惨不忍睹的伤口，
你自己又能拿什么安慰她那悲伤的心！
（参见《国王亨利六世》的第一部分场景三）

在此，好人菲利普和奎恰尔迪尼之间的对比再清晰不过了——随后，我还要回到他们。菲利普和英国的联盟给他自己的祖国——法国同样带来了灾难性的后果，也就是说——就像一个世纪后奎恰尔迪尼对克里门七世的忠告给意大利所带来的灾难性后果一样。不过，虽然奎恰尔迪尼的初衷是最值得称赞的，但是，当他意识到了自己对祖国的所作所为后，他还是陷入了精神崩溃的境地；而菲利普却不是这样，虽然他的罪过一点也不比奎恰尔迪尼少。正是这种差别概括了中世纪和文艺复兴与过去关系的不同。

事件。

人们也许想知道,鉴于相对来说比较小的历史灾难在西方能作为历史意识由之起源的那种创伤而被突如其来地体验到,人们又如何能对经常会在时间的薄雾中悄然逝去的那些从规模上讲史无前例的悲剧、恐怖和人类苦难进行解释呢?西方人对集体创伤的这种独特感受力为什么会形成,又是如何形成的呢?追问这些问题会重新引起一系列令人不愉快的方法论问题。这是因为,在这种非常抽象的层面上,最典型的情形就是,我们的确无法把"explanantia"和"explananda"区别开来;甚至还会出现这样一种情形,那就是,被我们说成是西方人对历史创伤的这种突如其来的敏感的原因的东西,其实是这种敏感的结果而不是它的原因。

## 四、创伤性的过去乃是抽象化的过去

不过,尽管考虑到了这一点和类似的不确定性,我还是要冒昧地作出如下解释。正如上文所清楚显示的那样,我们既不应该用施加给某种文明的"集体痛苦"的数量,甚至也不应该用这种痛苦的强度来解释对集体创伤的这种敏感。这是因为,即使是忍无可忍的集体痛苦也很少能导致历史意识的产生。我相信,对此的解释毋宁是这样的,那就是,人们会发现,在西方,集体痛苦转换成了对这种痛苦的意识,而这就是西方所特有的对受苦的集体创伤的感受力得以形成的原因。为了避免误解,我得马上补充一点。当我因此而强调意识痛苦的意义时,我当然不是要有意抨击那种既合乎常识又无懈可击的观点,即人不可能处在痛苦中却意识不到这种痛苦。的确,人不可能处在痛苦中却不知道自己处在痛苦中。当然,我并不想说,阿兹特克人——或者,就此而言,15世纪的欧洲人——就像石头从山上滚下来一样,竟然意识不到他们的苦难并麻木地承受着他们的历史命运。

我想说的恰恰与此相反,那就是,准确地讲,对创伤来说最典型的情形乃是人们不能在自己的生活历史中忍受或消化创伤性体验。与创伤一道形成的不是对苦难的异常敏感,而是某种麻木、某种迟钝,就好像装载苦难的胸膛已不足以容纳苦难的真正性质或者和苦难的规模已不成比例。正是以这种方式,苦难本身和对苦难的意识才产生了脱节;尽管它们总是会不可避免地纠缠在一起,但在此却似乎是这样的情形:当我痛苦时,我的痛苦在我的体验中虽然绝对可靠,但仅仅是某个人(也就是我自己)痛苦的符号而已,我实际上并没有感受到这种痛苦本身。可以这么说,虽然处在痛苦中的是我自己,但现在我却倾向于以这种观点看待自己,那就是,不再或者至少不再自发地把自己当作痛苦的人来看待。

同样,创伤也导致了被创伤性地体验到的实在和进行创伤性体验的主体之间的脱节。在19世纪80年代,夏尔科(Charcot)和珍妮特(Janet)首次对创伤性打击现象进行了认真研究。当时,尤其是珍妮特强烈主张,创伤似乎把同一个人分裂成两个:一个是能正常记忆的正常自我,另一个是因遭受创伤而产生紊乱的自我——这种自我不再能像正常自我那样去正常记忆。这种新颖的创伤概念的大部分含义都在目前人们熟知的所谓"后创伤性压力紊乱"中保留了下来。临床病理学对"后创伤性压力紊乱"作了如下定义:

在后创伤性压力紊乱中(PTSD)……过去所发生的那些无法抵抗的事件仍一而再、再而三地通过各种意象和念头的侵入对曾遭受过它们的人进行随意摆布……但在这种不同寻常的体验中尤其引人注目的是这样一种情形,那就是,它坚持不懈地让过去一再重演并不只是为了证明某个事件曾经发生过,相反,十分悖谬的是,或许它还足以证明,过去从来没有像它实际发生的那样被人们所充分体验。换句话讲,创伤不只是对过去的记录,相反,它还准确地记载了这一事实,那就是,体验的力量还没有被充分拥有。

由此可见,创伤的悖论就在于,它告诉我们的既不是被遗忘的过去也不是被记忆的过去;相反,它告诉我们的乃是作为实在持续存在于我们身上的过去。我们不能准确地记忆它,是因为我们不可能记忆它,是因为我们实际上从来都没有接近过它。创伤之所以形成,是因为主体无法在他的整个生活历史中消化这种创伤性体验,而且,实在一旦显露出自身并让他感受到自身,创伤就会使他创伤性地意识到那把自身向他隐藏起来的实在。或者,按照珍妮特的说法来讲就是:"常态"历史乃是通过综合叙述把各种经验联系起来或者串联起来的结果,由此,这些经验才能为我们所"占用"或"拥有",而"创伤性"历史则是各种经验不断脱节并向我们通过叙述将历史联系起来的能力发起挑战,使我们至今还不能发现这种联系的结果。

在我看来,当西方历史意识在16、17世纪的某个地方形成时,某种和我们前面所描述的创伤非常相似的东西就已经产生了。历史之所以变成了被记忆的东西,恰恰是由于人不能记忆他的记忆这个悖论,恰恰是由于人们意识到记忆不能使我们"占用"或完全"拥有"被记忆的对象。如今,集体苦难成了一种具有如此特征的实在,那就是,它不断以最令人痛苦的面目呈现,但与此同时,我们却无法深切地理解它:如今,苦难变得异常抽象并令人感到陌生,它成了某种有待(历史地)解释,但从根本上讲却没有被我们经验到,或者至少没有完全在苦难的经验本身中被穷尽或被苦难的经验本身所穷尽的东西。它成了思想的契机。黑格尔和弗洛伊德就几乎持有同样的观点。在他们看来,人和动物的区别就在于:在人这里,思想能把自身置于欲望和对欲望的满足之间,而动物却总是直接寻求欲望的满足。集体苦难如今成了文化的一部分,成了某种能被文化的习语所表达,并被人们谈论和书写的东西。而在苦难和用来谈论苦难的语言之间的缝隙中,一种新的谈论正在摸索中逐渐形成——那就是历史书写——其目标就是要把这种有关苦难的谈论和书写与苦难本身联系起来。历史书写、谈论和历史意识介于如下两方面之间:一方面是创伤和苦难本身,另一方面是作为西方文明之特征的对创伤和苦难的客观化。历史学家的语言根源于创伤体验和仍与世界保持着原初的朴素、直接关系的语言之间的"逻辑空间"——由此,这种语言就被搁在一边。历史语言把语言和实在割裂开来并因此摧毁了语言和实在之间的直接关系,但与此同时它又试图弥合自己在不经意间所造成的这种裂缝。而在历史相对论之前的文明阶段——也就是在中世纪或者非西方文明中,语言却仍然拥有着它和实在之间的这种直接关系。

这一点也可以解释,西方历史意识为什么会和对人的有意识行为所带来的无意识结果的意识密切相关。我们本来打算做一件事,但在努力实现我们的目的时,实际上完成的却是另一件事。奎恰尔迪尼就曾真诚地相信,他已经给克里门七世提出了可能是最好的忠告,但与此同时,他却痛苦地意识到,事实上正是他的忠告给罗马带来了劫难,并由此摧毁了这个永恒之城的美丽与荣光。当他于1494年招致查理八世侵略意大利时,他比爱他自己更爱这个国家,也比摩尔人吕多维柯(Ludovico il Moro)更爱这个国家,但由于他的计划的实现,他无意之间给这个国家的历史所带来的灾难却一点也不比他对这个国家的爱少:这种计划的实现使他对我们的行为所带来的无意识结果的意识几乎像存在主义一样深切。这就是历史从本质上讲对他所意味的、对较晚的中世纪之后的西方文明所意味的。因为,正是在我们对一方面是我们的意图和行动,另一方面是它们的实际结果之间这种可怕的不一致所带来的折磨感到惊讶时,我们才被迫后退一步——或从中抽身——以便能观察到这种不一致,并借此开始历史地思考。我们在此境况下所感受到的痛苦完全是一种使我们疏远了痛苦事件本身的痛苦——就像在我们前面所讨论的创伤这种典型的情形下一样。并且,它最终还是这样一种痛苦,即一种不仅奎恰尔迪尼而且几乎所有16世纪佛罗伦萨的历史学家似乎以近乎施虐受虐狂的快乐所培育的痛苦:因为,当你阅读他们的历史时,你不可能不为他们那种奇怪的倾向所震惊,那就是,把远远大于实际历史事实、为意大利的灾难所能承担的责任归咎于他们自己的国家,归咎于佛罗伦萨。也许自我谴责也是一门艺术;只有在时间进程中,文明才能学会如何适当地实践这门艺术(并且,由此观点看,对自我谴责的艺术的发现始于这样一种矫枉过正也就不足为奇了)。

很显然,人们现在还可以再退一步追问,应该如何解释奎恰尔迪尼对其行为的无意识结果所具备的前所未有的敏感。为什么他意识到自己对国家的所作所为后内心会充满无法忍受的创伤性痛苦,而其他人——例如勃艮第好人菲利普(Philip the Good of Burgundy),他自私地和英国结盟——却能非常镇定地面对法国的毁灭?这再次说明,在考虑这个问题时,要把原因和结果区别开来,要准确地确定什么在先、什么在后是非常困难的。但是,既然我们已经义无反顾地踏上了思索的道路,对我冒昧地提出如下观点大家也许会表示谅解。

原因很可能是这样的,那就是,对好人菲利普来说,不管他做什么,社会政治现实从根本上讲都会一如既往地保持上帝所意欲的秩序。也就是说,在他看来,他的行为仅仅触及了社会政治现实的表面,而根本不会动摇它的深处——如果表面和深处的区分对他能有任何根本性的意义的话。就该词(也就是这种公众行为)——它确实能使世界"变样"或产生类似结果——真正的现代意义而言,菲利普还没有政治行为这一概念。当然,这丝毫不意味着他意识不到他对他的所为和所不为所应承担的责任;但问题的关键在于,在他这里,这种责任仅仅与他本人以及上帝会怎么看待他本人有关。而对奎恰尔迪尼来说却不是这样:因为,奎恰尔迪尼所感受到的责任乃是对世界(或对意大利)的责任,而不是对上帝的责任。

不过,这也许是一种毫无启发性的解释方式。把这种对比用鲁思·本尼迪克特的术语重新进行表述也许会更有启发性。他认为,在"羞耻文化"和"内疚文化"之间存在着对立。由此出发,人们也许会说,在某种意义上,由于好人菲利普不知何故把他自己的生活搞得一团糟,或者当他不知何故把自己的生活搞得一团糟时,他只会为自己感到羞耻;但是即使如此,在他自己眼里,他的行为结果——就他的世界概念而言——也决不会对上帝所意欲的秩序产生任何真正的影响。他所能感受到的仅仅是对他本人和对他自己的救赎的责任。正因为他只是现实微不足道的组成部分,正因为他完全让自己淹没在现实当中,并在各方面都受到现实如此多的包围,正因为他和现实之间的这种完全交融,人们可能期待于他的对他自己的责任的认识才能达到最大值。对他来说,感到内疚、感到自己应对这个世界负责将会是一种专横而又荒谬的亵渎。那就好像一只蚂蚁把自己当成整个文明毁灭的原因一样。并且,在那种意义上,人们就不可能恰当地说:他是"有罪的"①——因为羞耻乃是一种私人情感,而内疚总是与我们对世界犯下的罪孽有关。所以,在好人菲利普和奎恰尔迪尼之间曾经发生的是这样的事情,即个体从世界退隐(在世界当中,好人菲利普仍觉得自己非常投入以至于他根本不可能把自己的行为和世界分开)并陶醉在这种观念当中,那就是,远离现实的好处就在于,他能借此做出使现实"变样"的事情,甚至从根本上改变现实。因此,悖论就在于,正是这种退隐而不是对现实的进一步投入,反过来使西方人把羞耻变成了内疚,把对自己获得救赎的责任变成了对(历史的)世界的责任。

奎恰尔迪尼以及与他同时代的意大利人的著述见证了现代历史意识的诞生。各门科学也诞生在同一时期。要不是在我们和客观事实的关系中、在各门科学的诞生中所发生的一切为这种论点提供了额外的支持,我本来是不会贸然提出这种观点的。这是因为,有了这种支持,我们才不难发现历史革命和科学革命的共同之处。众所周知,由于科学的、先验的自我的产生,科学才有了可能。从笛卡尔、康德开始一直到当今,很多哲学家都对这种自我的哲学性质倾注了极大的研究热情。并且,众所周知,这种先验自我恰恰和历史意识一样,乃是回避(anachoresis)运动②以及自我从世界本身向内在的认识保护区退隐的产物和结果。内在的认识保护区决定着经验材料的可靠性。在此,很有启发性的一点也就是被笛卡尔当成他的方法的"bene vixit,bene qui latuit"(越超脱的人生活得越好):如果一个人完全卷入到错综复杂的日常生活当中,他就永远不可能发现科学的真理。科学需要与日常生活保持距离,而不是融入和参与到其中。因此之故,无论是对历史世界的掌控还是对物理世界的掌控都是由以退为进(reculer pour mieux)创造的奇迹。只有在离开了(历史的和物理的实在)本身之后,只有在使它本身③处于实在本身之外的、如同阿基米德支点那样的有利位置之后——只有在采取

① "内疚的"和"有罪的"在英语里是同一个词。——译者注

② 为了提醒人们什么东西一直会被当成现代科学和历史书写的宗教根源,我有意使用了这个神学术语。

③ 指西方精神。——译者注

了这种悖谬的策略之后——西方精神才能赢得它以前从未拥有过的对历史实在和自然实在的支配地位。并且,只有通过这种方式,在西方被当成"历史"和"科学"的东西才成为可能。

但是,我们为此将不得不付出代价。这是因为,虽然此前我们在讨论历史意识时所观察到的那种麻木,使我们拥有(西方)历史意识的那种直接而又质朴的(历史)经验的土崩瓦解,同样也给我们带来了现代科学,但却是以牺牲自然经验为代价的。如今,我们拥有使自然服从于我们的目标和目的的科学知识,并用它取代了自然经验——也许,仅仅在各门艺术中,对自然经验的怀念才依稀可见。为了表现自然,艺术家创作出了许多表现自然的艺术作品。只有借助并通过这些艺术作品,我们才能经验到自然。

而且,这也是我们有充分理由对一般来说是从维科那里因袭下来的说法表示怀疑的原因。在维科看来,一方面是历史书写,另一方面是(笛卡儿的)科学——在两者之间存在着无法逾越的认识论障碍。当然,正如我们在奎恰尔迪尼之前的各种非西方文明或西方历史书写中所发现的那样,在有关过去的直接而又朴素的经验之间可以存在这样的障碍,但是维科和当今我们自己的历史书写就像现代科学一样也是回避(*anachoresis*)的,或者说现代主义者的自我分裂的结果。荷马的英雄们和他们的世界之间的关系具有直接性,由于意识到这种直接性在其时代"野蛮的反思"中已经令人悲哀地丧失,维科只能为此感到惋惜。

## 五、结 语

最后,我还想再补充一点。我们不可以曲解这种变化的性质。在很多方面,这种变化都谈不上是什么巨变:它和战争、革命、新宗教的诞生或者某种崭新而有效的武器的发明都不一样。事实上,它对历史实在本身产生不了任何影响,它甚至不是历史实在本身所发生的变化。相反,它仅仅是西方人决定如何看待历史的方式所发生的变化,是视角的变化,而以此方式所观察到的一切仍如其所是地存在着。然而,这些非实质性的细小变化却会变得不可逆转,并决定着人类未来的命运。它们类似于生物的突变:在某个地方,当某种动物的亚种的各种基因相互结合时,一种肉眼难以察觉的变化就会发生;然而,这种难以察觉的变化却会使进化历史进入一个崭新的阶段,并会使政权在这个世界上的牺牲者和胜利者之间得到重新分配。同样,西方历史意识的出现也一直伴随着这种变化。按照许多作者如马基雅维里、奎恰尔迪尼的观点,1494 年后的意大利遭遇了不可复原的、无法挽回的创伤性毁损;这种毁损在他们身上造成了无法忍受的痛苦、最深沉的悔恨、最深切的内疚感以及最残酷的自责感。可是,正是这种在历史上难以觉察的事件、这种"突变"改变了西方文明的面貌,并以所有突变所固有的逻辑在随后的几个世纪里改变了非西方文明的面貌。

当然,我在此所说的一切都是非常理论化的:自从人类进入黎明时期,就存在着许多众所周知的与历史书写和历史意识的逐渐发展有关的事实;我们在此所说的只不过是对这些事实进行挑选和整理的几种方式而已。同样是这些事实,人们还可以用其他许多方式进行挑选和整理;这些方式不仅同样合理,甚至还可能更加合理。因此,我们对西方的过去概念由之起源的创伤所作的这些沉思,绝对不是想确立有关西方历史意识的起源或它与非西方历史意识的区别的终极真理。

不过,我确实相信,如果想致力于解决西方和非西方的过去概念之间的关系问题,我们就应该深入下去直到发现问题的根本。一旦达到这种程度,我们就不应该仍把真理作为我们的基本目标。原因很简单,那就是,在此我们并没有真理所必需的那一系列共同前提。但是,如果真理在此是无法获得的,我们就不应该被阻止追问类似的问题。这是因为,我们有理由相信,就这类问题而言,真正重要的事情是讨论它们、持续不断地讨论它们,即使我们知道我们永远也不可能发现有关这些重要问题的终极真理。正如两百多年前莱辛(Lessing)在他的《智者纳旦》(*Nathan der weise*)中说过的,有时候,拥有单纯的谈话本身比拥有通过谈话或许会发现的真理更重要——我一直都在说的也许就是这一点。也许,这一点不仅对历史书写的历史和历史意识而言是真理,而且对历史书写本身来说也是真理。虽然我们应该始终不屈不挠地、充满热情地去寻找历史的真理,但与此同时,请永远不要忘记,当我们这样去做时,得将小于失。

(张志平　译)

# 西方传统文化与西方史学思想

[挪威]约翰·伽尔唐

## 一、西方传统文化中的历史叙述

我不是一个历史学家，假如我试图阐述西方史学思想，我只能以自己对西方文明的大致理解作为前提。我理解的西方文明包括基督教的与世俗的，它不仅指欧美文明，也包括犹太人和伊斯兰的文明。[①] 这是对西方文明的一个大体设想，我曾以之探究和平与战争、冲突与发展以及宏观历史的含义[②]，现在也不妨用来探索一下史学思想，以作为西方历史叙述总体理论的背景。不光西方史学家，普通西方人的职业也常会涉及某些西方特质的东西。另外，他们也往往从西方政府（相对于西方经济与民间团体）那里领取薪俸，在大中小学里教授历史，或者做研究工作。他们都是靠山吃山。[③]

---

① 见 Johan Galtung, *Peace By Peaceful Means*, London, 1996, Part Ⅳ, ch. 2, pp. 211-222, and ch. 3, "Implications: Peace, War, Conflict, Development," pp. 223-240.

② Johan Galtung, Tore Heiestad, Erik Rudeng, "On the Last 2,5000 Year in Western History, And Some Remarks on the Coming 500," in *New Cambridge Modern History Companion*, vol. Ⅷ, ed., Pter Burke, Cambridge, 1979, pp. 318-361.

③ 需要指出的是，一个国立大学的教授往往必须通过宣誓把自己的忠诚献给国家。这件事不可低估，比如德国大学里的教授对纳粹政权那种奇怪的奴态，背后也有某种因素。然而，那些宣誓忠诚的大学教授们自己是不会把这些作为研究的主要课题的。这些誓言将会有意或潜在地限制他们在政治上背离国家，更重要的是限制他们在文化上背离民族，和作为更广义民族的西方。

当我在下表中用到"西方文明Ⅰ"[①]这一栏的时候,它的内容给我带来一个难题,那就是怎么把它们转译成史学编纂方面的用语。我原本可以用这一栏探索任一科学追求(比如经济学)之下的范例,以此来为西方文明的基本方面作出假设。[②] 但是目前是在史学编纂领域,我们将会做什么?期待什么?为了回答这个问题,我不能采取文明范例以外的知识努力解读文明的规范。当然,文明的蕴意应当是坦然的,它们早已包含在那一套文明规范中了。

**七个地区六种文明的规范**

| 西方文明Ⅰ | 西方文明Ⅱ | 印度文明 | 佛教文明 | 中国文明 | 日本文明 |
|---|---|---|---|---|---|
| **自然** | | | | | |
| 人类控驭自然 | 人类控驭自然 | 人类与有灵生命控驭非生命 | 有灵生命控驭非生命 | 人类控驭自然 | 人类控驭自然 |
| 统制 | 统制 | | 伙伴关系 | | |
| 肉食 | 肉食 | 素食 | 素食 | 杂食 | 杂食 |
| **自我** | | | | | |
| 超我意识微弱 | 超我意识强大 | 超我意识混合 | 超我意识强大 | 超我意识混合 | 超我意识强大 |
| 本我意识强大 | 本我意识微弱 | 本我意识混合 | 本我意识微弱 | 本我意识混合 | 本我意识微弱 |
| 私我意识强大 | 私我意识混合 | 私我意识混合 | 私我意识微弱 | 私我意识混合 | 私我意识混合 |
| **社会** | | | | | |
| 垂直型 | 垂直型 | 垂直型 | 水平型 | 垂直型 | 垂直型 |
| 以世袭和性别形成集团 | 以世袭和性别形成集团 | 以世袭和性别相混合 | 印度式协会,但以性别形成集团 | 混合,但性别混合 | 混合,但以性别形成集团 |
| 紧密型小群居 | 紧密型小群居 | 群居散居混合 | 散居 | 群居散居混合 | 散居定居混合 |

① 大体说来,"西方文明Ⅰ"这一栏代表强硬的扩张主义的(离心的)逻辑,举旧时的事物(希腊—罗马和近代)为例;"西方文明Ⅱ"代表一种温和的收缩性(向心的)逻辑,以中世纪的西方(庄园时代与封建时代,或许还有即将到来的后现代)为例。不过,读者只需关注文中提到的范例。

② 见拙作 *Economics In Another Key*, forthcoming, ch. 2.7.

续表

| 世界观 | | | | | |
|---|---|---|---|---|---|
| 三部分 | 多部分 | 一部分 | 多部分 | 五部分 | 三部分 |
| 中心和外围 | 各有一个中心 | 统一于人类 | 各有一个中心 | 中原与东南西北 | 日本与大东亚 |
| 邪恶的 | | | | 原始的 | 元气 |
| 无限的 | 有限的 | 有限的 | 有限的 | 无限的 | 无限的 |
| **时间** | | | | | |
| 自我：有限 | 有限 | 无限 | 无限 | 无限 | 无限 |
| 社会：有限 | 有限 | 有限 | 无限 | 无限 | 无限 |
| **超精神力量** | | | | | |
| 先验论 | 超验/神无所不在 | 超验/神通广大 | 神无所不在 | 超验/神通广大 | 超验/神通广大 |
| 一神 | 一神 | 多神 | 无神 | 无神 | 一神/无神 |
| 被选择的人民 | 被选择的人民 | | | | 被选择的人民 |
| 一个魔鬼 | 一个魔鬼 | 没有魔鬼 | 没有魔鬼 | 没有魔鬼 | 没有魔鬼 |
| 一灵魂 | 一灵魂 | 一灵魂 | 无灵魂 | 无灵魂 | 无灵魂 |
| 天堂/地狱 | 天堂/地狱 | 轮回与再世 | 轮回与再生 | 其他/混合 | 其他/混合 |
| 一元整体论 | 一元整体论 | 多元整体论 | 多元个性论 | 多元个性论 | 多元个性论 |
| **认识论** | | | | | |
| 原子论 | 整体论 | 折衷主义 | 整体论 | 折衷主义 | 折衷主义 |
| 演绎推论 | 演绎推理 | 折衷主义 | 比较 | 折衷主义 | 折衷主义 |
| 无辨证 | 无辨证 | 折衷主义 | 辨证 | 辨证 | 辨证 |

注：几个需要特别澄清的术语："肉食"(Carnivism)，偏爱食肉，经常性地大量食用肉类。"印度式协会"(Sangha)，一种小型佛教团体，类似于修道院。"Zhong-guo"，"China"的汉语称呼，它的意思是中心王国。"Nihon"，"Japan"的日语称呼，意思是太阳之本源。"Dai-to-a"，"Great East Asia"的日语音译。"轮回"(Moksha)，精神上的解放。"Recourcia"：人类能量的外围组织，指一种原始的状态和秩序；对于人生和整个社会来说，时间的流动是因为个人主体性的存在，而人们的社会反映了自上而下秩序井然的天然常态，人生与社会在这个常态中都是浑然一体的。

自然

我想自然这个问题，在西方，不论在别人看来，还是就自身而言，都是丰富的。无论什么类型，无论多少，自然都是作为人类活动的原因或结果而存在的,要么是人类活动的条件,要么以人类的活动为条件。[①] 但是这种自然运动的过程应该交给自然科学去讨论,在此就不必赘言了。

自我

我将要着重强调个人的力量,尤其是强大、活跃的个人力量,而不是微弱者。这里出现了社会"范畴",包括组织微弱一些的集团或"党派",也包括组织强劲一些的行为团体,诸如"劳动阶级"、"人民群众"。但是我研究的焦点将会集中于那些强大而多彩的特例,他们的出现有鲜明的特色。[②]

社会

根据社会结构的纵向量度,我想重点被我们放在了那些优势群体上:男女当中重点在男性;年龄上则重在中年人,而不是较长和较幼的;我还要强调那些占主导地位的种族、那些上层阶级和特权统治阶层;强调"正常"的人而非"离经叛道"之群;强调占主导地位的民族和国家。其他人则会被"遗忘"和忽略,被看作没有个性的人,起不到什么作用,要么就被归入非主流的史学分支(如黑人史和妇女史)。[③]

世界观

我想世界历史被描述成好似一场聚焦于西方的戏剧,在西方万物流芳,而暗伏危机的邪恶总是与它作对。处在它们二者之间的边缘地带,则正在

---

① 一个经典的例子就是布罗代尔(Fernand Braudel)对地中海自然的描述,且不限于腓力二世时代,也纵括人类与社会存在的漫长时期;当然,人类的存在对于自然来说也许只是转瞬之间的短暂。

② 这样,从"劳动阶级"和"群众"的角度看,创造历史要发挥特别强烈的个性,比如爱德华·汤姆逊和霍德华·齐恩(Howard Zinn)那样的人。"劳动阶级"和"群众"早已被正统史学边缘化,难怪他们都为和平竭尽全力而反对强硬的西方那暴力的一面。"西方文明Ⅰ"与绝大多数欧洲人和美国人是不同的。

③ 对我来说,"世俗化就等于基督教化";一些没有神圣家庭、只有潜在规范的基督教派,"深层文化等同于宇宙论";"现代化等同于西方化",即向其他文化传播这些规范,如近来传教士所做的那样。无论他们的行为是神圣的还是世俗的,这都不只是自我崇拜,而是一种自我确认:假如所有这些人、所有这些国家都接受了他们的福音,那他们就不会是那么糟糕了(他们在比较志得意满的时候可能会认为自己是更聪颖敏锐的西方人)。

焦急等待西方的消息。[①]

时间

我想,充斥进步趋势的线性过程是历史书写的一个基本主题,但是,这种不可逆转的性质是被限定在一定时段的。

——它有开头,有一个可辨认的起点,一个可以说是过程兴起于此的开端。

——它也有结束,达到一个可辨认的终点,这个终点是某种惊天动地或意义重大的事件,也许令人满意,也许令人失望,总之,是一个终点。

——简言之,对这场戏剧的任何演员来说,无论社会还是人类、时间都可以看作是有限的,它们上演着生老病死。历史学家的任务就是捕捉这个有始有终的过程。所以,好的史学家就只应写完整的过程,这种过程是确实存在的。这不仅适用于社会层面,也适用于作用比较重大的个人——那些西方史学编纂中的正面、反面主角。这说明个人传记作为微观史学,也必须遵循这样的基本原理,被主流史学所吸收。

总之,历史应当被写成一部西方式戏剧:开头是演员的出场,之后某些黑暗的事件发生了;而光明随即来临;后来进步会造成危机,最终有两种可能的结果:成全它或粉碎它,一个天堂一个地狱,惊天动地或意义重大。[②] 如果一个史学家以这种规范的方式来编写历史,在同行之外他会拥有广大的读者,甚至他的作品会卖得最好。[③]

超精神力量

根据有没有上帝,西方史学书写分为两派。有上帝的历史书写,主题是

---

① 这有一个巨大优势:为一位国王的统治甚至为他的一位丞相的生涯写一部中观或微观的历史,是有可能的,也确实有必要的。历史学家不必总是写什么都要就范于宏观史学,因为显而易见,事情都是结合起来的。人类的处境本身决定了历史这部戏剧也可以用细腻的方式去探索和刻画。那给了我们很多历史戏剧,可惜提供给我们的历史的智慧却很少。

② 因此海登·怀特为中观史学欢欣鼓舞。《欧洲19世纪史学印象》(巴尔的摩1973年版)清楚地说明了西方规范中早已存在的东西,那就是西方叙述,其中的关键模板当然是《圣经》这部西方文明的史诗与传奇中起源与启示之间的历史。但是怀特的类型学(四种"勾画模式"、四种"修辞"、四种"争论方式")显然颇具启发性,而且在他们的专业领域中,比作为规范的粗略范畴要强得多。规范只能是粗糙的,因为在人们的设想中,它们被大批的人群内化为某种集体潜意识,以指引他们的行为。

③ 根据海登·怀特的分析,对历史学家和哲学家来说正是如此,比如黑格尔、托克维尔、马克思、尼采和克罗齐,如果说得宽泛一点,还有米什莱和布基哈茨。

关于上帝意志设定的历史，或者是上帝与撒旦之间斗争展开的舞台，是两分的(Dichotomous)、摩尼教的(Manichean)和世界末日(Armageddon)的决战(DMA)。[①] 如果历史书写中没有上帝，那么它将会寻找一个世俗的主题，或寻找一个围绕着故事情节的斗争，比如启蒙运动所引出的上帝的四位后继者。这四位是：

——全能的上帝：国家建设的表演，《受上帝恩典的国王》(via rex gratia dei)刻画了转型的形象，主题是权力。

——无所不在的上帝：资本、市场、经济的表演，主题是财富。

——无所不知的上帝：科学，通过知识和技术掌握自然的表演，主题是真理。

——仁慈的上帝：祖国家园的表演，安全是基本的主题。

总而言之，"国家逻辑加上资本逻辑再加上科学逻辑"，这就是众所周知的现代化。既然上帝只有一个，撒旦只有一个，为精神而进行的奋斗也只有一种(弗洛伊德的说法：一个超我，一个本我，一种为私我的奋斗；马克思的表述：一个资产阶级，一个无产阶级，一种为政权与资本而进行的奋斗)，那么人们对主旋律和重大事件(Sinn)的探索，在历史看来也是可以被西方一元来引导的——只取其一。根据西方的普救论说，把这个立场扩展一下，就会得出历史学对非西方历史主体的阐释。[②]

### 认识论

我想，西方文明中既有经验主义和原子论去关注互相包含之细节，也有推理和演绎的认识论致力于从少数公理中精确地推演出各种命题。当然，二者只有其一更适合(于主旋律、重大事件)，它们在知识类型上是不同的，一种是萨克逊类型，关注以经验为根据的材料；一种是日耳曼—高卢类型，关注概念、自由辩驳和理论建构，倾向于归纳和一般化。[③] 后者的问题是，如何找到实例来附和那些冠冕堂皇的理论，而前者的问题是要弄懂这些实例能说明什么理论。不过，这两者接合而成就了归纳—演绎的折衷模式，既典

① 这种DMA综合症也可以看作西方文明的病理学，因为它衍生出很高程度的侵略性。见Johan Galtung, *Global Projections of DeepRooted USPathologies*, Fairfax, 1996.

② 也就是说，他们本来也都应该追求同样的东西：权力、财富、真理和/或安全；假如他们认识不到上述任何一项，那么对他们的解释就会是这样的：(1)他们落后了，这种解释符合"西方历史就等于全人类的历史"但领先其他部分几个世纪的主题；(2)他们是历史空缺的社会，没有历史。

③ 对此知识类型的探究，见 Johan Galtung, *Methodology and Development*, Copenhagen, 1988, ch. 1.

型的北欧知性主义。[①]

以上是西方阐释下的西方Ⅰ。在其他文明中,我们能找到什么样的历史来再现过去的历程呢?是书写出来的历史抑或口述历史?答案在这一章的最后一句,那就是特定文化之下的认知。在其他文化中,或多或少地都强调两个认知元素,而这两个元素在西方Ⅰ中是缺失或微弱的。那就是整体论(不同于跨学科研究)和辩证法(不同于知识之间的互相依赖)。

至于过去历程的再现,典型的表现当然是传奇、故事、史诗和《摩诃婆罗多》。“如实直书”(Wie es eigentlich gewesen)则不算是抓住了这种再现的要领(在历史中被认为是上帝意志见证的兰克和基督徒也不算是)。这个要领就是,展示某些整体(子整体)中的个体和集体,解释它们如何因为内部的瑕疵而分崩离析,一个新的子整体是如何建立的,或者为何不能建立,以此达到对过去一种更深的理解,在任意方面都能区分“是”和“应当是”。相反,事物的细节和单个叙述单位、变量的变迁离合、理论建构以及从各种公理延伸出来的推导过程,都不应当被过多地关注。作为被关注之焦点的应当是那些从现实中演绎出来、却能反映“真正”现实的故事。而根据经验推导出来的现实,则要经过检验,必须能够附和对应的故事,而不是反过来代替它。所以,历史撰写这一行业是各自不同的,未必有高下优劣之分。

历史作为壮丽史诗,其基本主题应该是展现一幅蓝图:西方历史正是这样的。但是除此之外,它又把自己这幅蓝图在别的民族推而广之,认定“西方历史就等于全人类的历史”,甚至领先几个世纪,通过长期神圣的福音传道,为世界其他地方铺平道路,以此荫及全世界。我们应当对神表示敬意,因为无论他的名字叫什么,他都扮演了主角,正如西方神圣的上帝一样。但是,我们应该知道,比起一神教的文化(西方Ⅱ),历史对多神教(印度)文化和无神文化(佛教文化、中国、日本)的再现,也许应该更丰富,差异也更大。在这些文化中,作为集体关注点的英雄,都应该是妇孺皆知的;而冲突过程中的个人,也许主要存在于西方Ⅰ。

佛教以“无我”(否认灵魂)剥夺个性。可以设想,在其他文化中天生的合作关系并没有被强调得这么多。在非西方社会中,戏剧、危机及其所产生的艺术作用和启示,对个人的作用更大一些,在社会层面上则会作用小一些。社会沉浮不定,只有内心的生活才是这戏剧基本的舞台。

---

① 挪威哲学教授阿恩·南斯(Arne Næss)是这种综合模式的代表,盎格鲁—萨克森和德国人的传统对他均有影响。

我想说的是,历史作为一门科学——西方人所理解的科学,是西方文明在耀武扬威。用西方历史书写方式来作其他民族的历史,是对那些民族进行西方化的一种方式。虽然其结果不一定是索然无味的,西方方法论/认识论被西方人应用或被非西方人吸收内化之后,将会在世界其他地方捕捉到体现西方模式的过程。但这只是几种理解方式中的一种。假如用非西方的史诗和传奇来书写西方的历史,那至少是同样有趣的。[①] 这也意味着,被西方训练的非西方史学家,在其著述中将会以西方人的眼光来反映非西方的历史,而他们若是作为自己文化的见证者,就不再是那么可信的了,因为他们那西方化的眼睛会对某些事物过分关注。他们被西方玷污了。

## 二、伯克教授关于西方史学思想的著述

彼得·伯克一生广泛地研究历史,进行历史与史学撰写领域的著述,他提出了"一些仅供讨论的论题",共有十个。在此,我要做的正是对它们进行讨论,把它们与这一章提出的七个深层文化课题进行类比。不过,我认为伯克犯了一个常见的方法错误,这个错误本身也是西方原子方法论的一部分。因此,在第一至七这七个问题中,我决不会宣扬西方的"不寻常"与"独特性"。只要看一眼上文中的表格,我们就会发现,每一横行都会有跨文明区域的共同文明范式。我要强调的是整体上的特点和与众不同,也就是这七种范式的综合体。文明是有区别的,但是正如性别的区分一样,它们并非在每个维度上都要不同。所以,伯克尽管忠于历史,但是只要当他宣称某单一的维度具有特殊性的时候,仍然经常陷入困境和疑虑。

再者,伯克的论证途径是归纳的,而我的则是演绎更多一些,因为我试图为历史书写找出西方文明范式的底蕴和内涵。这种差异使我得以检验自己的推理是否正确。然而,伯克并没有检验西方所有的史学撰写,没有使它们的主题趋于精确,把它们系统编码、制成表格并相互关联。他以开阔的眼界浏览群书,发表见解,也许他的基本思想与我上文中那个浅陋的表格并无二致。如果他的见解与我所推断出来的内涵相符,严格地说来,那并不能证明它们就一定是正确的,也不能证明它们不正确。比较这些殊途同归的结

---

① 古代希腊和挪威的一些作家就是这样做的,他们著述了"西方之前的西方",后一个西方指的是《圣经》意义上的西方、亚伯拉罕的西方,这自然是塑造了后来的西方。

论，我们将会对这个被称为“西方”的东西，洞察得更加深刻，在专门领域的史学思想方面正是这样。

主题1 进步观、线性观、文明积淀和单向发展

这比上表中第五行的概念范畴要小一些，恰好意味着伯克似乎对个人传记（微观史学）尤其是作为“自我”历史的内心生活不怎么感兴趣。然而，上面列出的这几项（根据伯克的说法）远没有穷尽西方的时间观。刚才我忘了阐述“终点”这个概念，它不仅是结束，也是一个开始。这是微型史学（比传记更微观的任何事物的历史）得以存在的一个因素。对于个人传记（相对于团体传记）来说，出生和死亡是每个人的里程碑，尽管在印度教和佛教中，这个里程碑的意义要轻微一些。所以，所有开始和结束都是对历史的强行割裂，也完全不切实际，只是有助于撰写历史而已。

况且，假如西方的时间序列是：创世——伊甸园——失落——黑暗——启明——进步——危机——引导/天启，也就是四个重大时刻（kairos）以及由其开启的四段历程（khronos），那么伯克所识别出来的还不是西方史学思想的全部。那就完全可以假设，从创始到启发的《圣经》式戏剧已经塑造了史学思想，绘制了这样一幅蓝图（不是具体情节）来作为历史戏剧的主旨：“平衡——错乱——失衡——启发——进步——新的平衡”；这样的著作数不胜数，它们建构出了“中世纪的平衡——而后崩溃——继之以作者所认为的驱动力——近代早期的失衡——另一场危机（如大革命[la grande revolution]）——最后现代性成熟”的序列。马克思主义发生发展进程，就是《圣经》上的极端；而且，在塑造西方文明（包括西方史学书写）方面，《圣经》比海登·怀特分类学中的诸多文学类型更重要。总之，时间的意义远不是一个“进步”所能概括的。

应该指出，对线性和循环这两种西方时间观念截然两分的差别，上述陈述更加完整一些，也不再是那么沉重而难以接受了。如果西方的历史序列只经历一次，那么焦点也许只集中在进步中的某一个时期。但是，如果这种序列经历两次以上，那么我们就会拥有一种循环的历史视角。《圣经》即只将这种过程运行了一次，不过并没有预言历史的终结，其基本立足点只是把灵魂引入天堂。它引用了弗朗西斯（其次是福山）的话来预言这仅此一次的序列运转，其终点是市场自由主义。

主题2 历史透视、时代错位、陌生的过去

伯克体会到了某种文化上的距离，就是说过去对我们来说如同陌生的

外国一样。但是对于西方独特性，他似乎有着与我一样的疑虑。我从未远涉人类的过去去寻找古今的一致性，不过也有一次例外，那就是英国社会人类学为殖民政府探索非洲等地的殖民地"部落"，那里没有书面语言，其历史则漫长而没有真实性。另一方面，绵延性/同时性又是历史透视的问题。在我看来，西方Ⅱ（中世纪、庄园制时代与封建时代）对于横亘其间的西方Ⅰ的两种形式来说，当然是陌生的外国，但是它们基本的文明规制是一样的，这说明它们彼此并不是陌生的国度，只是有着同样文明底蕴的不同国家而已。这就是"以变而求不变"（Plus ca change, plus e'est la même chose）。比如说宗教与世俗，它们只是言谈之间的些微差别。而我们对统一文明范式的关注，却抹煞了社会领域中一切个性独特之处；因为分析者擅长的是分门别类，而不是细节研究。其实，文明范式只有在相对于外界的时候才谈得上，因此，诸如"我的时代、我的国家、我的部落"之类说法必须慎重。

**主题3　历史相对论、个性、特殊具体的/合乎法则的**

如果对自身唯一性（Einmaligkeit）的要求是基于事件和过程的综合体，而不是单独的事件或过程，那就比较容易，但是很难显出西方特性。正如伯克自己指出的，"对独特性的关注一直与对总体性的关注并生共存，尽管它们互相对立"。而这正是第七项文明范式的全部意义：在认识哲学上，原子论与演绎主义并存，既能探索独特性和微观层面，也能假设整体局面，推论出陈旧或崭新的细节问题。至于整体论和辩证法，则是西方文明所缺少的，仅见于黑格尔派和马克思主义哲学，这在西方是反潮流的，可是对于中国的主流——道教来说，却只是一股涓涓细流（莱布尼兹[1]对《万物流转》[panta rei]的补充）。

**主题4　集团力量与集团作用**

正如对待人权一样，集团有两种，我们应该加以区分，一种是作为范畴（妇女、工人、黑人、儿童）、群体与组织（家庭、宗族、庄园、商号）的集团，一种是作为社会建构的集团（重在社会关系，而不是成员）。历史学家必须二者兼顾。自由主义组织和无数个人所构成的社会（包括群体和组织），都是不言而喻的。人口统计学家研究人群范畴，社会学家和人类学家研究群体和组织，经济学家、政治学家和社会学家结构研究。如果他们引入一个时间维

---

① *Die Denkweise der Chinesen.*

度和历时分析的话，他们的研究会更出色。历史学家并不是唯一用时间参数来研究人类状况的人。伯克认为，不管是不是在西方，人们对时间研究得太多了。假如历史学家的确独享时间参数的使用，那伯克的这种说法就对了。但是时间属于每一个人。通过时间来研究社会结构的学问，无论是历史社会学，还是社会历史学，都索然无味。这就是没有边界(Sans frontières)的社会科学(science de l'homme)。[①]

## 主题5 认识论上的先入之见

如果认识论指的是原子论与演绎主义的认知方式，那西方无疑是太自以为是了，包括在科学现代化(西方化)的方面。问题是，认识论是多样化的，比如道教思想[②]，这在司马迁的著述中清晰可见。道教的基本见解，比之笛卡尔的《方法论》，无所谓低劣或优越，但它显然与后者有差异，而且更加古老，只是它在世界其他地方盛行罢了。这两种认知方式都互相鄙视，笛卡尔哲学在关注细节方面略胜一筹，而道教则长于掌握整体。他们的内在成分都是有凭有据的，但是证据的标准却不同。对于道教来说，证据与辩证过程相关。

## 主题6 原因阐释

这是刚才讨论的认识论问题的一个特例，只是专门针对原因阐释的。因果关系的范例，正如历史一样，是历时性的，它们原则上应该互相适应。“在它之后，所以是因它而产生。”(post hoc, ergo propter hoc)我们无论是谈论充分条件还是必要条件，是突如其来的原因(事件)还是积淀下来的缘由(过程)，是亚里士多德学派所划定的动力(causa efficiens)还是阻力(causa finalis)，抑或是事情借以实现的形式(causa formalis)，还是事情发生的载体(causa materialis)——总之，基本的原则是原因先于结果。第二个原则是在原因和结果之间要分布一系列稠密的事件或过程，以使这一“机制”一目了然。这正如一串倒下的多米诺骨牌一样，其对动因的认识让人不得不信服。

可惜，这种阐释机制并非西方特产。像司马迁、伊本·卡尔顿和萨卡(Sarkar)这样的非西方宏观史学家，我们也并不难发现他们引用因果阐释机制，虽然他们都没有明说。这是一种以时间为顺序的表达方式，根据时间的

---

① 我当然也记得麦加，它是来自不同国度和文化的社会科学家所向往的地方。

② Johan Galtung, “Una epistemologia daoista para las ciencias socials?” in *Investigationes teóricas: Sociedad y Cultura Contemporãnea*, Madrid, 1995.

前后来陈述,这在世界上比比皆是,无论在哪发现都不稀罕。同现在的西方认知方式的通常做法一样,伯克能够把自己的主题归为亚里士多德的四类原因之一,即动力(causa efficiens),同时将目的论作为一种原罪而取消了。像这样把一种丰富的认知表达方式削弱到微不足道,也许对西方来说是适用的,但绝不能涵盖因果关系的全部。

那么因果关系还有何种其他的表述方式?“西方人类学思想”所选择的途径为结构—功能主义分析法[①],这是一种不考虑历时演进的、限于一时的方式,其所适合的“分析单位”是没有历史记载的原始社会。它无意追踪事物的因果链,也不必通过被选择出来的诸多盘根错节的事件,甚至不必通过时间,而是在整个系统的层面上运作,探索系统平衡或失衡时的情形。

作为一个范例,结构—功能主义抽象程度很高,这与另一种相关的共时性分析方式相似,那就是道教。[②] 道教认为,在任何真实的“分析单位”中都会出现许多错位与矛盾,“分析单位”是由各种相关的对抗力量所规定的,其中包括奇偶平衡。当一种错位因奇偶平衡而得到解决,另一种错位就开始了,仿佛驱动力量来回转移一般。这些都不是因果链,却是现实的属性。西方似乎唯独倾心于因果关系,致力于原因的阐释,却白白弃置了其他洋溢着异彩的认知方式。[③]

### 主题7　公正与客观

我们可以接受不同的认知风格,但公正态度却没有高低之分。人类的状况可以从多种角度去描述,可是一个人对人类状况的认同方式却是唯一的,因此,“强烈的主观交流等于再生”的说法很难成立,不过“稍弱的主观交流等于传播”的观点倒是可以接受的。描述一个国度并没有固定的角度。如果要把它们简化为二,就像学校招生和国民生产总值/资本那样,那么公平的二变量历时分析法[④]也是可能的,严格的主观交流(等于客观?)也可以接受。但是,如果那样的话,我们还算是在史学家的领域上吗?再者,只有西方才能这样吗?或者说,西方认为这种独特性是客观的吗?一个物理学

---

① 至于结构—功能主义如何与保守主义、自由主义和个性解放思想相协调,深入研究见 Johan Galtung, *Methodology and Ideology*, Copenhagen, 1977, ch. 6.

② 深入研究见于 G. G. Jung 关于共时性的著述。

③ 因此,在理论方法上本来仅为一席之地,将来可能会控制整个领域。这里运用的宇宙观/认知范式也可以这样理解:范式并非实在的原因,而是一种名义,是某一领域的一种呈现方式,在本族文化中,它通过集体潜意识来控驭人们的行为朝向某一特定方向,而放弃其他方向。

④ Gultung, *Methodology and Ioiology*, ch. 4.

家因复杂的再生性实验而得意，而历史学家引以为荣的是，他的分析复杂而易于传达，但是再生就很难了。除此之外，再没有其他人能够这样做了。[1]那么试问，新创意就一定总是公正的吗？公正之事，一定都是新创的吗？

### 主题8　西方的计量史学

伯克问道："在其他文化的史学传统中，对数据也有同样的兴趣吗？"也许没有吧。但是数量经常取代名称，那么仍然存在一个问题：没有使用名称的历史也是历史吗？或者更宽泛地说，它们也属于历时性分析传统的一个部分吗？凡是原子论，不同于整体主义之处就在于借助计算，因此使用算术/数据的分析法。而整体主义则借助于几何/模型的分析方式，这一点伯克没有看到。也许在西方，算术独尊，优于几何。

### 主题9　西方历史书写的文学形式

历史学家书写历史，往往也是在撰写一个故事，这意味着历史也是文学。这种文学的特征是，它显然依赖于文化和时代的氛围。所以，若说西方历史撰写那么长的时间内终于出了个海登·怀特，这可不是恭维之辞。在非西方文化中，历史学家的著述与其他讲述者的故事之间，并没有这样的同质性，这几乎有点让人难以置信。而且，其他科学也几乎不会有这类现象，它们的著述无关乎任何文学形式（不过也并非完全无关；就连算术也有它的"构思"，暗含真理与定律，迂回而出）。

### 主题10　时间观之外典型的空间观

毫无疑问，关键的空间维度是国家内部或国家之间的中心—外围层次；伯克提到了布罗代尔的名著，并用之于美国、巴西和澳大利亚。他的著述中忽略了一点，即西方在世界史撰写中的西方中心主义倾向。无论是把西方看作产生良好结果的良好原因（文明使命），还是产生恶劣后果的恶劣原因（帝国主义），西方都被认为是世界的中心和十足的发源地（西方的角色还可以是，善意的原因产生不良的结果，或不良的原因产生良好的结果，这些事

---

① 当然，要回溯历史学家所从事的过程也可以，那就要核对他使用的资料和言论，等等。然而，鉴于人类的现状和我们对人类现状的思考很复杂，这种核对的实际操作过程将会导致无数新看法，那么结果就很难保持一致。"他为什么没有关注档案馆里的下一份文件？"相反，一个物理学家的实验室则毫不含糊，所以，偶发灵感和意外收获（在图书馆和书店浏览的人多会有所感悟）就不会那么重要了。

情引起的迷惘使多数史学家都束手无策)。保守主义、自由主义和马克思主义,都是这种由中心向外围发散的视角。再者,他们在时间上的视角也是如此。那么,西方历史书写就成了其文明范式的一个重要载体。

## 三、西方历史书写的两种途径

在伯克的十个观点中,有七个可以由"深层文化方式"来说明,但也需要一些反思。

关于主题1

在西方的时间观中,并非只有线性度。这不仅是因为循环时间观的存在,也是因为西方的时间观念中也有其他的特征可供参考。线性度作为被抨击的进步理论的载体而得到突出,其他的时间维度却被抹煞了。但是考虑一下随之而来的历史场景,拉开帷幕之后令人激动而惊天动地,那说明进步的价值也不可忽视,至少与对它的批判是同等重要的。同样的思想也适用于有限的时间段,西方确实是领先于历史中。当时间被划分出开头和结尾,一幕幕的历史不断上演,又一幕幕被留在史册。时不我待!

关于主题3

个性和通性都很有趣,借用伯克所说,表情达意和中规中矩都很有趣。何乐而不为呢?但是别忘了致力于大范围时空的宏观史学,别忘了司马迁和伊本·卡尔顿,还有后来的史密斯和马克思、韦伯和汤因比。他们都是目光高远的巨人,只是对个性看到得少一些。我们不应该忽视他们,认为他们只是哲学家,甚至只是社会学家。相反,他们都有中心主旨,对于他们所探索的广大时空领域,他们奉献多于摄取;这一点正像微观史学家和传记作者对个体生活所做的一样。宏观史学家以精神力量来撰写故事,无论是西方与否。在宏观史学中,合乎规律的倾向达到极致,覆盖一切,无以计数的"意情表达"(ideographies)被划归于一。然而,同微观史学一样,这也是西方传统的一部分。

主题5~8

通常所称的科学方法,也就是史学方法论,有不同的认识角度。亚文化群也是存在的，如萨克森式（较强的经验主义色彩）和日耳曼式（较强的理论色彩）的知识风格、表情达意的（微观独立的原子论较重）和中规中矩的（更重演绎方法）学派。但是，这些笼统地都属于西方深层文化主题——原子演绎主义。

关于主题10

史学思想作为西方文化的一个重要部分，当然也被寄予厚望，期望能够提出独特的时间视角和空间视角。时间是西方进步和危机得以揭示的媒介，而空间则是"把西方赋予世界"这一史学主旨的媒介。这两件事显然互相牵涉，时间上的进步可以说明空间上的扩张。但也不尽然，因为危机也是不可避免的后果，可能出现的结果是重大事件，而不是精神宣泄。[①] 毕竟，西方的帝国迄今为止没有一个能延续长久，至少没有像中国那样长久的。这些统统证明，以西方为中心的"中心—外围—荒蛮"的空间视角，是空间观念中最重要的一种，而不仅是纯粹的距离问题。在西方看来，空间不是均匀的，而是如时间一样，具有险峻的坡度。

伯克提出的其他三个论题，不能由"深层文化方式"来说明，值得反思。

关于主题2

历史真实性的思想。任何种类的线性历史，都是历代积淀而不复逆转的。在积淀的过程中，过去的都被抛在历史车轮之后，时光无法倒流，过去显得越来越"陌生"（foreign）。循环论的历史也是这样，但有一个重要的不同之处：对陌生的过去可以故国重游。

关于主题4

研究"集体"（collective）一词的含糊意思，讨论集体作用。如果这个词代表一个范畴类别，如性别、种族，那我们就不是在跟历史的主体打交道，因此也就谈不上什么作用。假如它代表一个作为历史主体的群体，那就可以有所作为，而且研究的焦点仍不过是群体中某些鲜明的个体，而不是没有个体面貌的群体。当然，在对某些近代早期君主的研究中，可以得出他是否为"行会"所支持的结论。但这指的是某一行会，至于个人则没有出现。"没有

---

① 阿克里和叙利亚的十字军东侵在1291年结束于呜咽声中，而不是辉煌中，这就是一个例子。

名字的历史"仍然是逆潮流的,很难成为主流;对于强调鲜活个体、有名有姓的主流历史来说,它只能是失常现象。

关于主题 10

最后这一话题讨论的是不同的文学风格,它不仅左右着历史的撰写,也影响思考方式和整个历史研究。这些东西很有趣地说明了个人和集体(这个集体指的是某种史学流派)的潜意识是怎样被规范的。这个话题所探索的,不是本研究的正题,即过去的实际面貌,而是对过去面貌的探索本身,也就是历史学家及其行当。实际上,深层文化方式也在其列,只是它的对象更广泛一些,包括文明和智慧的风格,而不仅是文学风格。海登·怀特似乎对潜意识倾注了太多太细致的描述,不仅假定它们暴露在文学风格之下,而且对其进行压制,把它弄得好像先知先觉似的。如此,通过阅读等接触方式把心灵形塑为一套心理机制,这套心理机制进而形塑书写风格——这样的特性并非西方专有。

我把这三点归结到七条文明范式中,但它们仍是相互独立的。正是线性的社会过程把过去的社会实体抛在后面,所以时间上的距离是史家强调社会进程不可逆转的一面而造成的。既然社会学可以分析没有姓名的社会,那么没有姓名的历史学也是可能的。历史的主体及其作用受到压制,只有立场和集体才能得以表现。历史分析与同步分析看起来更像自然科学,其中的个性与主观都被抽取走了。这种抽取正是一种西方的认识论。即使从整体上来看历史学家的规范,潜意识的驱动力也不是什么新鲜东西,更不消说史学家的个体了。但是怀特和伯克显然增加了潜意识的不定性。

那么如何看待这七条范式中伯克所没有涉及的部分呢?第一条:在中国传统绘画中,自然景观远比人类高大,森然矗立;在西方则正好相反。这是否也可以应用于历史书写呢,是自然包含人类,还是人类高于自然?第二条:西方关注个性鲜活而伟大的自我,这是否会使西方在探索社会进程的时候把个人传记看得更为重要?伯克其实已经提到了这一点,而且在其他地方意欲以个人为范本。

第六条:超精神力量;伯克提到了神与进步。但历史的含义是什么?在我看来历史的真意应当是对文明范式的揭示:对个人(个性与微观历史)、民族(文化与中观历史)与文化(整体论、宏观历史)范式的揭示。西方实证主义史学思想通过"原始资料"让我们听到了过去的强大声音,这个终极事物

(telos)就更不含糊了。① 人类的历史并不是协调的,但意蕴深远。

当西方史学思想被移植到其他文化传统中,且聚焦于长期的呈现,也就是西方文明范式的现代化版本,那么母体文化的基本点就会受到扭曲和压抑。其结果是:被迫接受本不属于他们自己的文化内容。当然,相关的思想移入都要经历这种过程。严格说来,伯克其实应该说得再相对一点,其提供的反例应该更多地来自“真正”的非西方,而不是被西方训练过、甚至在西方接受训练的非西方。其实伯克所说的并不算是西方史学思想,而更像是在一个西方试图主宰全球文化生活的时代中的史学思想。不过伯克可以回答说,他研究的是“西方史学思想”的反映,而不必论思想的主体和地点。

或许反例应该由史诗和传奇来构成;典型的西方Ⅰ型历史,不仅存在于挪威和葛雷柯—罗马,或笼统的前基督教社会,在某些时期也存在于西方Ⅱ。如伊本·卡尔顿,如果说他在地域上不属于西方,那他至少在文化上属于。而且作为宏观史学家的司马迁也是如此。也许他们写的都是史诗,而且这正是他们著作流传至今的原因。在西方,宏观史学家的著作比那些实证主义的微观、中观史学流传得更长久,恐怕也是因为如此——富有信息量。我想我们这场讨论的实质其实正在于此:历史是否应该具有信息量。不是说现代西方历史没有信息量,而是它们太含蓄了,其实他们的信息量都掩藏在这十个论题和七条范式中。这信息就是一个群体(历史学家)的共同特征,无论我们是用归纳法得到答案,还是用演绎法,信息量就是这一个。也许这个信息不太有吸引力,还不如宏观史学家的作品,更不如微观史学家的史诗与传奇写得好。

(王琳　译)

① 我使用“telos”这个词,并非指从未来抽取出来某种抽象实体,而是内化于集体潜意识中的文明范式和世界观。

# 与中国史学相比，对于西方史学的西方特性是什么？

[美]格奥尔格·伊格尔斯

## 一

寥寥几语介绍：一度，世界在全球化的进程中逐渐地变成相互联系的，而实际上对历史思想和历史著述的多文化方法并没有刻意地作出尝试，这是惊人的。在现代存在的为数不多的综合性史学著作中——富埃特(Fueter，1911)、古奇(Gooch，1913)、巴恩斯(Barnes，1938)、汤普逊(Thompson，1942)、布赖萨赫(Breisach，1983)和伊格尔斯(Iggers，1997)①——除了古奇谈到东欧、斯堪的纳维亚以及西班牙，他们都把自己局限于英国的、法国的、德国的有时是意大利的文献。可能这是不可避免的，因为历史学家对其他语言并不熟悉。这种态度部分地反映了 19 世纪广泛分布的自负，那个时候黑格尔、兰克、马克思与麦考莱都赞同，只有西方思想是历史的。这在某种程度上说明了一种地方观念(眼界狭小)，这种观念对西方世界以外甚至是

---

① Eduard Fueter, *Geschichte der neueren Historiographie*, Leipzig, 1911; George P. Gooch, *History and Historians in the Nineteenth Century*, London, 1913; Harry Elmer Barnes, *History of Historical Writing*, New York , 1962; James Westfall Thompson, *A History of Historical Writing*, New York, 1942; Ernst Breisach, *Historiography: Ancient, Medievalm, Modern*, Chicago, 1963; Georg G. Iggers, *Historiography in the Twentieth Century: From Scientific Objectivity to the Postmodern Challenge*, Middletown, 1997.

本国以外世界的思想生活没有一点兴趣。约恩·吕森(Jörn Rüsen)在一系列的报告中说,比勒费尔德跨学科研究中心(Center for Interdisciplinary Research in Bielefeld)已经试图开始一项比较不同文化间历史意识的研究。但是他认识到,这样一种比较只有在对将对什么进行比较存在一致意见的时候才可能做下去。没有这种限定,正如唐纳德·凯利(Donald Kelley)所说的:"两种学科之间的比较不会给每一单独的事件增添任何东西;一个历史加上另一个历史只能等于两个历史。"[①]为了开始对历史思想和著述的多文化研究,吕森让彼得·伯克写了一篇论文——《全球视野中西方历史思考——十个观点》,并且为了寻找什么是一般西方历史思想中真正西方的,尤其是什么是足以实现其目的的西方历史学家设想的特点,哪些使他们与非西方历史学家区别开来。吕森接着让许多人对这些观点作出反应,并集结成卷,以德语和英语出版。本论文是我写给这些集子的,它构成了极具试验性的系统阐述。即便已充分认识到"西方概念未定的本性",伯克在他的十个观点中,为启发研究的目的,仍然试图提供西方史学思想的"理想类型",但在同时他也充分认识到这样一种"模式……必然夸大西方与非西方历史学家的不同而缩小西方历史传统中的思想冲突"。伯克强调他"不把西方历史思想看作一系列独特的特征,而是看作不同要素的独特混合——这些元素的每一个都可以在其他地方找到、一种重点模式——这些重点自身随着时代、宗教、社会团体和个体历史学家的不同而变化"。

这个小心的系统阐述提出了这样一个问题:是否实际上系统地提出一种可以帮助定义西方历史思想的理想类型是可能的,还是单纯运用这种理想类型会歪曲我们对将要被定义的题目的理解。必须承认的是,在西方有许多种传统,这些传统是由意识形态的不同、国家的差异和不同的时代环境限定的。19世纪的史学设想一个宏大的叙述是可能的,它在时间上使西方世界具有同一性特征并使之与其他文化极端不同。后现代主义者的思想挑战了关于历史的这种观念,并且以许多叙述的观念代替了它,每种叙述反过来又可以用许多不同的方法讲述。[②] 伯克小心地采取了一条中间道路,但是仍然坚持这个观点:古典时代西方思想中就有足够的公共性使理想类型的

---

① Unpublished essay.

② See Lutz Niethammer, *Posthistoire, Has History Come to an End*? London, 1992; Iggers, *Historiography in the Twentieth Century*; Allan Megill, "Grand Narratives and the Discipline of History," in *A New Philosophy of History*, eds., Frank Ankersmit, Hans Kellner, Chicago, 1991, pp. 151-173.

形成成为可能。虽然韦伯没有特别地提到，但“西方”一词实质上可以在韦伯的措词中看到。“只有西方”，韦伯写道，“懂得理性地安排工作”、“理性地计算资本”并有“理性的国家”，并且只有西方有“理性”的科学、法律、音乐等等体系。[①] 这不是否认科学因素、法律体系或者官僚组织在其他文化中不存在，而是对于韦伯来说，它们没有形成一个连贯的体系及看法。

对伯克来说，西方历史思想最重要的或最明显的特征是它对发展或进步的强调，换句话说就是它“对过去的线性看法”。与历史向前发展、历史的发展是不可逆的以及“不可能让时光倒流”的观念相联系的是“西方对历史远景的关注”，认识到“每一历史时期都有其自己的文化风格、自己的个性”，还有历史不得不涉及独特的个体的观念。这种“发展”和“个性”的混合构成了迈纳克宣称的“理解人类事物最高点”的历史观念的核心。[②] 伯克避免了这种种族中心论的主张，但是仍然在这一混合中看到了西方历史思想的精髓。这一混合观念中衍生了其他明显表示西方历史思想的特征。对个体的兴趣激励了生物学工作的发展；生物学是通过在特定背景中个体独有特性的发展的方式开始的。同样，与个体的意识相联系的是这样一个事实：“虽然国家或帝国或王朝的历史在世界不同地区是普遍的……西方史学中最独特的集体力量是比国家、人民或民族小的集体。在这些较小的集体中，一个人也许可以选出社会阶层和志愿协会，他们看起来在西方历史中发挥了非比寻常的重要作用。”与此相似，韦伯在自治城镇中也看到了形成独特的西方思想的社会组织模式的关键因素。[③]

在伯克看来，西方和非西方历史思想一个更关键的区别，在于对认识论及历史知识问题的关注，他把这看成是西方史学“特有的”。伯克写道：“为了挑选看起来最可靠的对事件的看法，历史学家在大多数（如果不是全部的话）地点和时间多关注实事求是的批评……西方传统中看来独特的是对这一问题普遍的特别关注。”当他这样说的时候，再一次，韦伯的观点就很明显了。在进行解释的努力非常普遍的同时，用“原因”之类的话表达这些解释是独具西方特征的；与此相联系的是对客观性的信奉——他把这看成是独特的西方观念，和他称之为“独特的西方”的计量方法。最后，十分不同的是，有一种独特的西方历史著述形式，它根植于西方文学传统中，如小说。

---

① Max Weber, *The Protestant Ethic and the Spirit of Capitalism*, New York, n. d.; "Author's Preface," Ibid., pp. 13-22.

② Friedrich Meinecke, *Die Entstehung des Historismus*, Werke, vol. 3, München, 1965, p. 4.

③ Max Weber, *The City*, New York, 1958.

在相当程度上我同意伯克的说法，但是我发现在三个层面上，他对西方史学特征的刻画是有问题的。在继续我的评论之前，我想指出伯克和我在背景上的一个严重缺陷，它使我们不能充分地为这一比较作准备。那就是我们两个在非西方传统的史学方面都没有充足的知识。伯克强调，对于讨论什么是西方历史思想所特有的，“对其他诸如中国的、日本的、伊斯兰的、非洲的以及美国本来就有的等等史学传统有一个很好的了解”是绝对必要的，我们未曾拥有其中的任何一种。考虑到今天几乎所有史学方面的专家所具有的有限的不同文化之间的训练，对史学的比较研究只有通过不同文化领域的历史学家的合作才是可能的。伯克简短地提到了中国和伊斯兰国家的史学，中国史学对他意味着司马迁，伊斯兰国家的史学则是伊本·卡尔顿，他们两个都是伟大的历史学家但并不必然是超越千年的传统的代表者。再者，一种把观念与广阔的社会历史背景分开的方法是有问题的。西方史学必须被放在经历着时代变迁的西方文化及社会背景中进行理解。

## 二

伯克认为在本质上属于西方的观念在远东和伊斯兰国家的史学传统中没有存在过，对此我不能同意。在他看来，西方传统精髓的核心是一种历史观念，并把线性发展的观念与认识到每一历史时期独特性的历史观念联系了起来。这与历史科学的观念是相联系的，历史科学为获得“客观”知识的目标而努力进行方法论上的严格探究。但是，就像伯克认识到的，这些观念没有一个是远东或伊斯兰国家史学思想中所没有的。中国史学家很早就开始撰写普遍的历史，这个历史实际上是中国的世界史，但那时西方普遍的历史，比如兰克的世界史（weltgeschichte），只是西方世界的历史。伊本·卡尔顿的《历史导论》[①]在其历史视野上一定是普遍的，并比古典中国或19世纪西方普遍历史的代表作更具多文化性。中国和伊斯兰国家的观念片面地说都不是循环的。东亚普遍历史和《历史导论》中关注的主要一点是从原始的游牧文化向高度发展的城市文化的转变。古典希腊、罗马历史视野也普遍地被描述成循环的，但最近的研究指出，希腊的、希腊化的以及罗马作者都

① Ibn Khaldun, *The Magaddimah*, *An Introduction to Historyv*, Princeton, 1981.

完全意识到了特定领域如医学和技术方面的进步。① 但是发展的观念并没有排斥历史的悲观主义,就像我们在卢克莱修②的见解中发现的,发展也削弱了传统价值并使文明人面临生存的无意义状态。进步的发展观和深层的悲观主义结合的一个显著例子是修昔底德在《伯罗奔尼撒战争史》一书开始的时候所提出的著名的"古代史"(archeology)③。

说中国和日本的学者没有意识到历史时期之间的显著差异是不准确的。就像伯克意识到的,绘画和雕塑方面能很好地证明这一点。中国和日本的学者经常描绘习俗和风格的差异;相反,在天主教统治的中世纪,而且直到18世纪,西方艺术在其对过去的描绘中很明显是不关心历史的。文艺复兴时期的艺术以这一时期的外观描绘《圣经》场景;在伊丽莎白及其后时代的生活舞台上,现代服饰占据了统治地位。但是东亚历史学认识到,过去的历史时期有它们自己的特色。在中国和西方思想中,在支配所有历史时期的普遍标准与每一历史时期都不相同的敏锐意识之间,看来都有一种紧张状态。把历史作为地方长官传略(magistra vitae)的西方历史观念,出现于古代古典的和人文主义与启蒙运动思想中;这种观念在"把(过去)看成启发当前问题并能直接运用于现在的教训的宝库"④,也在不同时代的中国出现过。在西方世俗和宗教思想中都有自然法的传统。⑤ 在东亚,在孔子儒学和道家传统中,都有"作为自然秩序不同反映的天、理、道和性"的观念。⑥ 实际上,在西方和中国思想中都存在相互对抗的趋势,伍安祖(On-cho Ng)在他最近一篇文章中把这一趋势描述成一种历史主义的形式。伍安祖看到,在17、18世纪,中国三大历史学家的著述中都出现了历史循环论的看法。他们认识到"理"的优越性在不同时代提供了一定程度的持久性,并且还意识到"理绝对不是超验的、不可言喻的,它牢牢植根于具体的物质力量(气)中,

---

① E. B. Dodds, "Progress in Classical Antiquity," in *Dictionary of the History of Ideas*, New York, 1973, vol. III, pp. 623-633; L. Eselstein, *The Idea of Progress Classical Antiquity*, Baltimore, 1967.

② Lucretius, *De rerum natura*.

③ Thucydides, *The Peloponnesian War*.

④ George M. Logan, "Substance and Form in Renaissance Humanism," in *Journal of Medieval and Renaissance Studies*, 7 (1977), p. 18, cited in On-Cho Ng, "A tension in Ch'ing Thought: Historicism in Seventeenth- and Eighteenth-Century Chinese Thought," in *Journal of the History of Ideas*, 54 (1993), p. 566.

⑤ Friedrich Meinecke, *Historism, The Rise of a New Historical Outlook*, New York, 1972.

⑥ Ng, "A tension in Ch'ing Thought," p. 565.

并在现实条件中反映了出来”。伍安祖引用了17世纪史学家王夫之的话：“势因乎时，理因乎势。”[①]在13世纪，马端临以相似的语气写道：“窃尝以为理乱兴衰，不相因者也。晋之得国异乎汉，隋之丧邦殊乎唐。”[②]

在中国也可以找到关于个体不同的认识。当我看到西安附近的出土文物时，我感到震惊，因为与拜占庭和中世纪天主教艺术中对人千篇一律的描绘相比，这里所描绘的每一个士兵看起来都那么的不同。从司马迁的《史记》开始，传记就已成为中国史学一种重要的体裁。实际上，它们在中国比在西方史学中占据了更中心的地位，然而它们大部分都是官方史学家的作品——这些史学家附属于历史的官方机构，并且在传记主人公的官方职能之外，对其个性没有任何讲述。但是也有非官方的传记作品，正如特维切特(D. C. Twitchett)所说的：“这种作品中的细节很自然地在某种程度上比那些主要编撰史家作品中的细节更深刻，并且因为正常的作者目的是刻画性质而不是粉饰官方职业，他们的主要内容较接近西方传记。”[③]但是，特维切特将会同意，总体上“不管主体是一个僧侣还是一个艺术家，他的传记将很少给人任何超出其职业职能之外的、有关其个性的暗示。”[④]最后，因果解释绝不像伯克认为的那样在东亚史学中不存在。我正在考虑分析司马迁历史中的经济情况、他关于货币供应对价格影响的调查及其对政治的影响[⑤]，在西方史学中直到19世纪才有类似的调查。

现在轮到这个关键问题：在什么程度上，对知识问题的关注是西方传统所特有的。不可否认，关于批判性地对待文本，有查尔斯·加德纳(Charles S. Gardner)的观点：“在需要付出极大努力的文本或引导性批评的领域，中国丝毫不落后于西方学术界，那个领域关注证明、确立以及文本的意思。”虽然就像他不得不承认的“而不是关注它们的历史评价和利用”。[⑥] 早从司马迁开始，文本的可靠性及文本批评的技术问题在中国就比欧洲(直到人文主

---

① Ibid., p. 568.

② Wm. Th. de Bary, et al., eds., *Sources of Chinese Tradition*, New York, 1960, pp. 500-501.

③ D.C. Twitchett, "Chinese Biographical Writing," in *Historians of China and Japan*, eds., W. G. Beasley and E. G. Pulleybank, London, 1961, p. 99.

④ Ibid., p. 112.

⑤ See "The Treatise on the Balanced Standard," in *Sources of Chinese Tradition*, eds., Wm. Th. de Bary, et al., eds., pp. 79-106.

⑥ Charles S. Gardener, *Chinese Traditional Historiography*, Cambridge, Mass., 1961, p. 18.

义时代）有了更高度的发展。[①] 但是这是试图确立史料可靠性的外部批评领域，在试图检验史料可信度的内部或历史批评领域，中国学术界取得的进展则较小一些。本杰明·艾尔曼（Benjamin Elman）在最近的一篇文章[②]中曾经主张，中部中国18世纪在形成了一个学术团体，这个团体高度发展了成熟的史学批评方法。与这时的欧洲知识分子一样（但是又与他们不相关联），这个团体中的学者为他们自己布置了发现、证实知识的任务。他们开始运用语言文献学的方法与地理、天文知识以证实或反驳儒家遗产的重要组成部分。"这一观点的变化"，艾尔曼写道，"在把系统化的疑惑运用到永恒的经典著作和其历史真实性方面最为明显，这样就把经典著作降到了历史史料的地位"。[③] 虽然在艾尔曼的观点中，17世纪西方学术对中国的决定性影响不应当被低估，但是在18世纪的中国，严格的学术定位开始形成，结果是"由当代中国学者进行的批判性研究不仅仅是由于现代西方社会及自然科学的影响"[④]。

## 三

伯克使之与西方史学相联系的特征，在其他（包括东亚历史思想和历史著述）的传统中只有较小的发展，在这一点上他是正确的。再回到中国，那里很少有历史发展的观念。历史不被看作一个连续的单位，相反地，剪刀和过去的方法占据了统治地位。缺少发展甚至在官方——同时也在一般非官方的传记中体现出来，在这些传记中，传记主人公的职能被罗列，但是其个性特征则几乎没有提及。对史料的批判性处理方法在中国史学中得到了很好的发展，同样的情况也存在于日本史学中[⑤]；虽有批判性处理史料的手册，但对知识理论很好的系统阐述依然欠缺。中国历史学家在批判性处理史料的方法时，较好地认识到了时代错误，并且绝对没有忽视不同的时代是不同

---

① See E. G. Pulleybank, "Chinese Historical Criticism, Liu Chih-chi and Ssu-ma Kuang," in *Historians of China and Japan*, eds., W. G. Beasley and E. G. Pulleybank, London, 1961, pp. 135-166.

② Benjamin A. Elman, *From Philosophy to Philosophy, Intellectual and Social Aspects o Changes in Late Imperial China*, Cambridge, Mass., 1984.

③ Ibid., xix/xx.

④ Ibid., p. 256.

⑤ See Beasley and Pulleybank, eds., *Historians of China and Japan*, London, 1961.

的这个事实。但是,信仰超验的天导致了这种信念:某种基本的规范永久普遍地维持其有效性。简单地说,不同的西方思想家①看作是历史意识本质特征的历史主义在中国思想中只是获得了部分的发展。

但是这种历史意识甚至在现代以前的西方思想中都较少看到。伯克认为西方历史意识是一个精神模式,韦伯认为这一模式是理性主义、能把事件和现象的多样化归纳为一个理性体系的能力以及利用理性工具了解世界的信念。正如我们看到的,后者在中国思想中没有得到充分的发展,但是它们在现代以前的欧洲思想中发展得更少。因而在文本和历史批评方面中国的进展更深入,穆斯林国家也一样。至于后者,我正在考虑伊本·卡尔顿对《圣经》中以色列出埃及故事的评论。类似的对《圣经》著作评论的努力在西方基督教思想中直到18世纪才出现。不仅"英国通史"②,甚至启蒙运动史学家——像加特雷尔(Gatterer)——在其世界通史③中也仍然不加批判地接受《圣经》里的历史记述。举例来说,纵然修昔底德——与希罗多德形成鲜明对比——试图确认所发生的事情的真相并排除了超自然的因素,批判的方法在古希腊、罗马历史著述中仍然基本没有任何发展。虽然中国官方史家经常寻找过去的征兆以阐明他们正在描绘的事件,西方中世纪历史学家也曾这么做过,但是许多中古历史学家更喜欢到任何可能的地方寻找对人类事件的人的解释。④

简单地说,伯克认为是西方特征的实际上是现代的。其关键是马克斯·韦伯(Max Weber)的理性概念。理性包括了对权威的质疑。伍安祖参考了杰弗里·斯托特(Jeffrey Stout)最近一篇很受欢迎的文章,在其中斯托特把现代西方思想的特征描述为"逃离权威",它产生于17世纪早期由宗教改革及随之而来的宗教冲突引发的权威危机。⑤ 在这一时期,历史和学术观点开始在西方出现,这在根本要素上是与伯克西方历史观点的概念相一致

---

① See George G. Iggers, "Historicism, The History and the Meaning of the Term," in *Journal of the History of Ideas*, 56 (1995), pp. 129-151.

② *An Universal History from the Earliest Account of Time, Complied from Original Authors and Illustrated with Maps, Cuts, Notes, etc.*, London, 1736-1765.

③ Johann Christoph Gatterer, *Abriß der Universalhistoric nach ihrem gesamten Umfange von der Erschaffung der Welt bis auf unsere Zeiten*, Göttingen, 1761; see also Hans Peter Reill, *The German Enlightenment and the Rise of Historicism*, Berkeley, 1975.

④ Pulleyblank, "Chineses Historical Criticism," p. 145.

⑤ See Ng, "A tension in Ch'ing Thought," p. 581; Jeffrey Stout, *The Flight From Authority, Religion, Morality and the Quest for Autonomy*, Notre Dame, 1981.

的。但这种观点只在18世纪——并且在那时只是部分地——统治了历史学界。这一新的观点绝对没有像它声明的那样不受神话的影响。实际上，它又创造了新的神话和权威。在启蒙运动中获得统治地位的关键概念是给予历史统一性及方向的宏大的叙述。在构成历史的许多历史事件发生的地方，这种观念出现了。当然，有一种历史——人类进化的历史，在现代西方历史中找到了最佳状态，就像它在黑格尔的历史哲学或在对马克思辩证法仅作了些微修改的形式中找到最佳状态一样。[①] 不可否认，在西方犹太教—基督教历史(Judeo-Christian)观念中，神学的地位以其世俗化的形式给了世界历史作为定向进程的观念以深远的影响。除了公开宣布的无神论，马克思也以末世论的措词看待历史。这一末世论说法在东亚没有，在古典希腊、罗马思想中也没有；在中世纪基督教和伊斯兰教思想中，它被限制到了来世的范围。对现代来说，它为把一致性带进历史事件和环境的多样性提供了便利的工具。伯克在指出这一历史的新的文学特性及其与小说的相似性上是正确的。19世纪经典小说也讲述了一个连贯的故事，在这个故事里，演员是具有连贯个性的个人。19世纪的重大历史就这样用与伟大的小说相似的方法组织它们的经历。但这(尤其)是现代的而不是普遍的西方现象。新的权威出现了。19世纪专业的学者，不管是德罗伊森(Droysen)还是米什莱(Michelet)，都深入研究档案以构造国家过去的神话。在西方以外，现代西方历史进程连贯性的观念影响了历史的观念。在中国，像艾尔曼和普利布兰克(Pulleyblank)所说的，中国历史思想曾独立地向着便于接受现代西方观念的相似方向发展。[②] 从后现代主义的视角看，这种现代文化的连贯性及卓越性曾被重点怀疑过。[③]

最后，伯克在历史观念领域是太狭隘了，他忽视了历史著述产生的社会和制度特征。中国和基督教西方的政治结构是有差别的，因为西方的政治结构有更大的分散性，并且在古典、中世纪和现代，城镇有更多的自治性。伯克因而指出，"西方史学史中最独特的集体性代理者是比国家、人民或民族小的集体"。虽然在中国这也是有的，但是中国也有大量的地方历史。再者，西方社会现代发生、并使之与传统社会根本区别开来的根本特征不应该

---

① On the emergence of the notion of a history, see Reinhard Koselleck *Future's Past*, *On the Semantics of Historical Time*, Cambridge, Mass., 1985.

② Elman, *From Philosophy to Philosophy*, xiv.

③ See Iggers, *Historiography in the Twentieth Century*, Middletown, 1997; Lutz Niethammer, *Posthistoire. Has History Come to an End*? London, 1992.

被忽略。伯克描述为独具西方特色的史学史只有在与中世纪或古典世界十分不同的现代社会条件下才是可能的。当然中国与西方的一个显著不同是前者一直以来的官僚政治特征。在每一个朝代结束后写成的断代史占据了中国史学的很大部分。虽然有不公开的历史,但历史著述的绝大多数是由官方史学家进行的。从中国重新统一和唐朝的建立开始,编撰标准的断代史就不再是单个人而是在历史部门工作的团体的职责了。中国历史因而"由官僚为官僚而写成。其目的是为维持官员的管理技能提供必要的材料及惯例"[①]。因而中国史学与西方史学相比,是为不同的社会需要和功能服务的。史学史的比较历史因此就必须意识到历史著述的社会环境以及中国和西方社会环境的重要部分,并像我们在其对卡尔·马克思而言突出的世俗化形式中看到的,不得不与影响历史思想的犹太教——基督教和东方儒家思想的传统结合起来进行理解。

(杨云云 译)

---

① Beasley and Pulleyblank, "Introduction," in *Historians of China and Japan*, p. 3,5.

# 世界历史的西方化

[美]海登·怀特

我们必须感谢彼得·伯克，因为他尝试着从事了一项把西方历史思考纳入世界背景之下的工作。这是一项重要的课题，因为我们所谓的“世界背景”的意思在很大程度上是由我们所谓的特殊的西方历史概念的意思所决定的。在事实或细节问题上，我不和他斤斤计较。他的工作是一项概念化的工作。因而，我们的工作必须是，像他一样，使西方历史概念化并探求它与我们在世界其他地方所遇到的一些其他概念之间的关系。

我承认，当“背景”一词由具有形容词功能的名词“世界”修饰时，我有些担心。我能够想象基于地球地理环境的“世界背景”，但是我不能想象，在面对四千年以来世界不同文化中形成的诸多不同历史观念时，一个人如何能够持有相同的看法。事实上，它表明彼得·伯克所谓的“世界背景”是西方的背景。也就是说，他的世界背景是基于历史的思考，“世界背景”到底可能是什么的一种西方背景观念。伯克把西方历史思考与世界上其他文化的历史思考进行比较的基础也是令人困惑的。他通过提出历史思考或历史意识是与一般的“对过去的兴趣”相同而开始论述。依我之见，这是不可靠的，因为“对过去的兴趣”可以被认为是任何一种意识或思考方式的组成部分，这些意识和思考的类型是不同的，其中的许多(在西方传统中)被普遍地认为是不关心历史甚至是反历史的。例如，神话或宗教思考的事实是一般意义上的传统主义者所思考的事实，并是某些类型文学虚构的事实，比如史诗和历史小说。

对过去记忆或纪念的普遍兴趣通常与一种特别的历史(或者像海德格尔[Heidegger]将具有的，一种历史学的)思考类型。事实上，说一种特别的对过去的历史兴趣禁得起对比,并经常是对过去的兴趣类型起矫正作用之物,这种兴趣使我们了解记忆和传统,是有争议的。当19世纪(甚至是一些20世纪)的西方历史学家把上古人类当成"无历史"或"史前的"人类谈起时,他们没有说这些人对过去不感兴趣或没有意识到过去与现在的差别。他们想要说——并且经常说——的是,这些人没有对过去的兴趣。在西方,这种兴趣已经被提到了作为一种专门的探索形式的重要地位,并把探索指向了过去的一种特殊的目标,即利用一种特殊的证据(书面的)并要求确保实践与研究这些证据的程序相一致。的确,许多历史学家和历史哲学家认为历史思考与神话的、文学的或诗歌的、存在神学的思考是相对的。就此而言,"历史"——正如伯克所提到的——是一种特殊的西方解释,这种解释为它自己的文化身份进行西方解释做出了贡献。正是这一行动,而不是对历史的普遍兴趣,支持对过去某一特定方面的特定兴趣,这一特定方面是通过研究书面证据获得的,它使西方文化大体上与其他通常看起来对其过去有不同兴趣的文化区别开来。

伯克基于历史思考的历史背景实际上是西方的背景,这体现在他的论述中:在我们的时代,用类似的而不是相同的实践标准衡量,终于出现了"一个全球专业历史学家团体"。但是,如果不是指来自不同文化并已经运用西方专业历史学家"实践标准"的历史学家,"全球团体"指的是什么?能认为因"全球团体"而获得荣誉的这一标准,是非西方历史学家所做出的贡献的产物吗?或者更为可能的是,这一"全球专业历史学家团体"是与物理学家或化学家"全球团体"类似的。也就是说,以这些实践标准为其行为准则的人构成了这一团体,并在西方独一无二地发展起来了。

彼得·伯克在19、20世纪西方和非西方撰史传统中假定了一个"趋同阶段",在这一阶段中,"西方史学史的特性"趋于"削弱,如果不是终结的话"。这意味着,对"全球专业历史学家团体"的历史思考是非西方的产物,在相同的程度上,又一样是西方实践的产物吗?或者一个非西方的学者采用西方史学实践,与采用西方的科学、西方的经济制度和实践,或西方的宗教、建筑、城市设计、工程、绘画之类的东西,是一样的问题吗?

彼得·伯克提到了19、20世纪世界范围内对"西方范式"的兴趣,提到了在日本这一范式和其固有传统之间的"偶遇",也提到了在加西拉索·德·拉·维加(Garcilaso de Vega)时代,西班牙和印加文化的"汇合"。但是他没有举例证明非西方文化对近代"全球专业历史学家团体"的思考所做出的基本贡献。无可否认,他区别了专业历史学家和"一般的历史",并且否认后者具有任何相似于他在前者中所发现的性质。这里，他说，形势与“全球专业艺术家文化”中流行的东西十分相似，在其中，大量不同的“风格”都在传播。但是他所提到的“风格”的例子在本源上都是西方的：“思想史”、“微观历史”、“计量历史”。因而西方历史思考的模式是怎样被它与其自身固有的传统相遇而“终结”或者说“削弱”的，这很难说清楚。也许这就是为什么伯克放弃了从“世界背景”对当前的历史思考进行全面研究并重新努力界定西方历史思考的十大“特性”的原因。

伯克宣称，世界各地都有历史意识（等同于对过去的意识）。但是，根据伯克的看法，不同的文化以不同的方式并在不同的重点上与这一共有的历史文化的要素结合。在他看来，这意味着西方历史思考没有“独特的特征”。因而，他总结说，西方所特有的是其“独特的要素组合……和重点的模式”。无可否认，这些结合与重点会“因时代、宗教、社会群体和个别历史学家的不同而变化”。“独特的要素组合”构成了西方历史思考的独特传统，而这种变化就构成了将在其中发现的差别。这是因为所有文化都有普遍的历史文化，但是在其要素的不同组合和不同重点中，我们在“全球背景”的历史中能看到历史思考汇合与背离的模式。

换言之，伯克认识到，就西方或者欧洲文明构成了一个独特的文化集团而言，追问什么是西方历史著述所特有的是有意义的。由此，他坚持把西方历史著述与西方的宗教、科学、文学、法律制度和经济实践（特别是资本主义）联系起来。他对这个问题的处理结果是西方历史思考的独特性大致与西方文化的独特性相同。但是，这意味着我们所谓的历史的“西方”概念的意思取决于我们把什么地方、什么时候标为独特的“西方”文明的开始。

我赞成伯克提出的希腊人和罗马人都不是“西方”的观点。我认为，他把希腊和罗马放到公元前5～前6世纪的某个时候开始解体的地中海文化圈是非常正确的。在其后相当晚，独特的“西方”文化才在不同的地点（阿尔卑斯山那边的欧洲）和时间（大约8～11世纪）形成的。总而言之，西欧开始于（后来才被称为是）“中世纪”，那么随之而来的是，我们所谓的独特的“西方”历史意识只能在这期间或其后形成。

这意味着希腊和罗马对过去的思考，必须仅被看作与西方历史意识有关的资源，而不是被看作西方历史意识的来源。以十分相同的方式，希腊和罗马的建筑或城市设计，而不是它们自身具有的能被引进西方并应用于近代需要的“内容”，是能得出西欧的“内容”的“形式”。希腊和罗马历史著述为描述过去的事件和概念化的过去与现在的关系提供了一系列体裁，这些体裁是能够被中世纪和近代历史现实根本不同的内容得出的。

希腊、罗马史学与文艺复兴至19世纪中期的大部分史学的相似性在哪里？这些相似性不是遗传性的。也就是说，它们不是一系列从一个较早的到一个较晚的代属的物质进化过程。更确切地说，它们是一系列由文化群体或其代表进行的回顾性选择，目的是为其作为前人的后裔和继承人并为特定的意识形态而修改其著述以适应希腊和罗马那些古老的标准和价值。

希腊和罗马模式作为历史现实恰当代表的功能在19世纪发生了改变，对新近形成中的民族国家政权形式来讲，史学开始变成约定性的。那些模式在文艺复兴时期被拙劣地修改以适应商业资产阶级的需要和利益，并且不得不被削弱成史学风格的小的修饰物；为了从新近正在形成的社会科学中取得权威，它们不得不捏造自己的科学性。如果能计算总和，结果会是，流传到今天的西方可敬的专业史学实践，与一般认定的希腊、罗马模式没有任何相似性：就像它与基督教和中世纪的前人没有任何相似性一样。

现代西方专业史学实践表面上的连续性——连同它一般被认定（但依我之见纯属臆造的模糊的）过去——通过把线性和循环的宏观模型用于表现解释两种模式推断而来的暂时性特征，被证明是正确的；这种暂时性在本质上相当于"想象的"，与此形成对照的是可以确定时间的准确的"历史"概念。伯克认为，在西方的"进步"观念中，线性神秘性的一个现代看法，是把通常所讲的西方文化与相应的非西方文化传统主义者区别开来。在他看来，"进步"是犹太教、基督教本身所具有的"完成"、"完善"、"救世主论"和"太平盛世论"观念的一种"世俗化"形式。他在这些观念中放入了后者的来源，尤其是"现代性"、"革命"、"进化"、"不可逆性"和"发展"的历史观念——他发现所有这些都比其相应的非西方观念更具西方历史思考的典型性。但是在他用以区分那些具有"一般历史文化"的人和"专业历史学家团体"时，分析技巧中仍具神秘性的观念被进一步削弱了；这种分析技巧抵制过分的归纳、简化的解释和史诗的夸张风格（例如在丘吉尔那里）。

西方的历史概念——被认为既是世界存在的形式又是独特的学术目标——起源于中世纪封建文化环境中；它们随着西方社会生产和再生产模式的变化而变化。就是这些变化的经验使许多对历史的不同的"看法"成为可能，这些看法在"西方"产生；在从罗马陷落到神圣罗马帝国形成的一段时期中，"西方"形成于阿尔卑斯山以外的欧洲。换言之，在近代西方文化中继续存在着许多不同的可以利用的对历史的潜在看法，正如在被不同的生产方式调节的同时，在我们的文化中仍流行着同样多象征性地代表人类与自然的关系模型一样。

历史意识是社会再生产的文化手段，任何特定的社会形式可获得的生产方式，它都能拥有。随之而来的是，由现代西方专业化的历史研究者所代表的“西方”对历史的看法将建立在西方以外，并且大部分是在现代西方生产方式，在一定程度上是在最现代的西方生产方式也即是跨国公司资本主义之中建立的，而这种资本主义已经传播到西方自身的限定以外。

据此看来，彼得·伯克视作西方史学标志的历史研究“专业化”，必须被理解为与职业的普遍专业化相一致，这种专业化在“西方”是随着从封建主义向资本主义的过渡而来的。简言之，独特的对历史的“西方”看法，被理解成是现在的全球化“专业”历史学家的看法，它必须被看作世界商品化的又一表现；并且我们对它的知识受处于其最发达阶段的资本主义的影响。如果这一看法现在渴望成为全球视野或眼界，那这个渴望本身必须被看作西方全球视野的又一表现，资本主义经济制度和生产的科技方式使这个渴望成为可能。

我认为伯克已经（像马克思一样）确定了资本主义历史思考模式对封建模式的绝对优势。确实，在对“西方历史思考”的“独特性”论述中，他确切地指出：那些特性，使我们可能证明它属于体现在资本主义生产方式的文化上层建筑。这样，他把以下几个历史思考特性归纳为西方特有的：(1)发展的线性模式和相信时间不可逆；(2)寻求因果解释；(3)数量；(4)个人主义者的倾向；(5)专注于认识论及与“研究普遍性规律的”科学的密切关系；(6)独特的空间论观念作为殖民主义的决定因素的经历。相比之下，在其发展过程中，西方历史思考与其他文化共同拥有以下几个“传统主义者”观念：(1)时间的循环观念；(2)意识到文化形式的变化；(3)在对过去的研究中探索“意义”而不是“原因”的解释学趋势；(4)某种用于历史著述的文学形式。

无可否认，伯克认识到，近代以前或传统主义者的历史概念与西方历史思考的这些“独特的”性质一起继续存在了下来。实际上，他指出，时间和进化循环观念在从希腊以来的整个西方“史学”的发展过程中都是“正常的”。并且他把西方线性发展（“进步”）的观念归因于基督教末世论和太平盛世观的世俗化。因此他又指出，在西方，完整的时代形式观念、对“意义”而不是“原因”的解释学兴趣和西方史学实践中某些文学形式（例如“悲剧”）的保留，都在中断后继续流行着。但这是说只有这样，就像旧的封建生产方式和与之对立的资本主义方式一起很好地存在到近代时期一样，旧的封建历史意识形式才能和与之对立的近代资本主义形式一起存在下来。但是“西方”

和非西方直到最近仍共同拥有历史思考的这些方面。并且如果非西方最终采用了西方“专业”历史思考的方式,那是因为(并且只是因为)在一定程度上非西方社会已经采用了西方资本主义的生产和生活方式。确实,既然实际上资本主义已经经历了重大变化而成为一种多国或国际的形式,把它称为“西方的”不再有多大意义。事实证明,就像适用于西方的科学、数学和技术一样,它也适用于(并具偿付能力)局部的社会—文化环境。

伯克认为西方史学在专注于认识论或历史知识的问题方面是与众不同的,但是这种对认识论的专注是“职业历史学家”的特征,还是以一般的“对过去的兴趣”为特征的外行的特色,还是有争议的。在其大部分历史中,甚至在中世纪,历史著述都被认为是修辞学的一个分支。只是到了19世纪早期,历史著述才从修辞学中脱离出去,建立了其严肃性(或者是科学的或者是诗歌的)并表明了成为对政治秩序特别是民族国家尽职的正规的仆从的必要性。只有到那时,历史与科学的关系才被认真对待——虽然历史被认为是科学的一类,它还仍然是整个19世纪(并一直延续到20世纪)的争论的主题。但西方谁或哪些历史学家显示了对存在论的明显兴趣?他意指的是“方法论”问题还是“概念”问题?

伯克列举了历史思考的难点,这些难点构成了19世纪历史思考的专业化到现在的一段时期的特征。在19世纪早期以前,历史著述是一项业余活动:退休军人、法学家、有钱的绅士、教士、法庭演说家、古文物收藏家以及诸如此类的人。19世纪,历史研究转移到了大学,它为这一时期正在形成的民族国家提供服务,并且承担了为这些新兴的民族国家提供家谱的工作。史学研究的这一“合并”是伴随着专业社团的成立而来的,这些社团是为历史学家、记者和期刊报告发现结果而准许成立的,并在专业的和因而将被认为“只不过”是这一领域的业余工作者之间有了严格的区分。

这样,历史研究没有经历任何“科学革命”就专业化了。19世纪,历史对其科学地位的要求纯粹是恪守成规的;通过合并的法令,历史研究从修辞学的一个分支变成了一门新的“科学”。这一传统标准作为历史科学地位的标志一直流行到大约20世纪50年代,那时某些历史哲学最终转而注意历史权威作为一门科学的问题。

以上论述表明,年代学与伯克对“西方历史思考”的论述有些许不同,他希望在“世界背景”下观察这一思考。此外,它暗指了“西方历史思考”一个不同的概念,他希望把它与西方文化的其他方面联系。伯克从未提到历史研究(或至少是历史著述)与修辞学的长期结合。这表明他在某种程度上不加鉴别地接受了这个观念:历史、历史意识、历史思考和历史著述共同具有某一基本特征或特性,这一特征或特性出现于某一特定时间和地点,经历了一定变迁但仍继续发展,并在一个特定的时间开始了一个实现阶段或盛行起来,在我们自己的时代最后获得完善。这样,虽然伯克拒绝承认西方历史思考优于其他文化的历史思考的观点,他以论述历史思考同样的措辞对那种历史思考的演化发表了自己的看法。

但是要是我们打算把西方历史思考的演化看成是一系列不间断和转换,而不是看成对一个单一理解模式的显现,又怎样?伯克对职业("在力量数目上可以取得成果的")历史学家、历史哲学家和一般的民众外行的看法进行了区别。他着重强调了努力理解西方文化生活的其他诸如宗教、科学、政治、文学、经济之类领域的历史学家遇到的困难。同时,他提到了20世纪西方专业历史学家与其他文化的专业历史学家之间兴趣的融合。在这一融合中,就像在绘画的情况中一样,每个人都有机会使用所有那些不同的风格、流派和在近代为普遍理解历史而发展起来的历史理解模式。伯克没有表明这一兴趣的融合可能是西方政治、经济帝国主义的一项职能,独特的西方历史观念在其中取得了对于其他"本土文化"观念的霸权。反过来,他把"专业化"观念作为一个超验的观念接受了下来,在其中,关于过去的知识增长在其本身被认为是一件好事。

伯克提到一种可能:大多数有关历史的近代西方观念可能是世俗化了的宗教传统的相等物。他说,"重视发展或进步"、"有关过去的线性观"、时间的"不可逆"观念、现代化革命、进化和发展的观念等等,可能恰恰来源于犹太教和基督教的"完成"、"完善"、"救世主"和"太平盛世"的观念。并且,他把"进步"观念理解为西方首要的历史观念;他说,这种"进步"观念可能恰恰是这些宗教观念的"世俗"形式。但是同时,他看起来把西方历史思考中可能是从宗教观念发展而来的那部分,与它当前的"世俗的"化身——比如"数量历史"、科学的历史观和历史作为一门"事实"科学的理想——分离开来了。这些化身作为理想典范,不仅在西方而且在世界各地控制了专业历史学的实践。

这里所要考虑的关键因素是,现代历史思考在哪种程度上可以被说成是与自然科学所使用的知识概念趋于一致或突然改变的?因为,事实上,西方知识中唯一被证明没有折扣地(without compromise)输出到其他文化的方面是近代物理学,没有把牛顿或爱因斯坦的物理学"改写"以适用于"本地"传统的可能性。如果一个人想制造能飞的飞机或能爆炸的原子弹,他就

不得不利用西方的物理学。文化中的西方化也是如此。如果你想西方化，你不得不采用西方的历史思考，因为它超越了而不是遵循构成我们文化西方性的那些所有其他方面。

（杨云云 译）

# 三、他者的观察

## 从阿拉伯人的视角看西方历史思考

[叙利亚]萨迪克·阿尔—艾泽姆

我对彼得·伯克这位历史学家的技巧很陌生，经过训练，我带着敬畏和担忧开始了这项评论他的论文的工作。这并不是说我对历史、历史学家和历史主义不感兴趣，而是说，在对他的论点表达我自己的看法时，我清醒地意识到了自己的缺点和不足。我因此本着差不多是尝试、坦率和笼统表述的精神来表达自己的看法，这与他在其文中表现出的精神相似。我也认真地对待他的有见识的提示，即怀着我们可以最终得出一些解释的希望，在这些初步的调查研究中重点应放在叙述上。

彼得·伯克提到了(没有采用)汉斯·伯伦(Hans Baron)关于"在一个特定的时刻"——早期文艺复兴——"历史思想的'觉醒'"的观点，然后又提到了文艺复兴、宗教改革、启蒙运动、浪漫主义、实证主义等欧洲文化和社会运动对现代欧洲历史著述和其形成独特特征("独一无二性")产生的重要影响。这一表述立即使我想起，20 世纪从觉醒和/或复兴来说，一般阿拉伯学者(尤其是历史学家)曾以非常相似的方式含蓄地(经常是明确地)构想他们自己、他们的起源、使命、职责、任务和实践。在内心深处，他们几乎都赞同汉斯·伯伦关于本地说法的观点，这个观点大意是，阿拉伯历史思想的觉醒发生在一个特定时刻，即19世纪中后期阿拉伯文艺复兴时期。这一具有深远影响的事件现在被普遍看作是1798年波拿巴(Bonaparte)占领埃及及其给伊斯兰世界中心地带所带来的巨大的“现代性冲击”(并且是一个很粗野的冲击)的自然结果。当时的景象有些像在震撼中醒来的长眠七圣(the Seven Sleepers)在发生了极大变化的环境中继续他们的前进方向。

处于主流的见解主张，这一觉醒既不是一个决定性的新开始，也不是对古典阿拉伯伊斯兰史学传统的简单维护和扩展，而是两者的较高调和。这与关于欧洲文艺复兴是否仅仅是对古典遗产的重新起用和再维护，还是对所有问题来讲都是一个全新的开始的旧争论没有什么不同。这一非此即彼的观点在欧洲著名的“古今之争”(querelle des anciens et des modernes)中达到了高潮，直到今天，在阿拉伯世界都没有减弱。上面提到的调和的优越性，在阿拉伯主流史学看来，存在于去除了神话色彩的范畴、世俗的解释、更具批判性的方法论、方法的准确性及客观性和充满着目的论的乐观主义观中。

这个类比中一个复杂的主要分歧在于这样一个事实：基督教世界普遍遭遇到的现代性冲击是欧洲自身的发展所固有的，但是在一般的阿拉伯世界和伊斯兰国家，它是以永久和敌对的外族势力的进入、侵略、征服和统治的形式到来的。低估这一事实对一般所说的近现代阿拉伯国家、中东和穆斯林世界形成的历史、社会、心理、政治和思想影响，将是一个重大的错误。

除此之外，也有普遍一致的看法：这个阿拉伯文艺复兴/觉醒本身就包括了穆斯林神学法律改革、阿拉伯文学思想的复苏、各种形式的文化理性主义者的启蒙运动，还有社会政治和意识形态的现代化(aggiornmento)。所以，阿拉伯与西方学者和历史学家谈起它时都用诸如“宗教上的改革”、“启蒙运动”、“穆斯林现代化”、“自由时代”、“阿拉伯思想、文化、精神的复兴”等词来表达。

既然是那样，很明显，一方面，关于现代阿拉伯史学及其最近的过去和现在的概念的基本方法和设想，都仿效了欧洲历史著述、哲学思考、构想和解释的模式；另一方面，它又真正与当地主要的社会经济、法律和文化发展相一致。阿拉伯文艺复兴也有其在今天和以后史学的发展中都留下了印迹的理性主义者、进化论者、实证主义者、浪漫主义者、唯物主义者和科学潮流与力量。为什么所有这些对欧洲的模仿都在我们这边的地中海地区呢？为什么会有所有这些相似性和密切相似呢？在后面的论述中我将不揣浅昧进行回答。

较先进、较具影响力的阿拉伯历史学家、知识分子和著者们有意识地模仿和采用欧洲史学模式、方法和方式,因为这些模式、方法和方式看起来比任何他们可以获得的都更生动、更有力、更有效、更高效、收获更大。换言之,欧洲的范式看起来给了掌握它的人对社会和自然现实如此大的影响,以至于只有以受到完全的贬斥(如果不是灭绝的话)为代价才会忽视它。例如,在现今所有的阿拉伯大学里,哲学史都按传统的欧洲三段论法分成了古代、中世纪(即古典伊斯兰哲学)与近代三部分。有一本由大马士革大学的同行出版的、被广泛阅读并具有很大的影响的书,它的题目提到了"中世纪时期的阿拉伯思想"。[①] 类似地,尽管有各种各样的不同看法,把阿拉伯—伊斯兰历史分成古代、中世纪和近代已成为具有相当权威性的做法了。

现在应该很明显了,彼得·伯克的极其简单的"西方史学和其他史学之间日益增长的背离,从文艺复兴开始……紧接着是19、20世纪的融合阶段"的模式并不适合阿拉伯和欧洲史学传统之间的关系。换言之,这一关系所含有的内容,比这一对模式有意地不充分论述所暗指的多很多。彼得·伯克把这一融合归因于世界范围内的对西方范式的兴趣,这一范式"产生于它和固有的史学传统的偶遇(在最温和的偶遇意义上)"。然后他提出,这一偶遇是从"西方史学史特性"的衰落甚至是终结中产生的,并选择了具有相似的(如果不是相同的)实践标准的"全球专业历史学家团体"。这一判断与我正在讨论的阿拉伯的情况非常一致。因为:

第一,在其中被大量描写的阿拉伯与西方范式的"偶遇",作为相应的力量、敌对状态和不和关系,这个"偶遇"从来就不是温和的。事实上,恰恰是那个范式的力量,使其从波拿巴对埃及的历险之末始,就对阿拉伯模仿者具有如此的吸引力。

第二,这个在完全取代固有的史学传统中产生的"偶遇",还没有导致西方范式长期的衰落;并且这个范式因当地的削弱而可能丢失的东西,经过对其历史的扩展和吸收而被加倍地补偿了。作为结果的全球专业历史学家团体,其标准在本质上是处于统治地位的西方范式的精髓。在今天的阿拉伯世界,同样的标准也适用于画家及绘画艺术的情况。

第三,在过去的大约一百五十年里,一直在塑造和重新塑造阿拉伯世界生活的那些力量,在各个方面,都有欧洲的根源和出处,比如资本主义、民族主义、殖民主义、世俗主义、自由主义、民粹主义、社会主义、共产主义、马克

① Tayeb Tizini, *Project for a New View of Arab Thought in the Medieval Age* (in Arabic), Damascus, 1971.

思主义、现代主义、发展论、进化论、进步观念、科学知识、应用技术(民用的和军事的)、现代民族国家(我暂时不打算在这些力量中规定第一位和相对重要的等级)。并且,既然这些力量既不关心政治的、也不关心种族的或文化或宗教的边界和界限,它们在宗教之外的影响必然会为原本首先在其欧洲实践领域产生的现象制造出相似性和模仿者。换言之,阿拉伯和欧洲史学与西方资本主义、帝国主义、科学及法律的显著的相似性关系,正如彼得·伯克所指的,已不仅仅是可能,而是形成了现实。

第四,当这些力量攻击阿拉伯伊斯兰中心地带时,它们没有像从基督教和伊斯兰教世界继承而来的敌对状态看起来所表现的那样,在其他与其本来的欧洲发源地不同的有差异的社会和文化中找到解决方法。只要提到伊斯兰国家不仅是而且也把自己设想成欧洲人引以为荣的犹太教—基督教(Judeo-Christian)传统的一个旁系和发展,并且是欧洲人视其为产生原因的希腊、罗马遗产的继承人,就足够了。此外,伊斯兰国家袭击了拜占庭和文化上希腊化了的基督教中东地区,而同时希腊主义在不同程度上构成了东方基督教地区的学术原因、西方基督教地区的学术原因和伊斯兰教的学术原因。他们也都同样分享了柏拉图、亚里士多德、普洛提诺(Plotinus)、亚当、亚伯拉罕和摩西。这就是为什么阿拉伯和欧洲史学的关系不能与彼得·伯克简单的"背离/融合"模式及其意义运用十分一致的另一原因。

需要进一步探讨的一个关键问题可以用下面的方式系统地提出:不是通过命名一些独特的特征或是一批特征,而是通过确定许多对所有文化和文明的史学传统都常见的要素和特征的组合,彼得·伯克很熟练、很精确地定义了现代西方史学范式的独特性。那么,为什么这独特的组合(并且只有这个组合)可能证明在不同层次的理论解释、经验研究和实践的现实操作中是如此强大、高效、有巨大的发展可能并具有巨大影响呢?

彼得·伯克正确地阐明了"进步或发展的设想不是西方史学思想始终如一的特征",相反,"它有它自己的历史"。他留下的悬而未决的问题是历史是什么时候开始的?这里我将不揣浅昧地提出这一主张:在欧洲文艺复兴之前,除了名义上的,历史从来就没有真正地被看作是进步。例如,在基督教历史朝着神圣的预定目的"前进"的观念中,"进步"仅仅意味着世界进程和既定目标之间的距离正变得越来越短。而并没有表明"累积的变化"的观念和"进步"一词在不平凡的意义上所具有的决定性作用的特征。完成、完善与历史和世界终结的宗教观念将在循环和/或倒退的历史观念中,继续完全合理地存在。不像彼得·伯克,我将因此以我的财产为代价断言:"在所有近代以前，包括欧洲和一般所称的西方文化中，循环观念是正常的，进步观念是罕见的。”

“进步”是欧洲和/或西方史学（排除掉所有其他传统）的显著特征——彼得·伯克对此温和地坚持——实在是一种适当降低调门的老黑格尔学派观点，该观点的大意是真正的历史思想或历史意识只是西方的独占。就讨论、辩论和澄清而言，我喜欢黑格尔粗野的、充满血腥和挑衅的主张，而不喜欢看起来从下面无声地支撑起当前许多欧洲历史著述的较温和、善意、更敏感的看法。

西方历史学家把很多相似的主张看成是理所当然的。例如，我们在伯纳德·刘易斯（Bernard Lewis）《欧洲穆斯林发现》（*The Muslim Discovery of Europe*）[①]一书中所发现的隐藏在全部历史知识下面的，都是未经调查、未经系统安排的信仰，即只有西方能公平地寻求不同的文化和其他文明的真相。在穆斯林致力于这样一项事业时，通常是有偏见的、实用主义的并与战争、征服和商业世俗事物密切相联。换言之，为了知识而探索其他文化的知识，为了发现而从事对其他文化的发现，为了理解而理解其他文化，是西方文化和欧洲思想区别于其他思想和文化的特性。哲学在惊奇中开始，并只有希腊人是因为惊奇的缘故而想知道。“所有人都生而欲知”，只有希腊人及其欧洲后继者为了知道本身而想知道等等。然而，我可以有把握地说，在这一点上，阿拉伯历史学家、学者和知识分子在实践中绝对同意——但在理论上不经常是明确地——布朗（D. E. Brown）的设想，这一设想是关于今天历史著述的西方风格对所有其他风格的优势。

关于所有古典和传统伊斯兰史学的深层设想是，历史从一个绝对有神授能力的黄金时刻——《古兰经》的启示，向其预定的结果倒退地移动。在这一点上，在前面每一启示（例如摩西的）之后，历史将重新开始走向没落，直到一个新的启示（耶稣的）阻止目前的进程并暂时缓和人类的下落状况。

就是历史的这一衰退和下落观，在阿拉伯文艺复兴曙光初露的时候，与引进的欧洲进步观念直接地相冲突。令人惊讶的是，那时较先进的阿拉伯知识分子、历史学家和学者是多么迅速地设法适应和采用了历史是进步的新观念。这个“现代性的冲击”必然曾是复杂和无处不在，以至于它用了最小的辛苦和努力就促进了上述转变的完成。从此以后，在阿拉伯文化、思

① Bernard Lewis, *The Muslim Discovery of Europe*, New York, 1971. See also his essay "Muslim Perceptions of the West," in *Comparative Civilization Review*, no. 13 and 14, 1986.

想、哲学、历史著述与政治中，历史是进步的观念就没有停止过发挥统治和指导作用。

在今天的欧洲，对进步观念最激进的批评家重又回到了与古典穆斯林非常相似的历史变化概念，注意到这一联系是很有趣的。最突出有效的例子当然是马丁·海德格尔(Martin Heidegger)。通过对现代性的评论，他用派生出来的宗教命运神和命运之神代替了历史和进步。按照他的观点，同样，在前苏格拉底时期诸神的一个启示之后，经由粗野的拉丁人，在20世纪由透明派和无赖派构成的荒原派(the Waste Land)中，历史进入了其衰退的最低点。在当代阿拉伯世界，激进的穆斯林基要主义者把20世纪看成是一个完全的“蒙昧时代”(Jahiliyyah)，也就是一个偶像崇拜、愚昧、信奉异教的时代，与《古兰经》启示以前阿拉伯半岛的情况完全一样。通过采用这种观念，他们采取了同样的态度。①

接下来是从彼得·伯克的一些论点和解释中得出的另外的评论。论点3以“对特性的意识和兴趣”定义了个性。这里，我坚持认为，特性只在平常的“特性”意义上，也就是物之所以仅是它自己而不是其他东西的意义上，才与特征相同。

像“对特性的意识和兴趣”之类的东西，没有特别的是西方的和/或欧洲的。特性在其最不平常的意义上，就像我们今天倾向理解的那样，实际上是欧洲现代性的一个产物。这就是我为什么会坚持认为浪漫主义时代感兴趣的那种特性与最一般意义上的特性特征一点关系都没有的原因。因而我坚持认为，彼得·伯克的第三个论点实在是一种减弱了的对旧的以欧洲为中心的设想的再坚持。这种设想的大意是，只有西方文化——以希腊奇迹开始——对把人类看作个体本身，而不仅仅是作为某个集体的一部分，或是作为若干全体的表现方式，或只不过是某个公共性团体的成员，表现出了推动作用。就是这个旧的推动力，被认为在现代欧洲个人主义及其伴随物(例如个人的人权、自由和权力)的兴起中最终获得了胜利。我怀疑论点3是为现代资产阶级的重大发展和成就回顾性地发现古代来源和体面出身的又一谨慎尝试。

我也可以说现代以前史学的“具体”方法比起“研究普遍性规律”的史学

---

① The Classic Work on the *Jahiliyyah* doctrine is by the brother of the master theologian of contemporary Muslim Fundamentalism Sayyed Qutb, *The Jahiliyyah of the Twentieth Century* ( in Arabic), Cairo, 1964. The most lucid and up-to-date exposition of the concept is to be found in Judge Abdul-Jawad Jasin, *Introduction to the Fikh of the Contemporary Jahiliyyah* ( in Arabic), Cairo, 1986.

更具典型性。后一种方法非常现代,并且在由辨别得出的普遍规律(例如本性的一致性)决定的现象波动的新奇观念之外没有任何意义。因此,我理解圭恰尔迪尼和海德(Hyde)对马基雅维里和霍布斯的批评,因为他们在观察、描述和解释某些人类现象的时候缺少对事件特性的意识,这两位伟大的政治理论家倾向于用一个不以研究普遍规律为中心的范式来代替传统的以研究范式为中心的范式,这将成为对此倾向的一个打击。当前激进的评论家猛烈地抨击所有研究现象甚至于自然科学里现象的普遍规律的科学方法,并且坚决主张回复到现代以前研究所有情况和事件的具体的范式。

我没有可靠的方法弄清彼得·伯克论点5的正确性和/或准确性。我发现,除非古典穆斯林史学和学术的相同领域也被包括进这个领域中,"西方史学在其对认识论和对历史知识的关注方面是与众不同的"才是可以接受的。因为,为了选择"在他们看来最可靠的对于事件的看法",穆斯林学者必然对"实事求是的批评……涉及到他们所听到、读到的关于过去的故事的评价和辨别"极端地感兴趣。

这一兴趣和实践的根源可以追溯到早期穆斯林学者认真检查关于先知穆罕默德本人的不断激增的传统和言论的努力,这些传统和言论是由后代和斗争的派系编造的。这留给了我们浩瀚而不朽的《穆罕默德言行录》(Hadith)的知识还有似乎是先知最可信的言论及传统的伟大经典汇编。在这个评价、挑选和整理先知最恰当言论(并不仅仅是所有传说的和/编造的言论)的运动中,与历史有关的所有一般和特殊的问题都被提了出来,彻底地以这种或那种方式被争论和解答。就像在这样的努力中被期待的一样,"根源"、"证据"和"证明"问题在穆斯林学者、历史学家、哲学家、神学家和神道伊斯兰教律(faqihs)的穆斯林神学家中间变得尤为尖锐、紧迫并很容易引起争论。不仅关于历史知识的可能性,而且关于所有某些一般的知识,伊斯兰世界都有其怀疑主义者、不可知论者、诡辩家和对事物抱怀疑态度者。沙里亚伊斯兰法(Shariah Law)(与犹太法和罗马法形成对照)的演进对这些研究、争论和辩论产生了很大的影响并毫无疑问也为它们所影响。

至于论点6,我想指出,古典阿拉伯—穆斯林思想见证了一场非常重要的争论,这场争论是关于因果关系问题和人类事务、历史事变及自然事件因果解释的地位的。这场争论的两大极端是:(1)优秀的神学家阿尔·安萨里(Al-Ghazali)拒绝承认因果关系的灵验性,而赞同任何时间、任何地点的神圣干预,这样就采取了一种偶因论者的观点,这种观点与许多世纪以后由一些后笛卡尔哲学思考者(最著名的是梅尔布朗主义[Malebranche]的信徒)系统提出的观点相似。换言之，通过永久性的创造行动，上帝不仅是世界的创造者，也是这个世界从一个分离的时刻到另一个时刻的维持者。(2)在亚里士多德哲学的基础上，阿威罗伊(Averroes)认为，摒弃世界上的因果就是在同时摒弃所有的理性和知识。学者们经常把这一争论与很久以后由大卫·休谟对因果关系著名的抨击产生的辩论和论战相比较。在古典穆斯林思想中，从头到尾都在争论的一个相关问题是(在因果关系的意义上)人类是否真正是他们行为的创始者。[①]

只有进一步研究和调查才能告诉我们一些有关因果关系争论对阿拉伯伊斯兰史学传统影响的事情；或者，相反地，告诉我们那个传统在因果关系和一般人类行为(特别是人类历史行动)因果关系解释的论战中是怎样地纠缠不清的。我们也需要进一步研究以弄清阿拉伯医学所采用的这些范畴和解释对因果关系问题所产生的影响——如果有的话(阿威罗伊是个实习医生)。

在因果关系解释是西方史学和思想所特有的模糊设想上，一些欧洲伊斯兰学者得出了一个结论，即穆斯林思想内在地是原子论的、偶因论的、不连贯的，并把“生命和宇宙看成一系列静态的、具体的及脱节的实体”，认识到“没有必然的结果，没有自然法则或原因”，并且把“在时间的每一微粒里的每一件事”设想成“神圣创造物直接和个别行动的结果”。例如，在讲英语的国家里，一本被最广泛使用的阿拉伯历史的介绍性教科书——伯纳德·刘易斯的《历史上的阿拉伯人》(*The Arabs in History*)[②]中，原子性论点被僵硬地陈述。

我最后的观察是有关论点 7 的。这里，考虑到什叶派史学的绝对中心地位及所占据统治地位的后果一直延续到了今天阿尔·侯赛因(Al-Hussein)的悲剧，他是阿里(Ali)的儿子、先知的孙子，被大马士革的倭马亚王朝(Omayyads)的成员残忍地杀害了，什叶派史学的调查变得很重要并且很有趣。

(杨云云 译)

---

① For an excellent summary and exposition of the great debate, see Majid Fakhri, *Islamic Occasionalism and its Critique by Averroes and Aquinas*, London, 1958.

② Bernard Lewis, *The Arabs in History*, New York, 1967, pp. 140-143. 也可参看欧洲有关伊斯兰教及其历史上最伟大的历史学家之一作出的下面这个论述：“虽然这位东方的思想家想要通过在我们看来是对逻辑推理方法的过分依赖的东西来硬得出一个结论，但是他却没有受到像这样得自于公认的先决条件的结论之间的前后矛盾所妨碍。由于他对人类理性的天生怀疑，他满足于接受这一观点作为最终真理的事实，这种真理只能由神圣的天意才能进行彻底的综合处理。”参见 H. A. R. Gibb, *Mohammedanism, An Historical Survey*, Oxford, 1970, p. 96.

# 认知型史学与规范型史学

[日]佐藤正幸

史学的一个特点是它的构成并不能左右它的性质，相反，构成它的那些成分以及构成本身的性质决定于史学在特定文化系统中的位置和角色。于是，即使这些成分的性质已经改变了，史学作为整体的性质也能不为所动。一个典型的例子是，在过去的四个世纪中，欧洲史学的性质在根本上始终是认知性(cognitive)的，而这一个半世纪以来东亚史学尽管接受了现代西方认知型史学的方法，但它的规范性(normative)和公立性(publicly authorized)却依然故我。

## 一

一般说来研究历史编撰的方法有两种。一种是纯粹的理论反思与术语分析，另一种则是从文化差异的角度深入探讨。其中，前者立足于所谓的"历史哲学"的传统，在当代它被称为"分析的历史哲学"。这一研究路线有很强的抽象性，因此也总是与理论上的争论相伴随。然而，必须指出的一点是，这一研究路线很大程度上是西方的传统，"理论的"并不意味着它一定也是"跨文化的"。

17 世纪始自欧洲的科学革命后，人们开始认为(西方)理论在本质上是超越于文化的。而随着西方科学在全世界被普遍地介绍和接受，西方知识也在总体上被普遍地接受了。并且，假如我们把史学史视为科学社会史的一部分，我们会发现史学革命是发生在自然科学革命的两个世纪后。特别

是在19世纪下半叶，源自德国的实证主义史学与大学的产生相结合，从而孕育了专业的历史学家。这些西方史学方法也传播到了非西方文化地区。全世界的国家开始运用这些方法来把它们的过去书写成历史。[①] 令人惊讶的是，拥有自己独特的两千年传统的中国史学也自此转向了西方式的史学。

19世纪传遍全球的西方史学研究方法实际上首先是史学技巧。事实上，在把西方史学方法传播到亚洲过程中起到重要作用的一本书是伯恩海姆(Bernheim)的《历史是什么?》(*What is History*?)，而它与其说是一本哲学或理论书，不如说是一本讨论史学研究技巧的书。[②] 令东亚历史学家特别感兴趣的是它的第二章"历史研究的范围"和第三章"历史研究的步骤"。例如，坪井九马三(Kumezo Tsuboi)和梁启超就分别把伯恩海姆这一著作第二章和第三章的学说引入到日本和中国，并且实际上大量采用了它们，把它们与他们自己的历史研究工作结合了起来。[③] 在日本，伯恩海姆著作所倡导的方法一直被广泛应用着，直到20世纪70年代早期出现了社会历史学。

然而，在东亚，早在8世纪就已经有了自己的史学理论著作，即中国的刘知己作于708年的《史通》。遗憾的是除了很少的例外情况[④]，这一著作没有受到大家的关注。为什么人们会忽略它呢？每当想到这个问题，我就会不由自主地对拉·波普里尼(La Popeliniere)和刘知己进行比较。并且当我对比他们时，我实际上觉得刘知己的《史通》比波普里尼的《带有完美观念的史学史》(*L'histoire des Histoires, acec l'idee del'Histoire accomplie*, 1599)的理论意味更浓些。这体现在，拉·波普里尼讨论客观性是通过论述胡格诺教徒与旧教徒之间的宗教冲突这一特定的史实来展开的。相形而言，刘知己的论述则更具有普遍性，因为他的着眼点是历史学家真实的内心。比如，刘知己对"客观性"的论述是通过"品藻"、"直书"、"曲笔"、"鉴识"等来展开的。[⑤]

---

① Georg G. Iggers, "Geschichtswissenschaft im 20. Jahrhundert. Einige Überlegungen," in *Shakai Keizai Shigaku*, pp. 60-62, 1-23.

② Ernst Bernheim, *Einleitung in die Geschichtswissenschaft*, Berlin, 1905. 该书日文译本初版于1922年，但在此之前，伯恩海姆的《历史方法教程》(*Lehrbuch der Historischen*, 柏林, 1989)已经被很多日本历史学家读过。

③ Kumezo, *Shigaku Kokyuho*, Tokyo, 1903; Liang Ch'I-ch'ao, *Chung-kuo li-shih yea-chiafa*, 1922.

④ Naito Konan, *Shina shigakushi*, 1949; Tanaka Suiichiro, Liang Ch'-ch'ao no rekishi kinkyuhoh' in id, *Shigaku ronbunshu*, Tokyo, 1900, pp. 347-385.

⑤ See vol. 7 of Liu's *Shih t'ung*.

正如在本文开头所揭示的至关重要的一点:文化限定了理论。我们看到,当我们读刘知己的《史通》时,我们很可能会觉得刘知己史学思想中的那些"普遍原理"实际上是建立在"中式史学中的东亚世界"上,也就是说,这些"普遍原理"实际上还是受限于时空。或者换一种说法,我们自己不可能超越我们的地理特性与历史特性的限制。"地理特性",在刘知己这个例子里,指的是他的历史语言本身受限于他所处的历史世界的。"历史特性"指的是产生了《史通》的那个世界系统早已成为过去。[①]

我想指出的一点是,在 19 世纪下半叶传遍了全世界的"西方系统"是一个政治、文化、社会、思想以及生活方式的整合体,而西方史学是作为这个整合体的一部分传播开来的。因此,在对西方文明有了全新的认识后,世界各地重建它们自己的历史就成了一件必然的工作。这种重建的一个恰如其分的例子就是战后关于"封建体制"的争论在日本和中国都进行得如火如荼。[②]这种从东亚视角向西方世界视角的转变并不总是顺利的。有许多这种值得我们注意的文化冲突的例子,其中有些甚至从 19 世纪一直延续到当前。因此,为了探讨历史意识和历史认识,我们最终必须通过文化人类学的途径。

## 二

为了对比考察史学思想的历史,学者们比较了东亚史学之父司马迁与欧洲的希罗多德、修昔底修等史家。在这种比较中,我们当然首先要思考历史学在东亚文化体系中是否占据了像在欧洲那样的角色和位置,因为只有在我们思考了史学在各个特定文化中的位置和角色后,才能真正去比较不同文化中的史学。

在东亚,历史文献汇编基本都是由国家组织进行的。而建立在相应基础上的"官修史学"也因此成为了东亚史学的核心。历史编撰在东亚是首要的文化任务。因此,为了比较史学在不同文化中的位置和角色,接下来我要提出的是在其他文化区域中是否存在一个类似于东亚的历史文献汇编的"首要文化任务"。

首先探讨一下中国的情况。两千年来,中国历史编撰的核心是"官修史

① Burton Watson, *Ssu-ma Ch'ien: Grand Historian of China*, New York, 1958, p. 104.

② Suzuki Shun, Nishijima Sadao, eds., *Chugokushi no jidai kubun*, Tokyo, 1957.

书”,它们分别由每个后续的朝代把它当作国家性的工程来组织编撰。后人们把司马迁的《史记》推为第一部官修史书,从那以后,二十四部官修史书被汇编出来。这些官修史书被认为有一个共同特点,即它们总是百科全书式的,它们通常是一个包括了政治、经济、社会、文化、技术等等方面的整体系统。历史因此是被按综合描述这个文化系统的方式来写作的。[①] 不过,在某种程度上,东亚之外的国家也有把历史文献汇编当成国家事业的。

在西方,《圣经》注释和罗马法也许可以是相当于这样的“首要文化任务”。当我们从《圣经》注释传统的发展角度来思考它时,这些《圣经》注释叙述的神圣性完全可以同中国的官修史书相提并论。同样地,在我看来,《查士丁尼法典》(由查士丁尼皇帝组织的)也完全可以同中国官修史书相提并论,因为它论及了生活的各个方面并因此超越了纯粹法律的界限,从而在整体上成为对罗马社会百科全书式的综合描述。在印度,则应该是《摩奴法典》扮演了相当于中国官修史书的角色。古印度的这一著作涉及了从婆罗门的种姓制度和生活到神与创世到苦行与赎罪等方方面面。因此它不只是一本法律书,而是更适合被称为“百科全书”,一种把古印度作为一个“系统”来综合描述的著作。在穆斯林世界则有《古兰经》,它从讨论“神”的概念开始论及世界的各个方面,从婚姻到继承到商业。同样地,建立在《古兰经》教义上的回教法律也在不遗余力地告诉我们伊斯兰的整个“系统”。

正如我们所看到的,虽然在许多的文化和国家里“首要文化任务”是法律,但在东亚这个位置则是属于历史编撰。这是关键性的一点。显然,在19世纪前的欧洲,“首要文化任务”不是史学。但事实上,具有讽刺意味的是,正是作为欧洲社会“首要文化任务”的罗马法的崩溃使得17世纪欧洲的“史学革命”成为可能。

## 三

接下来让我们回到史学本身的探讨上来,在日本传统史学(以及中国、朝鲜和其他东亚国家的史学)中,我们也会发现一些分别对应于彼得·伯克所言的西方史学十大特征[②]的成分。伯克认为这些特征更多的是附属于它

---

① Tsuneo Matsui, *Chugokushi*, Tokyo, 1981.

② 但我们得等到19世纪上半叶计量方法出现后。

们的整体而不是孤立地存在着。这一重要观点所道出的不可忽视的一点是,我们必须对历史在我们当前时代所扮演的角色有起码的了解。

从另一方面讲,当我们从整体上考察东亚体系,或者,严格地说就是在日本史学中,我发现在这些成分组成的结构的背景中存在着另一个重要的问题。例如,与欧洲不同,在日本"历史"与"法律判决"的观念从来没有彼此结合起来以至让史学家们产生那种作为法官式史家的观念。假如我们探究其原因,我们就必定会发现,史学无可避免地是与它在特定社会和文化中的角色联系在一起的。

那么接下来我想我可以总结一下自己的观点了:"史学的特点在于它并不是由它的构成所决定的。并且,每一构成它的成分的本质和它们所组成的结构的本质决定于史学在一种文化的整体中所处的地位与所扮演的角色。即使这些构成成分的性质改变了,史学在整体上的性质也不会随着改变。"我们首先应该探究的是史学所分别扮演的社会、文化和政治的角色,因为"过去"在不同文化中扮演的角色会有很多变化。显然,我们现在必须着重比较一下几个个案。在比较之前,我们首先必须认识到"历史"和"过去"在日本以及中国的位置和角色与它在欧洲完全不同。

首先讨论一下中国传统历史研究的两个特征,它们构成了东亚史学的原型。首先,历史编撰主要是国家的工作,多数史书是由官方历史编撰机构撰写的。每一朝代编写新史书的任务始于相关历史文献的收集和保存。然后当每次改朝换代之际,这一任务往往就由下一个王朝来执行。利用那些已有文献,官方编撰机构就会编写出一部前朝的官方史书。从公元前1世纪的《史记》开始,这一情况一直持续到现在,目前中国一共有二十四部(一说二十五部)这种官修史书。

其次,书写历史是负有何种目的呢?那是为了澄清历史事实和记录所有人类的行为。这些人类行为的记录是重要的,因为它是作为人们判断的权威依据被保存的。与基督教社会不同,中国是一个儒家社会,而不是一神论的世界,因此,历史事实是独自构成了所有人类判断的基础。这是所有那些把儒学思想作为国家权威意识的东亚国家所共有的意识。因此,史学也就必须是精确和客观的。这一观念被清晰地表达在孔子(前552～前479)的一句话中:"我欲载之空言,不如见之于行事之深切著明也。"[①]

如同在下面的荻生徂徕(1666～1728)《太平策》的段落里所看到的,在

① See Ssu-ma Ch'ien, *Shih Chi*, ch. 70.

日本同样也是这样的思想：

> 培养人们的才能莫过于通过学问。学问的重要途径是阅读文本，因此他也就必须去关注连续的历史……因为历史包含了历朝历代的掌故、治理国家的方法、(大型)战役的始末、和平年代的事件以及忠臣良将们的事迹与智慧。与其去听那些(治世)训导，不如去努力观察事实(通过历史阅读所看到的行动与事件)。①

历史以这种方式在东亚占据了决定性的位置。在中国和朝鲜，甚至存在一种潜规则，即在每一部官修史书完成后，那些由官方编撰机构所收集的历史材料就会被销毁。这是为了防止后人重写和改写这一以政府名义出版的唯一而神圣的官修史书。的确，为了赋予官修史书《圣经》式的地位，毁掉原始材料是一种不错的办法。在李氏朝鲜，汇编完成后原始材料事实上一直是被焚毁的。

另一方面，看起来似乎矛盾的一点是，在日本则可以观察到一种奇怪的现象：保护原始材料的强烈信念。最显著的例子莫过于1786～1822年由塙保己一(Hanawa Hokinoichi)主持的和学讲谈所的史料收集编纂工作。把这一工作和《德意志史料集成》(*Monumenta Germaniae Historica*)以及《意大利年代记》(*Rerum Italicarum Scriptores*)相提并论是毫不夸张的。但在东亚国家，保存原初历史材料的意识仅仅存在于日本。

关于为何东亚国家中日本最先成功地接受了现代德国的历史方法，学术界有着多种解释。然而，一个明显的事实是，作为一种潜在的先决条件，日本在引入现代西方历史研究前进行了数量巨大的文件收集和汇编工作。这一传统事实上孕育了主要的历史学子学科“文献学”②。这里我们可以说早期现代日本的史学进程与19世纪的欧洲非常类似。因此，在日本大规模的第一手文献收集和文献学的广阔领域里，我们能够找到和“文献管理技术”意想不到的相似之处，而“文献管理技术”正是现代德国实证史学的重点。

---

① Sorai Ogyu, “Taiheisaku,” in *Ogyu Sorai* (vol. 36 of the *Nihon Shiso Taikei*), Tokyo, 1973, p. 485.

② Juichi Igi, *Nihon komonjyogaku*, Tokyo, 1995, pp. 18-37.

# 四

从以上论及的各种不同视角中,我将试图在东亚体系中(尤其是日本)考察彼得·伯克的一系列论点。

## (一)历史研究与法律判决

正如伯克所指出的,历史研究和法律判决之间的类比也许只是存在于西方的思维里。如果 19 世纪早期的东亚历史学家读过卡诺·金兹伯格(Carlo Ginzburg)的《法官与历史学家》(都灵,1991)的话,在那里金兹伯格把历史学家描述为传达对社会世俗事务的判断的人,那么毫无疑问,这会引发东亚历史学家们的思考:“史学不应该是做那样微不足道的事情!”然而,接下来,他们也许会重新开始思考:“历史学家……评判历史的人?哦,他一定是一个法官,在政府的特别权威之下对历史的伟人们作出评判。”因为在日本,尤其是在中国,史学是比法律判决重要得多的事情。历史是对过去的重构。这比仅仅去评判在一个特别事件中个人或集体的对错的行为要伟大得多。

如果我们去看早期的现代日本历史学家的著作,历史学家和法官的类比就不会出现了。我们几乎不会察觉到那种想法对他们历史研究的影响。因为这个时候的日本历史研究确实树立了这样一个观念,那就是探寻历史的因果好比是揭开一个神秘事件的面纱。人们想过会出现它与法律评判的类比,但在日本和中国,是找不到那样类比的线索的。

日本审判制系统的悠长历史也使人们期望发现法官和历史学家之间的类比。日本法律审判机制的传统要追溯到 7 世纪,并且到了 12 世纪,最后的判决也是建立在书面证据的真实性基础之上(因为在那个时候有许多伪文件)。然而,这一点从来也没有与历史研究的概念结合起来。① 直到 1868 年明治维新之后,日本历史研究从传统的中式历史研究方法转向兰克后模式化的西式史学,才开始有了“对过去进行判断的历史学家”的意识。在号称“抹杀博士”的重野安绎(Shigeno Yasutsugu)那里我们发现了这种意识的典型例子。通过给日本历史提供“作为判断的历史”的方法,他重新检查了《太

① Shin'ichi Sato, *Komonjyogaku nyumon*, Tokyo, 1971, pp. 4-5.

平记》并且证明14世纪的军事将领儿岛高德从未存在过。[1]

在西方历史研究方法引进之后,这种情况是与史学官方角色的减弱以及历史在大学单一学院领域内的狭义化相联系的。即,为了能在这个新的"大学"体制下生存,每一个历史学家都必须有他自己的"专业"。为了将自己与业余历史学家区分开来,大学历史学家创立了"文献研究"、"因果关系研究"和"史源学"这些专业。作为历史研究一个部分的"文献研究"也是在引进西式历史研究方法之后出现的一个现象。在西方,历史研究的"职业化"仅仅是在历史转向一个独立的学院领域中产生的结果。然而,对东亚来说,现代西方历史研究的引进宣告了以综合描绘整个世界为目标的东亚式史学的终结。

(二)注释学

根据伯克对注释学的论述,可以看出传统东亚历史研究和西方的注释传统是相近的。举日本编史传统的例子来说明。像在中国一样,日本的历史编撰工作也是以政府为中心来发展的。日本的编史传统始于公元720年的《日本书纪》(*Chronicles of Japan*)的修撰,从那以后一直延续了下来。即使是1868年上台的"现代政府"明治政府也在内阁建立了专门的历史研究机构[2],以保持这一编史传统。

在这个编史传统里,我们可以发现它与西方《圣经》注释学的许多相似之处,尤其是在"关于《日本书纪》的讲解"中。这些研究《日本书纪》的会议,从8世纪早期开始举办,随着在10世纪成为一件公开的朝廷大事后,被宰相以下的许多朝臣和官员所从事。这些讲解的焦点不是为了探讨《日本书纪》的真实性或者讨论它的意思和意义,而只是为了确立其权威和进行规范的解读。当我们阅读记录了这些讲解的三卷本《释日本纪》时,我们发现它的中心并不是要去研究《日本书纪》——如果把它视作相当于西方的《圣经》评论的话——而是为了认定《日本书纪》为唯一的权威并且讨论如何理解它里面的基本信条。[3]

然而,确切地说,官方历史的注释学研究并不能被认为是"历史";在东

---

① Yasutsugu Shigeno, Kojima Takanori, in *Shigeno hakase shigaku ronbunshu*, vol. 2, Tokyo, 1938, pp. 577-590.

② Toshiaki Okubo, Kindai nihonshigaku no sciritsu, Tokyo, 1988, p. 70.

③ Shojiro Ota, Jodai ni okeru Nihonshoki kookyu', in *Honpo shigakushi ronso*, Tokyo, 1939, pp. 367-422.

亚的传统中，它甚至被降格为属于“历史阅读”。相形而言，构建官方历史的实际任务要比注释学繁复得多，因为那是对于过去的持久构建。当东亚政府的编史者编撰前代的官方史书时，他们是为了用它们来代替历史事实本身。通过销毁用来书写官方历史的原始历史材料，历史学家们就有效地堵住了未来通向历史事实的通道，而把它的位置转移给了官方历史，他们认为它可以拥有与历史事实同样的存在地位。能够被保存下来的只是官方历史，在官方历史占据这个位置后，其他任何与历史事实的联系方式都显得软弱无力。从而，传统东亚编史的目标不仅仅是为了解释或再现过去，而是为了构建历史——这种构建同时要排除任何将来的重构。这样下去，这些官方历史的后继研究将仅仅被视为是注释学，一种“历史阅读”而已。

（三）客观性

东亚的编史传统非常强调客观性（或者“公正性”、“无偏见”等）。但必须指出的是，正如史学是被产生它的特殊的文明规定着，客观性的概念在这里同样也不是绝对的；在东亚史学的规范型传统中，“客观性”是遵从于它所处的文化和历史体系的。

例如，在东亚的官修史书中，传记的编写者会首先叙述他们所认可的那些“事实”。然后，这些事实将通过历史学家的评论得到补充。陈述史实与写作评论这两种工作在“认识论”上被严格地区分为独立的两类。为了坚持这个原则，加在《史通》和《大日本史》中的史论都被特别地标出，以免官修史书里的事实会被历史学家的评论所“玷污”。这是东亚史家表明其“公正”立场的一种特别方式。相形而言，在现代西方早期的认知型史学传统里，客观性意味着它独立于宗教以及政治的派别之争。而在东亚，普遍的情况是，人们从未把历史当成政治冲突的工具。在中国，历史论及的总是已经灭亡的朝代。而在日本也一样，历史不可以用来谈论当前的问题。

在东亚，客观性的精神普遍地影响着历史学家们。下面这则中世纪朝鲜的轶事体现了东亚的这一精神。1437 年，在《李朝太宗实录》即将完成的时候，世宗皇帝想看看它。然而，一个大臣劝诫他：“这一修史工作是为了把过去的事情告诉给将来，而它们都是事实。但如果陛下看了它，我们就将不能不重写它。那么假如以后的皇帝都这么做，史学家就无法按真相来书写历史了。那么我们将怎么再把事实拿给将来的人们看呢？”在听完这个劝告之后,这位皇帝就放弃了这个要求。[1]

## 五

这里我想花些时间来回答伯克所提出的问题:对于日本文学十分偏爱的主题“失败的高贵”,日本史学家也同样重视吗?我在这里的讨论也可以算作是对伊凡·莫里斯(Ivan Morris)论述这一主题的《失败的高贵》(*The Nobility of Failure*)[2]一书的评论。

在讨论它之前,我们先讨论一下史学的文学形式。在日本,关于历史和文学的联系,一个基本观点是:中国是书写历史的,而日本是书写文学的。这个传统一直延续到19世纪。在文学的领域内,以《源氏物语》为始,日本出现了许多小说。这些小说很多实际上是把历史作为题材的,事实上,许多史学的文学流派(诸如战争/军事编年史等等)也是从这一文学传统中产生的。然而,这些作品即使从我们的视角来看也已经是史学的杰作,但在它们所处的那个时代它们没有被归入历史的范畴。因为那时候“历史”指的只是历代国家值得记载的重大事件的唯一真实记录。从那些时代所具有的一个狭义的范围来看,历史仅仅是“官修史书”,它的叙述方式是固定的。尽管如此,历史虚构也仍然极大地按它本身的方式被演绎着。

文学和“官修历史”的关系在日本与“失败的高贵”这一观念联系在一起。崇拜失败的民族精神,直到今天仍然影响着日本人的个性。在日语中甚至有一个专门的词语(“判官贔屓”)是用来表达它的。“判官”是古代日本的一种官职,这里它尤其暗指担任过判官的悲剧英雄源义经(九郎判官),现在在谈及对悲剧英雄或弱者的同情时人们会用到这个词语。[3] 源义经(Yoshitsune)是12世纪时日本的伟大人物,他最后被自己的兄长源赖朝(Yorimoto)杀害。而源赖朝就是日本第一个幕府时代的开创者,他在12世纪统一了日本,建立了镰仓幕府。伊凡·莫里斯在他著作的第五章谈到了这个故事。

在日本,源义经这样的失败者和被征服者是被崇拜的,人们甚至会建立一些神祠来供奉他们,把他们当作神一样来膜拜。如出一辙的是,日本木偶

---

① Suiichiro Tanaka, *Tanaka Suiichiro shigaku ronbunshu*, Tokyo, 1900, pp. 510-512.

② Ivan Morris, *The Nobility of Failure*, London, 1975.

③ Tadao Sato, *Nihonjin no shinjyo*, Tokyo, 1976.

戏(被称为“净琉璃”,是日本传统戏曲的一种形式)的三部伟大杰作都是以“失败的高贵”为题材的,它们分别是:《义经千本樱》、《假名手本忠臣藏》和《菅原传授手习鉴》。这三部木偶戏都上演了将近两个多世纪。它们是如此流行和普及,也正说明了深深地扎根在日本人民心里的“失败之审美”。

然而,有趣的是,作为学院史学家的一个研究课题,源义经仅仅是几部传记的对象。而在木偶戏和歌舞伎(日本17世纪的传统剧种)中,他却是主要角色。《义经千本樱》这个名字,实际上已经开创了宏大的事业,是日本木偶戏中最吸引观众的一部。从史学的视角来看,这一分野的形成颇为有趣。追溯其源头,它始于19世纪下半叶历史学科的专业化。那时为了努力实践德式的实证主义史学方法,史学家们努力地寻求证据以证实他们所认为的“事实”,凡是不能根据史料推断出来的都被抛弃掉,然后才有了现代历史研究的形成。

并且最有可能被这些专业史学家忽视的一个领域是个人传记的研究。而忽视它的一个主要原因就是马克思主义的盛行,它造成了把专有名词排除出“学院”历史这样一种信念。大学史学家研究传记数量的急剧下降是现代日本历史研究的一个重要特征。然而,在专有名词被专业的史学家排除在外的同时,在大学系统之外从事研究的“非专业”史学家也就渐渐地穿上这件外衣。专业和非专业史学的这种关系与伯克的另一个问题紧密相连:“正如怀特在诸如兰克、布克哈特、托克维尔这些例子中所认为的,本土文学流派是否在有意无意地扮演着与历史学家同样的角色?”

日本史学家由于历史研究的现代形式而脱胎换骨是深受如兰克、布克哈特、托克维尔这些史学家的影响的,实际上是在这些欧洲人之后模式化了他们自己的研究。事实上,日本史学是按两个彼此对立的方向发展的。那就是,当日本历史领域从19世纪下半叶开始将自己分为“学院史学”和“非学院史学”这两个阵营(还有一种说法,即“公共史学”和“私人史学”)时,“非学院史学”是在基佐和巴克尔这些史学家之后模式化自身的。由于他们中的大多数人都不在大学供职,他们的研究只能被命名为“非学院”历史。二战后,这一“非学院”的传统得以延续是靠所谓的历史小说家的努力。他们虽然无法达到埃里希·奥尔巴赫(Erich Auerbach)《摹仿论》(*Mimesis*)中所描绘的现实主义阶段,然而,相形于西方所认为的历史小说家,日本历史小说家却是坚持着严格的历史文献研究和忠实于历史事实的标准。按照日本人的看法,像朱尔斯·米什莱(Jules Michelet)这样的西方史学家的著作会被驱逐到历史小说的地位。实际上,日本历史小说家注重的是那种比米什莱更贴近于历史事实的细节描写。按照西方的标准,也许可以很放心地说日本的历史小说家是史学家,或者可以说是历史随笔作家;而仅仅是日本历史专业和东亚的规范传统把他们定位在了学院历史领域之外。然而具有讽刺意味的是,正是这些历史小说家在初级和中级学校对日本人所作的历史介绍,深刻影响了大多数日本人的历史意识和历史感。

## 六

这些争论的一个焦点是史学所扮演的社会、文化和政治的角色。比较东亚和西欧的史学,这是一个不可避免的课题。在一个特定的文化里思考历史的角色,我们几乎总要回到马克·布洛赫的基本问题:"历史的作用是什么?"[①]为了调查日本人对这个问题的理解,我分发了一份问卷给一百二十六个历史专业的大学生,问他们这个问题:"我们为什么研究历史?"结果,其中有三十八个人都回答:"我们研究历史是为了从过去中有所收获。"在这三十八个人中,又有十九个人在回答时引用了孔子的名言,即"告诸往而知来者"[②]。有趣的是这些历史专业的日本学生对历史的理解是,历史是"为了将来的利益"。而自19世纪晚期以来,学院历史研究被作为一个独立的学科创立出来,却恰恰是以它把自己从历史的道德视角中分离出来为前提的。然而,即使到了现在,这些学生仍然不能分辨出自己的学科是如何区别于其他学科的。

可以肯定的是,在东亚和西欧,过去都被理解为"一面镜子"。这在我们的历史意识里形成了一个强有力的潮流,而不去思考历史本身的特别意义则是错误的。正如我先前提到的,东亚这种"作为人类明镜的历史"的解释框架是十分危险的,一如沉浸于基督教天启信仰的西方社会。[③] 它的危险是因为,如我前面提及的,东亚世界的历史是人类判断的唯一基础;简而言之,它是"人类唯一的镜子"[④]。在传统的日本,在19世纪中期的巨变之前,毫不

① Marc Bloch, *Apologie pour l'Histoire ou Metier d'Historien*, Paris, 1949, introduction.

② 引自《论语》。有趣的是,这一名言原本的含义有些像是"温故而知新,可以为师矣",它表明阐释研究是学者的主要职责。大多数日本人都不清楚这一原初含义。

③ For example, see J. H. Plumb, *Death of the Past*, London, 1969.

④ This makes one think of J. Huizinga's over Historische Levensidealen', in *Verzamelde Werken*, vol. IV, pp. 411-432.

夸张地说,90%以上的知识分子都是史学家。

这里我想就史学由一个旧的道德视角转向一个新的框架体系总结一下我的观点。这两者的冲突就是我所说的"认知型史学与规范型史学的对立"。在这一冲突之前,历史研究在西方属于认知的领域,在东方则是一套规范体系。然而,在这一冲突很长一段时间之后,东亚的史学仍然在根本上保留了其规范型的特征。东亚的历史总在建构政治、社会和文化的规范。因此,不管在什么时候,当一种特别的历史研究形式(比如纪传体或编年体)出现时,它马上就会被规范化,并且这样的历史书写会代代相传。这些模式被保存下来,被政府承认,正是因为它们被视为规范。于是,尽管日本人从19世纪中期之后已经积极吸取了西方认知型历史研究的方法,规范型的传统也仍然得以坚持。这就是我在前面所陈述的:"即使成分的性质已经改变了,史学作为整体的性质也能不为所动。"拿日本来说,尽管史学经历了一个多世纪的变化,由公立机构编撰历史的传统至今依然繁荣——实际上,规范型史学的传统也基本上从未中断过。由此可见,人们只需要去领会当前的历史教材或者本地所"书写"的历史,从而能严格把握来自中央政府(或者在本地历史的例子中,是本地政府)的权威精神和"规范"历史就绰绰有余了。

相对而言,16世纪后,西方的历史研究相对于那个时候其他的学院领域,已经构建了它自己的有别于当时其他学术研究的认知世界。新的"认知的方法"出现在19世纪的德国,试图在历史的体系内确立那些事实。如果我们把历史编撰学的出现(拉·波普里尼可以说是它的先驱者)视为西方历史认知型视角的早期萌芽,那么19世纪德国历史理论的一系列著作则可以看作意味着历史作为一个独立的认知型学科的确立。[①]

东亚是一种书写的文化,它的核心就是历史编撰。但是让我疑惑的是,为什么在汗牛充栋的东亚史著中,认知型史学著作是那样稀少?过去的二十年里,我一直在不断地思考这个问题。现在我的回答是:规范制约了形式,而形式排除了认知的可能性。只是,20世纪东亚史学显然已经成为规范型史学与认知型史学争夺的地盘。我相信,规范型史学,在经过"元史学"的反思后,必将为通向认知型史学的新的阶段扫清障碍。

(卓立、陈菲　译)

---

① Jorn Rüsen, *Studies in Metahistory*, Pretoria, 1993, pp. 97-128.

# 西方独特吗?

## ——从非洲视角得出的一些不同看法

[肯尼亚]戈弗雷·默里乌基[1]

彼得·伯克考查了自古至今的欧洲史学思想。他虽然承认对于历史的兴趣无时无处不存在,但他认为,由于各种因素独特的结合,所以欧洲的史学思想是独特的。当然,他还是乐意承认,他的认识模式夸大了西方史学家与其他史学家之间的差异,低估了西方史学传统本身固有的思维冲突。

伯克的研究考察了他认为逐渐使西方史学思想具备独特本质的十个特征。正是这些有争议的命题,使得文章值得一读。确实,有许多方面,人们是认同的。比如,强调认识论、定量方法以及根据“原因”对历史作出解释,都是西方史学的特征。然而,在其他方面,却还有疑问。本文试图考察他提出的一些命题,以便判定他全部的观点及论文的价值。

以演进的思想为例。认为变化是逐渐积累的看法,似乎超越了为伯克提及的犹太教和基督教的传统。这种看法最初产生于肥沃新月地带,尤其是古代波斯。在波斯宗教——琐罗亚斯德教中,善神阿胡拉—玛兹达(Ahura-Mazda)和恶神安格拉曼纽(Ahriman)之间的斗争进入最终时期,善必定战胜邪恶。因此,人在世上善或恶的积累将成为进入永久的天国以前最终的判定依据。同样,伯克认为,年代误植是西方史学思想的一个特征。他声称,“在世界其他地区很难发现这样的历史学家(他们未受西方范例的

---

① 戈弗雷·默里乌基(Godfrey Muriuki),肯尼亚人,内罗毕大学历史学教授,《国际非洲历史研究》(*International Journal of African Historical Studies*,波士顿大学非洲研究中心编辑主版)杂志编辑顾问委员会成员,著有 *A History of the Kikuyu* 1500-1900,Oxford,1975;*Kenya's People*:*People round Mount Kenya*,London,1978.——译者注

影响),他们对时代、区域和个人的个性表示出浓厚的兴趣”。这个观点至少是可以讨论的。

近年来,学习非洲历史的学生们运用代代口述相传的阐述昔日历史的口头传说、故事和叙述研究历史。[①] 这些研究已经提供了许多证据,证实对时代、区域和对当时的社会做出了杰出贡献的个人而言,确实存在着“一种个性的感觉”。例如,在许多非洲地区,成人仪式——一般通过割礼进行——是一种十分普遍的现象。这种仪式既被视为私人的家庭事务,又被看作公众仪式。由于这个仪式标志着未成年人正式进入成年人等级而显得更加重要。确实,只有在经历了这个仪式后,人们才能承担公共义务,才能获得权利。比如,年轻人在举行了成人仪式并作为战士为社会服务一定时间后,方能结婚。年轻女性同样受到这个规则的制约。

正如雅各布斯(Jacobs)和默里乌基所指出的[②],成人仪式是一个人一生中最重要的仪式之一。然而,这个仪式始终被当地社会牢牢控制着,与私人事务相比,成人仪式被更多地认为是公共或大众的事务和仪式。正是这个原因,决定了只有当地社会才能决定这个仪式何时举行或是否举行。在肯尼亚的吉库尤人(Kikuyu)和马萨伊人(Massai)中,有一个禁止期,在禁止期内,任何成人仪式都不准举行。成人仪式意味年青人进入了成熟阶段,他的身体发育足以承担社会希望他承担的责任。在这方面,一个重要内容是他是否有能力履行其军事职责。过了规定的禁止期后,成人仪式便可以举行。根据各地具体情况,一个禁止期可以延续九年,而开放期则为五年,反之也一样。于是,一次循环通常需要十四年。

所有在开放期内参加成人仪式的年轻人组成一个年龄等级或战士集团,更有甚者——他们彼此认为属于同一年龄组,大家是兄弟,而且高度团结。对共同利益的认同是如此强烈,以致当他们相互拜访时,对属于同一年龄组的同伴表现出完全相同的热情,甚至包括分享彼此妻子的性爱。我确信,这种情况在西方世界是无法理解的。然而对于非洲社会而言,它构成或者表示了有价值的社会联系。

最重要的是,每个年龄等级都有一个名字。这个名字包含了不久前发生的最重要的事件。用这种方式,各年龄等级的名称固定地与当地社会的

---

① J. Vansina, *Oral Tradition as History*, London, 1985.

② A. H. Jacobs, “A Chronology of the Pastoral Maasai,” in *Hadith* I, B. A. Ogot, ed., Nairobi, 1968, pp. 11-31; G. Muriuki, *A History of the Kikuyu* 1500-1900, Oxford, Nairobi, 1974.

重大历史事件联系在一起，而这些事件在当时或某一时期具有特殊意义。各年龄等级的名称通常是纪念战争中的某一战斗、饥荒、持久的疾病和有意义的社会经济发展趋势。简言之，这些名称作为一种历史纪念，那么每一年龄等级都是唯一的或独特的。从这个角度出发，吉库尤或马萨伊人的各个年龄等级或各个时代都有各自独特的概念。因此，当回忆起他们每个人时，不仅是作为其“独特性”，而且也是作为“个性”。比如在吉库尤人中，只要提到某一年龄等级的名称，便能唤起集体记忆中特殊的历史特征。

此外，吉库尤人过去是，现在仍然是附依于他们的土地，他们视土地为祖先留下的遗产，因此要不惜一切代价加以保护。正是这种原因，在殖民地时期，要求返还被转让的土地最终变成反对英国当局的战争。因此，对他们来说，一块领土就是一块土地。

同样，对于西方史学思想而言，集体的力量不一定必然是特殊的。但在非洲口述史学中，“集体力量”一再被强调。非洲社会对相互间社会责任的高度重视，与西方世界奉行的个人主义形成了明显的对比。正因为如此，非洲的历史故事在倡导“集体力量”方面具有特别的功能。此外，历史故事的讲述也构成了鲜活的历史，因为它们是人们判断过去的一种基本记录。① 以吉库尤人为例，他们的历史表明，他们的祖先是各自分散的群体。为了把他们捏合为一个整体，吉库尤人创造了一个传说，声称他们都是基库尤人(Gikuyu)和姆贝人(Mumbi)的后代，这对祖先夫妇被设想生育了十个女儿，他们的后代最终成为吉库尤人的十个部落。总之，吉库尤人利用口头传说去适应历史环境的特殊条件。在这里，历史故事被限制以适应历史的特殊概念。这样的情况并不是一种例外的现象。

操纵传统是一种手段，它常常被统治者或领导人用以证实自身地位的合法性。一些历史学家把这种现象称为“传统的发明”②。比如特雷弗—罗珀(Trevor-Roper)指出，麦克佛生(Macpherson)③和斯图尔特(Stuart)编造了苏格兰风笛、苏格兰短裙、格子花呢与部族之间的关联。他们声称，把这些都列入凯尔特文化的内容，其目的是促进苏格兰民族主义或个性。同样，兰格(Ranger)认为，欧洲人必须去发明传统，以便为他们的殖民统治进行解释和辩护。在矿区，他们创造了行业工会制度的规矩，这样便排斥了非洲

---

① UNESCO, *Gernal History of Africa*, London, 1981, vol. 1.

② Eric Hobsbawm, and Terence Rangers, eds., *The Invention of Tradition*, Cambridge, 1983.

③ 麦克佛生(1736～1796)，苏格兰作家。——译者注

人。同时,为了确保建立令人满意的殖民地行政部门,英国政府不遗余力鼓吹为帝国服务以及传播西方文明以拯救非洲的诱惑力。

这些例子表明,集体力量的概念并不是西方史学思想所独有的。西方史学可能更加强调家庭、城市、教会和军队,其注意力主要集中在不同的社会集团或机构。因为它们对社会具有特殊意义,并反映了当地的道德观念。而非洲则不同,其注意力聚焦于大家庭、一个部族,或是一个年龄等级。尽管在许多方面表现出不同,但无论是西方世界还是非洲的社会集团和社会机构都发挥了重要的社会作用,其中也包含了重要的历史关联。

在最近的三十年,在日常生活的社会历史中出现了兴趣的高涨。这导致了在历史知识的生产上运用口述资料,西方世界也不例外。对口述资料兴趣的复苏是非洲历史学家与其文史学家斗争成功的结果。值得指出的是,自文艺复兴以来,文学资源迅速增加,而口述资源的运用却在相应减少。至19世纪,口述资源在西方世界的历史资料中被淘汰。当时甚至有人说,历史学的基础是文学资源的存在。以后又有人说,在穆斯林和欧洲人抵达之前,非洲一直缺少文学资料。因此非洲不可能有值得关心的历史。为此,强调对所谓的原始人持轻蔑态度的文学,并通过各种方式为征服和瓜分非洲辩护。换言之,非洲在外国人抵达之前,没有什么值得谈论和撰写的历史,正是这些外国人在日后非洲大陆的发展中起了催化剂的作用。

学习非洲历史的学生把问题与这种观点进行了联系,在20世纪60年代后更是如此。独立使他们激情满怀,他们提出,持欧洲中心论的历史学家误解了史料的实质,其原因是受了书写文字的迷惑。什么是“史料”,持欧洲中心论的历史学家把它解释为任何能用以说明过去历史的物质。如果这个定义是正确的,那么,学习非洲历史的学生需要的就不限于文学资料了,艺术品、传说、神话、诗歌和舞蹈都可以使用。一个人难道可以脱离历史而存在?他们说出内心的疑惑;“不”,他们立即怒斥道。因为无论是生存或持续,社会都需要某些形式的集体回忆和历史。学习非洲历史的学生们同样清楚地知道,试图去操纵历史知识,那一定是预谋的行为,其目的是保证对殖民地人民的有效统治。这种行为是西方化进程中的基本要素,而西方化则是追求在白人统治下能形成顺从民众。

由于上述原因,20世纪60年代开始出现了一股学术活动之风,其目的是通过学习非洲历史的学生们已经使用的手段,来重构非洲历史。值得一提的是,他们把注意力集中在反对使用口述史料的证据上。这类批评已经对口述史料证据的可靠性提出了质疑,因为这类史料可能受到人们回忆中不可预见的异想天开情绪的支配。他们还进一步指出，历史故事在每个社会都具有社会功能，因此，也可能会受到扭曲、挑选和主观判断的影响。

与此相反，非洲历史学家指出，运用口述史料并不是新鲜事，即便在西方世界，口述史料也是作为传递历史知识时使用的一种最古老的和众所周知的方法。[①] 他们很乐意提醒怀疑论者。在非洲，口述史料是鲜活的历史——因为口头传说充满生机，它与西方世界呈现的僵化的历史完全不同。此外，他们还补充说，没有文字的社会具有惊人的记忆。何况他们还采取了许多措施以确保口头传说由专家精心地传递下去，西非演唱部落史和家族史的歌舞艺人就是很好的例子。在其之下，口头传说由享有盛誉的专家们在成人仪式上讲述，这种重大的场合将令年青人终生难忘。非洲历史学家最后指出，重要的过于扭曲、挑选和主观判断并非仅仅发生在口述史料领域，这些现象是历史学科所固有的，因此也同样侵蚀了文字史料。

关于口述史料价值的争论，引起了人们对历史本质和历史知识的兴趣。在重构历史尤其是被忽视或“被排斥的历史”时[②]，历史故事和个人回忆录被视为有效工具。一些历史学家坚信，这一发展将给普通人以参与重构历史的机会，而这种机会过去一直为学术精英们所掌握。许多历史学家欢迎历史知识民主化。

如果认为口述史料的运用仅仅限于非洲历史学家，那就错了，这种方法现在在西方世界传播。如果对此进行评估，人们会发现，这种方法对西方史学思想尤其是方法论和认识论产生了值得重视的影响。举几个例子就足以说明问题。1980 年，伦敦经济与政治科学学院建立了英国政治与行政史口述档案馆。此外，在历史研讨会的帮助下，学者在普通人（诸如威尔士的矿工们）中间开展了一项值得重视的工作，即运用个人回忆开展研究。在美国，基于口述史料的研究已呈现出重要意义，在美籍非洲裔人研究中更是如此。美国哥伦比亚大学的历史学家（如爱伦·内文斯［Allan Nevins］）与伦敦大学的东方和非洲研究学院，自 20 世纪 40 年代以来就始终十分重视口述史料。简言之，无论是过去还是现在，在西方史学思想与其他历史思想之间

---

① Cf. D. Henige, *Oral Historiography*, London, 1982; Trevor Lummis, *Listening to History, The Authenticity of Oral Evidence*, Totowa, 1987; J. Tosh, *The Pursuit of History, Aims, Methods, and New Directions in the Study of Modern History*, London, 1984; UNESCO, *Gernal History of Africa*, London, 1981, vol. 1.

② P. Stone and R. Mackenzie, eds., *The Excluded past, Archaeology in Education*, London, 1990.

存在交汇点。这个特点就产生了西方史学思想的“独特”问题。或许,问题还出于下列事实,即相比较而言,人们对西方史学思想的了解要大大多于对非西方文化的了解。因此,彼此的分歧也许可以围绕着“被排斥的历史”进行更深入的思考。

(舒运国　译)

# 历史纲要

## ——一个西方视角[①]

[马里]马马杜·迪尔瓦拉

彼得·伯克的这篇文章一律使用了醒目的粗体字并备有详实的考据，该文用全球意识探讨了历史思想。从文章的开头，作者就为评论者提供了便利：他以讨论的形式清楚地提出了一些突出标明的命题。伯克依据的是以下几点假设：与黑格尔或汉斯·伯伦（Hans Baron）这些哲学家的假设相反的是，对历史的兴趣是普遍存在的；要辨别出欧洲历史思想特有的性质需要通晓其他地区的历史传统，如中国、日本、伊斯兰和非洲的历史思想，也包括美洲大陆土著居民的思想。伯克进一步表明了这样一个观点："西方"这一概念不像它既定的那样，更确切地说，它是一个历史概念。

作者小心谨慎，紧扣主题，但也毫不犹豫地写到了有关欧洲历史编纂的不同特征。这些差异在他看来并不是许多同等的特点，而是不同要素的同等组合，其中每个要素在其他某些地区也可能存在。这位剑桥历史学家含蓄地界定了"西方"这一空间概念作为分析的范围，它包括最高贵的欧洲祖先希腊人直至"新世界"的"新欧洲人"。尽管作者直接依赖的两分法绝对无可非议，但是这种范围的划分仅仅只是针对中国和日本而言的。以伊本·卡尔顿为代表的阿拉伯世界也未被搁置一边。这个粗略完成的列表还有待商榷。

将西方历史思想简约成一个固定的统一体尚待进一步地发现其深层次的特性以及多样性的相互关系。将这个单一的统一体与其他统一体相对，

---

① 我想感谢戈特弗里德·米勒对该德语译本的评阅。

却无视它们的起源,这至少代表了一种危险的思维方式。寻求所谓的历史思想共同点是否会不可避免地变成对一个特定地理文化区域各自不同的思维方式的考察呢?欧洲的例子已经显示出它仅仅是一种武断的解释。这位历史学家的列表有个危险的倾向,它的依据是将“欧洲”当作“西方”,并与亚洲的某些典型代表相区别。如果考虑到学术研究中使用的特殊法,这样做还可以理解:你可以将自己的假设建立在既成事实的基础上。必须从某个观点入手!另一方面,这并不说明完全依赖于和实际依赖于书面的历史记录就是合理的。有些民族记述过去的方式主要基于口头传说,而这种记述方式几乎未被认可。它可能只出现在伯克为数不多的几句话中,如:“文化风格的变革意识并非是西方独有的。”(论文 2.2)“以统治者为中心的历史编纂当然在许多文化中都普遍存在……”(论文 3.3)“历史解释的尝试是普遍存在的……”①

为了支持伯克,人们可能会说作者只是不太熟悉这类史料。但是目前这一方面的研究已是如此寻常,因此有必要解释一下为什么没有对此作出任何论述。人们可能会补充说,辨别欧洲历史的特性需要作者的解释以书写体为中心。历史始于文字,之前的一切都是史前史。这便引出了我的另一个观点:乒乓体制。

## 行为领域

早些时候,伯克鲜明地指出黑格尔和其他一些人的思想是正确的。如今,一个新的更为开放的传统已经出现并不断证明其自身的合理性。历史学家(伯克)却依然受到以书写传统为基础的文化的制约。过去曾有一些没有历史的文化和民族;如今则存在着有书写传统或没有书写传统的各种文化。正如一些历史学家所做的那样,西方一些研究过去的专家在开始写作的时候,也逐渐接受了这些“其他的文化”。没有书写传统的却仍被置于界限的另一端。日常生活中的男人和女人是历史的主体,少数从事历史专业的人所撰写的学术历史为他们的生活再现了什么?关于另一组关系人们也可以问同样的问题,那就是非洲的历史学家与非洲历史研究客体的再现者

① 我突出强调的重点。

之间有什么关系。科恩(Cohen)和万西纳(Vansina)[①]已经从不同的角度给予了关注。当人们把这当作一个需要解决的问题来接受时,也就可以质疑下文中伯克的话:“我觉得历史编纂的情形类似于绘画。视觉文化因地区的不同而有所差异,职业艺术家的全球文化是成阶层的,他们的国际展览会就相当于国际历史交流会。”国际历史学家联合会可能确实代表着“历史专家”这一整体,但是它能代表历史学吗?有些民族的过去已经成为口述传统的主体,对这些民族的历史来说,这种观点被认为是一种现实的残缺。少数作者是不能具有代表性的。(这些民族历史的)本质表现在其他地方,要找到其关键所在就必须通过认知地方性知识[②]进行更细致的观察。尚处于发展早期的非洲历史编纂就相当注意这一点,正如近期有关该问题的辩论所显示的那样。[③]

通过在西方与其他大陆历史思想的关系中探索西方历史思想的特点,从而将西方的分析方法和观念运用于其他地区,这种企图是在冒掉入陷阱的危险。借用汉学专家弗朗索瓦·于连(Francois Jullien)的名言,人们可以说一个属于西方历史编纂的学术领域开始应用到了其他领域,却忽视了这些领域潜在的独创性。在第八个论题中,伯克用这样的大字标题进行了阐释:“用定量方法研究历史显然具有独特的西方特色”;他还用了一个反问句:“在其他任何历史传统中,难道还能发现对统计学有类似(西方)的兴趣吗?”

## 研究哪个领域?

作者一直保持在纲要计划的层次之内。我只能跟随他到这一步通过为纲要的形式建议另一种选择,即我的论文题目所表示的那样。我希望能增

---

① David William Cohen, “The Understanding of Oral Tradition,” in *Ethnohistory*, 36 (1989), pp. 9-17; id., *The Combing of History*, Chicago, 1994; Jan Vansina, “Some Perceptions on the Writing of African History 1948-1992,” in *Itincrario*, 1 (1992), pp. 7-91; id., *Living with Africa*, Madison, 1994.

② Clifford Geertz, *Local Knowledge*, New York, 1983.

③ Conference on “Words and Voices, Critical Studies in African Oral History”, International Institute, University of Michigan, Ann Arbor, Winter 1997.

强对不同大陆的历史和文化及其多重特性的敏感度[①],有计划地促进社会学在国际范围内的应用。为了丰富我们已经拥有的——西方“工具”,它们本身也必须加以改进——我完全同意伯克的所写的这个观点:“只有在我们详细编录了西方与世界其他地方历史思想之间的差异之后,才有可能对造成这些差异的原因进行系统的研究。”对这些差异进行有条理的整理是事业的第一步,这项事业的目标不在于使这些差异实质化,而在于为一个研究领域[②]构筑内在的一致性,在该研究领域同行们通常都只突出西方视角。首先必须记述这些差异或同等观点产生的过程。作为这些过程的其中之一,地方性知识的形成过程也要列入考虑范围之内。知识的传播、知识变化过程中的主题化及其研究要比探究个性特征更为重要。[③]

彼得·伯克为我们共同的历史研究制定了迷人而宏伟的纲要,谨以此文作为我对此项事业的微薄贡献。

(程金华　译)

---

① 参见 Karine Chemla, *Qu'attendre de l'histoire des sciences dans les airesnon-occidentales*, Paris, 1996, p. 8.

② 参见 Francois Jullien, *Le Détour et l'Accès*, *Stratégies du sens en Chine*, *en Grèce*, Paris, 1995.

③ 参见林力娜(Chemla)关于历史研究令人信服的观察资料。

# 四、他者的差异

# 中国史学思想反思[①]

[美]余英时

面对中国所拥有的如此悠久和丰富的撰史传统，任何全面总结中国史学思想以使之明确区分于其西方对应者的尝试都是危险之举。如果认为在中国史学中存在着惟其所独有的绝对明确的特征，这就陷入了本质主义的错误。我对西方史学的历史了解越多，我对于在这两种传统之间划出鲜明区别的可能性就越没有把握。至于说中西史学中的个体成分，它们显得相似性大于相异性。然而话说回来，以历史的眼光考察，这两种传统的轮廓又的确看起来不同。我倾向于相信，区别在于史学研究的格局和重心不同，这些差异若深入追究则可能在很大程度上要归结为文化影响。

彼得·伯克为西方史学思想和史学著作描述的十点特征是我以一个比较文学研究者的眼光对中国史学传统进行一些反思的良好起点。在下文中，我将只选择一些可以被视为传统中国史学核心的、有内在联系的思想来讨论。

伯克非常正确地提出，西方史学思想最重要的特征是强调发展或进步，

① 此译文蒙台湾大学历史系古伟瀛教授审校，借此致谢。——译者

这一点渊源于犹太教—基督教关于命运或天意的观念。卡尔(E. H. Carr)也指出:“是犹太人和继其后的基督徒通过给历史变动的过程设置一个目标而引进了一个崭新因素——历史的目的论观点。”[①]伯克引用卡尔·洛维特的话进一步评论说:“近代关于历史发展的观念可以看作是这些宗教思想的世俗化表现。”然而我想说,犹太教—基督教的“发展”或“进步”思想恰恰是凭借它的世俗形式对近代西方史学施加了巨大影响。黑格尔的“精神”(Geist)和马克思的“生产方式”显然受到了“上帝计划”的影响。自相矛盾的是,这一思想也同近代科学建立了最巩固的联盟,这种联盟自18世纪以来激发着人们对控制历史发展或进步的宇宙法则进行深入细致的研究。于是马克思在他的《资本论》序言中以非常自信的口气指出,“资本主义生产的自然规律”“以铁的必然性向不可避免的结果”走去(working “with iron necessity towards inevitable results”)。[②] 甚至1950和1960年代美国现代化理论的建立也是以断定有一种所有社会都会遵循的经济发展过程为依据的。不用说,这个普遍模式建基于工业革命以来的西方历史经验。

我以“发展”或“进步”这一特殊的西方概念作为讨论中国史学思想的开场白有两方面用意:首先,人类历史是一个在某些超人力量(如上帝或自然法则)指导下的不可逆过程这种观念同固有的中国史学完全格格不入;但其次,正是这种“科学”的陌生概念在20世纪赢得了中国人的好感。尤其是随着马克思列宁主义在1949年后成为国家意识形态,历史的目的论观点已经变成普罗克汝斯忒斯之床(Procrustean bed)[③],中国历史的各个方面在所有时候都必须被安置在这张床上。历史学家的核心任务就是依据社会发展的五种形态给中国历史分期。[④]

在最近三四年里,中国正在开展一场引人瞩目的知识运动,以纪念20世纪前几十年里系统性地尝试以现代方法整理国故的最早几代史学家。这些现在被称为“国学大师”的学者们尽管受到当时包括自然科学和社会科学在内的西方学术的理性启蒙,却主要是凭借章句学和考据学的传统训练而获得重要的历史新发现。人们已经普遍认识到,民国初年中国史学研究取得

---

① E. H. Carr, *What is History*?, New York, 1962, pp. 145-146.

② 中国社会科学出版社1983年中译本(据1873年法文版译)对这句话这样翻译:“……以铁的必然性表现出来并且正在实现的趋势。”——译者注

③ 普罗克汝斯忒斯是希腊神话中的阿蒂卡巨人,总是羁留旅客,缚之床榻,体长者截其下肢,体短者拔之使与床齐长。——译者注

④ 作者在这里表述的学术观点我们并不认同,但为帮助国内读者了解西方史学动态,原文基本未作改动。——编者注

的巨大成就是此前300年里臻于极致的本土史学传统的固有产物。这时期西方学术的贡献毋宁说是扩大了整个知识视野，而不是为中国史学家提供特定的史学方法和理论。与此相反，当“五四”以后中国人的历史思维逐渐背弃传统，怀着日渐增长的崇拜之情把西方史学的理论和实践当作指导，中国历史研究和史学著作的质量开始显著下降。[①]

赫伯特·巴特菲尔德（Herbert Butterfield）在他最后一部著作《历史的起源》（*The Origins of History*）中将科学和史学确认为西方文明中最鲜明特征中的两个。按巴特菲尔德所说，同时在科学与史学方面与西方可堪比拟的只有古代中国。然而，欧洲在17、19世纪分别发生的科学革命和史学革命把中国这两方面都远远抛在后面。其结果是，“中国人在两个领域都不得不成为西方的学生”[②]。我并不反对巴特菲尔德的声明，但我也不打算作进一步对比来证明它。的确，这个世纪里中国人不仅在科学上而且在史学上都主动变成“西方的学生”。然而，中国人对西方史学的接受同对西方科学的接受有着根本不同。中国人对西方科学的接受是整体性的。正如我们非常清楚的，近代中国人完全忽视了他们以往的科学成就（在李约瑟的多卷本著作《中国的科学与文明》中被重构）的存在，并通过毫厘不爽地效仿西方模式而完全重新开始。这样做是可行的，因为传统中国的科学与技术研究只局限于一个小型专家团体，从来不是一般儒学课业的一部分。与此相反，两千多年来，中国的精英们一直在被一种以经学和史学为中心的儒学教育所塑造。

不仅如此，从12世纪到18世纪，随着对经典文本和历史文本一丝不苟的重新审查逐日推进，儒家学者在历史研究中取得了一系列方法论的突破。加德纳（Charles S. Gardner）在其1937年的作品中正确地指出：“在过去二十年里，中国成长起一个新的历史学派，研究意识新，史学方法新。这个学派在以往的中国史学家中寻找并找到了自己的一个渊源……尤其在17、18世纪，他们在走向科学方法上取得了重要进步。”[③]正是在上述背景下，西方史学在20世纪最初几十年里很可以说出奇容易地被中国史学家接受。正如加德纳所谓的“新史学学派”的一位领袖人物胡适（1891～1962）所明确承认的，他坐在家就能感觉到“置身现代科学的新时代”，因为他出身于“一种重

---

① 中国很多期刊文章中都表达过这种观点。《国学大师丛书》的“总序”中也能发现这种观点。比如可见郭齐勇、汪学群《钱穆评传》之张岱年“总序”，百花洲文艺出版社1995年版。

② Herbert Butterfield, *The Origins of History*, New York, 1981, p. 13.

③ Charles S. Gardner, *Chinese Traditional Historiography*, Cambridge, Mass, 1961, p. 3.

视客观和严格的调查,讲求严谨证据的思考和研究,大胆怀疑假设同时小心求证的科学传统"。[1] 他可能有些夸大自己身上得自古代中国的"科学传统",但是他在美国留学期间(1911～1917)写的日记足够证明他的内心体验。

因此,与科学不同,当现代中国人在史学方面成为"西方的学生"时,他们没有,也不可能脑子里纯净得像白板一样去信奉它。他们反而是透过自己的传统这枚透镜去看待西方史学,将"科学方法"类比于清代考据学者发展起来的"讲求证据的思考和研究"。他们愿意变成"西方的学生",是因为他们相信这种"科学方法"仅是在现代西方才已发展为最高级的状态。然而,第一代中国史学家在实际操作中仍极大地遵循他们自己的研究传统,并对西方血统的东西进行了有限的革新和修正。

借这个话题让我回到上面提过的近期新一代中国史学家对国学大师们的重新发现。我认为这是中国史学家醒悟的一个征兆,中国史学家终于到了仔细考虑在他们长期的西方史学学徒生涯中究竟发生了什么的时候。以后见之明来看,现在人们普遍断定,仅以一种有限的方式处于西方影响下的第一代史学家们贡献的史学成果,远比运用"科学方法"显然更加熟练的后来几代史学家的成果优越,这显得非常矛盾。由这一情况立刻提出了西方史学如自然科学那样作为一种普遍模式的有效性问题。同样,"科学方法"这个概念在此所扮演的角色恐怕消极意义大于积极意义。过于着迷"科学方法"是现代中国科学主义的一个异乎寻常的特征。[2] 然而方法已被证明既非意识形态中立的,也不能与它所产生的语境一刀两断。结果,西方经验下独有的历史学术语、范畴和理论也在所谓科学方法的名义下被不加甄别地输送给中国史学。正如芮沃寿(Arthur F. Wright)所正确评论的:"20 世纪的中国史学家从西方先借取了方法,然后是概念,最后是理论体系。"[3]

现在,20 世纪即将结束,史学在西方(或至少在美国)已失去了它最初的

---

① Hu Shih(胡适),"The Scientific Spirit and Method in Chinese Philosophy," in *The Chinese Mind, Essentials of Chinese Philosophy and Culture*, ed., Charles A. Moore, Honolulu, 1967, pp. 130-131.

② D. W. Y. Kwok, *Scientism in Chinese Thought* 1900-1950, New Haven, 1965, pp. 28-29; Charlotte Furth, *Ting Wen-chiang, Science and China's New Culture*, Cambridge, 1970, pp. 13-14.

③ Arthur F. Wright(芮沃寿),"On the Uses of Generalization in the Study of Chinese History," in *Generalization in the Writing of History*, ed., Louis Gottschalk, Chicago, 1963, p. 47.

“形成一个统一和一致的历史学科的幻想”①。在我们这个被断为“后现代”的、“混乱”居统治地位的文化中，历史专业被人用《士师记》中最后一句话来描述：“那时以色列中没有王。”②在今日中国，作为一门学术科目的历史发现它也处于类似境况。中国知识分子一方面被东方主义的后现代批评所激荡，另一方面被后冷战时代要求重新认可非西方文化的斗争所鼓舞，也开始在他们自己的传统中寻求精神资源。1990 年代初以来，人们热衷于谈论“中国的人文主义精神”和“新儒学”。正是在这种新的舆论环境中，历史学家们首次重新发现了国学大师，并接着就通过他们进一步回溯，以肯定的倾向去重新审视中国史学传统。这一趋势在近来的中国出版物中在在可见。

如果我们将传统中国史学作为一个整体与 18 世纪以来西方发展起来的史学理论与实践进行比较，真的会看到显著差异。不仅如此，比较还会不可避免地给前者投射一种令人极度不悦的光芒。这就是为什么杰出的史学家梁启超(1873～1929)会在 1902 年提议把中国传统范式下的“朝代史”推到一边，为以斯宾塞(Herbert Spencer)社会进化论为主要基础的“新史学”腾出地方。因为当他流亡日本时，他完全被自己接触到的西方风格的史学著作所征服。③ 然而，如果我们对两部最早的中国史书(即孔子的《春秋》和后来的《春秋三传》，司马迁的《史记》)和两部最早的西方史书(即希罗多德的《历史》和修昔底德的《伯罗奔尼撒战争史》)进行具体的和分析性的比较，比较后呈现的图像会非常不一样。如若考虑基本的推论、原则和方法，则中国作品与希腊作品之间的相似性似乎并不比它们的差异少。④ 例如，希罗多德记录事件遵循的一个重要原则是区别自己目睹之事与耳闻之事。修昔底德也同样：“首先相信他自己的眼睛和耳朵，其次相信可靠证人的眼睛和耳朵。”⑤我们在孔子的《春秋》和司马迁的《史记》中也发现了同样的原则。按照传统意见，孔子区分出三类资料：他亲眼所见、他听说的、他从流传下来的记录中

---

① Peter Novick, *That Noble Dream, The "Objectivity Question" and the American Historical Profession*, Mass., 1988, p. 589.

② Ibid., p. 628.

③ Ying-shih Yü(余英时), "Changing Concepts of National History in Twentieth-Century China," in *Conceptions of National History, Proceedings of Nobel Symposium* 78, eds., Erik Lönnroth, Karl Molin, Ragnar Björk, Berlin and New York, 1994, pp. 157-159.

④ 参见邓嗣禹《司马迁与希罗多德：一项比较研究》，载(台北)《中央研究院历史语言研究所集刊》第 28 本(1956. 12.)，第 445～463 页。

⑤ Arnaldo Momigliano, *The Classical Foundations of Modern Historiography*, Berkeley, 1990, p. 42.

获取的。《论语》证实了这一点,他感叹自己不能讨论夏、殷之礼,因为"文章贤才不足故也"[①],不能"征"(《论语·八佾》)。司马迁除了使用数量庞大的文字材料外,也总是报告耳闻目睹之事。[②]

还有一个例子,莫米里阿诺(A. Momigliano)非常骄傲于他命名为"批评法"(critical methods)的希腊史学家方法,希罗多德和修昔底德在这方面最著。他使用"批评法"一词是指"在经过反思和研究后,使用者因为它们的可靠性而满意"[③]。他甚至遽然断定"没有比希腊史书更早使用这些批评方法的,或者没有完全独立于希腊史学发展出的批评方法"[④]。但是在孔子时代(前551～前479),中国史书中似乎早已出现了类似的批评方法。司马迁告诉我们,在准备写作《春秋》时,孔子不仅深入研究了周王室的史记并编辑了这些文本,还提出了"意旨",规定了"书法"。[⑤]《穀梁传·桓公五年》论《春秋》之义为"信以传信,疑以传疑"[⑥]。其实,我们并不确信这些状绘《春秋》的声明的准确性,因为它们很可能是被后世儒士归于孔子名下。然而,毫无疑问孔子对学问确实表现出一种与上文所引大体吻合的普遍批评态度。在《论语》中,他这样对学生说:"多闻阙疑,慎言其余,则寡尤。"(《论语·为政》)不管怎么说,最晚在公元前4世纪时,阅读历史文献时的批评意识在中国已高度发达。没有比孟子的话更能清楚表明这一点的:"尽信《书》,则不如无《书》。吾于《武成》,取二三策而已矣。"(《孟子·尽心下》)

没必要详细阐述司马迁的《史记》中差不多每一部分都能发现历史的批评考证。只要从他著名的《报任安书》中引几句话就够了:"网罗天下放失旧闻,略考其事,综其终始,稽其成败兴衰之纪……凡百三十篇。"[⑦]显然,在"征

---

① 《论语》原文只说"文献不足故也",引用的这句话原是郑玄之语。——译者注

② 参见顾颉刚《史林杂识初编》,中华书局1963年版,第226～233页。(此处所引顾颉刚文章为《司马谈作史》,主要是说《史记》非司马迁一人之力而成,乃司马谈作于先,司马迁增损其成稿,并补入元封以后事。所说司马迁记耳闻目睹之事,即指关于武帝之世的部分。而武帝之前的内容,按顾颉刚意思,司马谈已为之撰立雏形,收集文献材料也主要是司马谈之功,司马迁因仍而已。顾颉刚引《太史公自序》云:"百年之间,天下遗文古事靡不毕集太史公",这大概是余英时称其使用大量文字材料的由来,但从这句话的"百年之间"已知,此太史公是指父子两代。余英时既然引顾颉刚这篇文章,似乎不该对司马谈和司马迁不加区分。——译者注)

③ Arnoldo Momigliano, "Tradition and the Classical Historian," in *Ancient and Modern Historiography*, Middletown, 1982, p. 163.

④ Momigliano, *Classical Foundation*, p. 30.

⑤ 司马迁:《史记》卷二,中华书局1973年版,第509页。

⑥ 钱钟书:《管锥编》卷一,中华书局1979年版,第252页。

⑦ Burton Watson, *Ssu-ma Ch'ien, Grand Historian of China*, New York, 1958, p. 66.

询”、“研究”和“调查”这个意义上,《史记》堪与《历史》并论。[①]

我们当然能够将两种史学传统间的这类一致性一直推延到最近几个世纪。例如,清代中前期的考据运动和它对历史研究的变革性影响同欧洲自瓦拉(Lorenzo Valla)以来的语言学兴起之间具有值得注意的高度相似性。[②] 伯克提出了一个关于西方史学传统中的法律比喻的有意思问题,并想知道其他传统下的史学家,包括中国的史学家是否也从他们的固有法律体系中接受了一些假定。我对这个问题的答复是肯定的。胡适曾令人信服地指出过这一点。中国的考证法是12世纪以来从法律体系中发展起来的。“证据”、“断案”、“佐证”这类术语借自听讼折狱。文人出任地方父母官时必须料理民间诉讼。朱熹(1130～1200)以不能说不明确的术语一再声明:“看文字需如法官深刻,方穷究得尽”,“狱讼面前分晓事易看。其情伪难通或旁无左证,各执两说,系人性命处,须吃紧思量,或疑有误也”。[③] 即使是在一般被称为“哲学史”的高度抽象领域,中西之间也存在一致性。例如,张居正所发展出的关于历史的观念能够与维柯和柯林武德的历史观念进行卓有成效的比较,尽管他们的历史脉络和知识脉络迥异。[④]

现在让我们来看看事情的反面,即使中国史学思想区别于其西方对应者的一些核心特征。差异很多且非常重要。但限于篇幅,我只能作些概述性的评论,不再深入展开。首先我想强调一点,差异不能被限定在史学领域本身,而是深深植根于中西两种区别明显的文化传统。借此话头,我想就古代中国撰史的源起说一两句。巴特菲尔德对这样一个事实印象深刻:早在公元前1000年,中国就有了“史”这个字。“史”有很多种译法,根据其所表现

---

① Charles William Fornara, *The Nature of History in Ancient Greece and Rome*, Berkeley, 1983, p. 47.

② Ying-shih Yü(余英时), “Some Preliminary Observations on the Rise of Ch'ing Confucian Intellectualism,” in《清华国学研究》, n. s. 10(1975), pp. 105-146; Donald R. Kelley, *Foundations of Modern Historical Scholarships, Language, Law and History in the French Renaissance*, New York, 1970.

③ 胡适:《考证的责任和方法》,载胡颂平编《胡适之先生年谱长编初稿》,(台北)联经出版事业公司1984年版,第1933～1942页。

④ Paul Demieville, “Chang Hsüeh-ch'eng and his Historiography,” in W. G. *Historians of China and Japan*, eds. , G. Beasley and E. G. Pulleyblank, London, 1961, pp. 184-185; David S. Nivison, *The Life and Thought of Chang Hsüeh-ch'eng* (1738-1801), Stanford, 1966, pp. 291-293; 余英时:《章学诚与柯林武德:二人史学思想比较研究》,载其《论戴震与章学诚》,香港龙门书店1976年版,第197～242页。

的主题可以翻译为“抄写员”、“档案保管员”、“历史学家”、“撰史人”或“占星家”。[①] 大体可断为属于公元前1300～前1100年的甲骨文的大批出土足以使人确信“史”最早是指“抄写员”或“档案保管员”。从事占卜活动的有几类人:贞人代表国王提出征询;卜人进行占卜事宜;占人专事解释焚烧过的甲骨上的裂纹;而最后,史刻下记录。[②] 不管怎样,在这个古老时代里史的职能明显是宗教性的,“史”不能解释为“撰史人”。可能至晚在公元前7世纪末,史逐渐从掌管宗教记录的档案管理员转变为朝廷撰史人。例如,孔子赞扬过这样一位史官,他在公元前605年表现出冒生命危险记录事件真相的勇气:“古之良史也,书法不隐。”[③]通过以上叙述,可以就中国史学传统和西方史学传统的区别作出一些评论:首先,中国的历史编纂源远流长。其次,它在一开始就与官方档案和文件不可分离。第三,在西周时(前1027?～前771)史官就已经世袭并受人尊敬[④],这个官职使宫廷撰史人在中国人的政治世界里身居要职。

由于中国历史著作这些独一无二的开端,整个传统时期里史学在儒学中占据核心位置就丝毫不奇怪。这与古典时期史学在西方文化语境中至多是次重要的成鲜明对比。莫米里阿诺概括的希腊人对史学态度的特征值得引来进行比较:

> 希腊人喜欢历史,但从没有把它塑造成自己生活的基础。受过教育的希腊人求助雄辩学派、神秘教派或者哲学获得指导。历史从来不是一个希腊人生活中必不可少的部分——(有人推测)甚至对撰写历史的人来说都这样。造成希腊人这种态度的可能有很多原因,但无疑有一个重要因素是,历史是如此的不确定,如此不像能够提供无争议的指导。[⑤]

我试图把这个特征推广使之涵盖作为一个整体的西方文化传统。不消说,这样做的目的只是为了突出中国与西方之间的反差。非常主观地说,我以为西方式思维一贯把哲学或宗教视为精神指导。有时较侧重哲学,有时较侧重宗教,但大多时间是两者的结合。当然,17世纪以来,科学已经日益成

---

① Butterfield, *Origins*, p. 140.

② Kwang-chih Chang(张光直), *Shang Civilization*, New Haven, 1980, p. 34.

③ James Legge(理雅各), *The Ch'un Ts'ew with the Tso Chuen*, *The Chinese Classics*(《中国经典之春秋左氏传》), Hong Kong, 1960, vol. V, pp. 290-291.(此史官为晋国董狐,事及孔子评语见《左传·宣公二年》,只是宣公二年为公元前607年。——译者注)

④ Watson, *Ssu-ma Ch'ien*, pp. 70-71.

⑤ Momigliano, *Classical Foundations*, p. 20.

为西方人生活的基石，但即使如此它也没能成功地把宗教和哲学一起彻底取代。但是从这个意义上说，科学也可以被看作宗教和哲学的继续，因为这三者的终极目标都是寻求“确定性”。以我有限的知识所及，许多世纪以来西方史学在每一次发生新的转折时都曾被宗教、哲学和科学的发展所滋养和充实。相反，中国史学一直伴随着儒家经典学术和文学艺术而成长。但是我必须立即指出，中国传统中对整体论方法的理智强调使这首三重奏实际上没有明显不同也不可区分；它们之间的关系肯定不能用西方知识分类系统下的术语来理解。如果遵照西方系统来分类，在所谓“六经”中，两部明显是历史性的而一部是文学性的。“六经皆史”的观念在章学诚加以明确系统阐述之前就已经在流传。① 我在这里想强调的是，若要在中西史学观念之间进行任何富有成效的比较，就一定要把它们所分别由以产生和成长的两种不同的文化传统全面考虑进来。

我力所能及作出的判断是，中国史学思想中的根本性内容是人的作用在历史形成中居中心地位。我这么说并不是表达人类和一个人可以根据自己的愿望塑造历史的天真观点。而是说，无论其他力量（自然的或超自然的）在历史进程中怎样发挥作用，历史学家的主要注意力一定总是盯准人力因素，这可以说是一条原则。因为他的工作就是找出哪些个人或群体应该为一定的事态负积极的或消极的责任，尤其是在一些历史重大关头（例如王朝的兴衰）。对人力在历史中所扮演角色的格外强调完全可能同一般认为发祥于公元前6世纪的儒家人文主义的兴起相关。公元前524年，孔子同时代的一位长者发出了他的著名评论：“天道远，人道迩，非所及也，何以知之？”②今天人们一般都承认这句偶然的评论对孔子的思想有深远影响，这在《论语》中可得到充分证实（见《公冶长》、《雍也》篇）③。我则要引用孔子与鲁定公（前509～前495年在位）之间的对话来阐释孔子关于人力在历史中之角色的观点：

定公问：“一言而可以兴邦，有诸？”

孔子对曰：“言不可以若是，其几也。人之言曰：‘为君难，为臣不易。’如知为君之难也，不几乎一言而兴邦乎？”

曰：“一言而丧邦，有诸？”

---

① Nivison, *Chang Hsüeh-ch'eng*, pp. 101-104.

② 语出《春秋》昭公十八年五月，子产言。——译者注

③ 分别是：“夫子之言性与天道，不可得而闻也已矣”；“敬鬼神而远之，可谓知矣”。——译者注

孔子对曰:"言不可以若是,其几也。人之言曰:'予无乐乎为君,唯其言而莫予违也。'如其善而莫之违也,不亦善乎?如不善而莫之违也,不几乎一言而丧邦乎?"(《论语·子路》)

我全文照录这段对话,因为后来的历史学家对它非常重视。作为一个规矩,他们用文言记录下重要人物发表的重要言论。孔子在两次回答中都使用了"其几也"和"几乎"来修饰他的声明,这非常有启发。这显然暗示当他明确坚持人的言行要为已经发生或可能发生之事负责之时,他也完全明白还有超越人力之外的因素也同历史有关。

按照传统意见,孔子是第一位在中国史书编纂中确立褒贬原则的史学家,不用说,这是他认为人类自由在历史中真实存在这一基本观念的逻辑结果。当然,历史的劝诫功能在包括西方在内的其他史学传统中也能发现。但却没有一种传统如中国那样把它发展到一个如此核心的位置,并如此具有普遍性和连贯性。尤其值得注意的是,它不仅渗透大众文化的土壤,也在这片沃土中茁壮成长。褒贬原则通过历史小说和历史戏剧,尤其像《三国演义》这样的作品,自12世纪以来深入无数读者和听众的心中。举例来说,在《三国演义》中很容易看出作者谴责一些主要人物而又褒扬另一些人物的自觉意图。[①] 尽管后来的历史学家担心过度的道德判断会影响历史的客观性而一再劝撰史人克制,但这个原则直到今天在中国史学中都没有被完全抛弃。

就中国的情况而论,史学的褒贬原则不仅仅承担劝诫功能,也同样具有批判功能,这一点也许更重要。司马迁叙述孔子为何作《春秋》时这样说:

子曰:"弗乎弗乎,君子病没世而名不称焉。吾道不行矣,吾何以自见于后世哉?"乃因史记作《春秋》,上至隐公,下讫哀公十四年,十二公。据鲁,亲周,故殷,运之三代。约其文辞而指博。故吴楚之君自称王,而《春秋》贬之曰"子";践土之会实召周天子,而《春秋》讳之曰"天王狩于河阳"。推此类,以绳当世贬损之义。后有王者举而开之。《春秋》之义行,则天下乱臣贼子惧焉。[②]

这段话可能更多地代表司马迁对孔子的观点。以这种方式来解释,我们就

---

① 《三国演义》第85回有一首诗清楚地表明小说家在遵从理学家朱熹(1130~1200)设立的褒贬规则。对这部小说的详细研究见 C. T. Hsia, *The Classic Chinese Novel*, New York, 1968, ch. II: "The Romance of the Three Kindoms"(三国演义); Andrew Plaks, *The Four Masterworks of the Ming Novel*, Princeton, 1987, ch. 5: "*San-kuo chih yen-i*: Limitations of Valor".

② Watson, *Ssu-ma Ch'ien*, p. 30.(文中是意译,今据《史记·孔子世家》录原文。——译者注)

可以说中国传统下的历史撰写是一种政治和道德批判行为。上面所引孔子之语无疑让我们想起哈利卡纳苏的狄奥尼修斯(Dionysius of Halicarnassus)著名的修辞学规则:"历史是哲学教导的实例。"在我们讨论的问题中,"哲学"一词可能要用"道德学说"来替代。毋庸置疑,司马迁打算让他的《史记》也成为一部批判之作。通过大量文学手法,他不仅批判了古今豪强,也批判了当朝皇帝(汉武帝)和他的一些政策。这正是为什么公元192年东汉一位高官称《史记》为"谤书"。[①] 晚至清朝,当满清政府大兴文字狱打击知识分子时,恰是历史学家受株连最深,因为他们普遍被怀疑运用他们强大的批判力量来质疑满族人统治中国的合法性。

在整个传统时代里,中国史学家有时甚至在极度不幸的处境中也能够或深或浅地履行这种批判职能。著名历史学家柳诒徵(1880～1956)把这种职能看成是中国史学传统中专有之意并骄傲地称其为"史权"。[②] 这样,历史可以被理解为给儒家学者提供了一个非常必要的批判距离。但是,最好把传统中国作为批评者的历史学家理解为迈克尔·沃尔策(Michael Walzer)所说的"无法置身事外的批评者"(connected critic)或"内部自己人"(insider):

> 即使当他带着一种新鲜和怀疑的眼光看待社会时,他也不是一个超然的观察者。即使当他激烈反对这种或那种普遍行为或制度安排时,他也不是敌人。他的批评既不必坚持超然公正,也不需要表现敌对仇恨,因为评者为在现实道德世界中批判性地持守理想主义找到正当理由,哪怕它只是一种假想的理想主义。[③]

这样的批判传统如此强大,以至它直到今天仍迁延不去。但是在西方近代思想中,历史的道德评判早已被作为科学客观性的一个障碍而抛弃。四十年前柏林(Isaiah Berlin)在他的《历史必然性》(*Historical Inevitability*)中对褒贬原则的强有力捍卫像是灌到聋子耳朵里。那么在此不可避免会产生一个问题,即,中国史学家对于我们所说的客观性持何态度?我们的回答是,中国史学也以它自己的方式高度关注"实际发生之事"这一兰克式的观念。秉笔直书作为中国史学的一条原则可以一直追溯到孔子前的古代。矛盾的是,从西方观点来看,道德判断和秉笔直书在中国传统中更像是一个硬

---

① 这位高官是汉司徒王允。——译者注

② 柳曾符、柳定生编:《柳诒徵史学论文集》,上海古籍出版社1991年版,"序言"。(直译为"历史学家的权力",作者在这里实是借用了柳诒徵《国史要义》中《史权篇》的篇名。——译者注)

③ Michael Walzer, *Interpretation and Social Criticism*, Cambridge, Mass., 1987, p. 61.

币的两面，而不是两条相互冲突的原则。于是，比如说如果像"臣弑其君"这样一条声明是真实的，就同时既表达出一种道德判断又传达了一个历史真相。若反过来说，比如说"王薨"，那么尽管语言客观却是对历史真相的歪曲。类似的，如果证据确凿，传统中国史家会说"希特勒出于种族主义仇恨对几百万犹太人赶尽杀绝"，而不会说"数百万犹太人死于二战期间"。为了保证记录真实，在帝制中国有一个引人注目的规矩，皇帝必须要克制自己不去阅读由内史保管的"实录"。[①] 显然，这种史学实践旨在赋予史家记录"实际发生之事"的自由。而另一方面，中国的情况也暗示有可能重新讨论道德化的史学同历史客观性之间是否如通常遵照自然科学模式所断定的那样相互排斥。

如前文所暗示的，传统中国史学尽管一般侧重于人力因素，但也认识到了自然因素或超人力因素也在历史中发挥作用这一事实。现在有必要联系中国传统中缺乏目的论史学来稍深入一些地追究这个问题。司马迁在其著名的《报任安书》中这样描述他的《史记》："亦欲以究天人之际，通古今之变，成一家之言。"[②]这一点通过阅读《史记》就能容易证明。《史记》中有很多例子表明它的作者(如果算上司马迁之父就是作者们)在寻求关涉"古今之变"的原因时，不断地在与人力有关的因素和与"天"有关的因素间权衡。但是学者们一般都认为，司马迁对于"天"在历史中所扮演角色的模糊态度众所周知，而且他看起来在"天"与"人"这两极间自由转移。有时候他把王朝兴衰归为"天意"，有时则又归于人的责任。[③] 作为一个整体的传统中国史学也是这样。如杨联陞所正确指出的：

> 在传统术语中，各种因素常常被含糊不清地分为属于"天"的和属于"人"的两类。传统意义上的人的因素通常以共同意识为基础并因此易于理解。然而天的因素就相当不易明确理解，它们通常用五行这种半神秘主义的术语表达，比如"气运"或"气数"。[④]

中国人对于"天"是影响历史的超人力因素这种观念比较模糊，对此的

① Lien-sheng Yang(杨联陞), "The Organization of Chinese Official Historiography: Principles and Methods of the Standard Histories from T'ang through the Ming Dynasty," in *Historians of China and Japan*, p. 50. 关于唐代内史的权威叙述见 Denis Twitchett, *The Writing of Official History under the T'ang*, Cambridge, Mass., 1992.

② Watson, *Ssu-ma Ch'ien*, p. 61.

③ Ibid., pp. 144-150.

④ Lien-sheng Yang(杨联陞), "Toward a Study of Dynastic Configurations in Chinese History," in *Studies in Chinese Institutional History*, Cambridge, 1961, p. 12f.

一个合理解释是，人们普遍相信超自然意义上的天并不直接介入人类事务。不管它在历史上扮演什么角色，它仍是通过人力起作用。孟子说“天子能荐人于天，不能使天与之天下”时早已指出了这一点。孟子接着从《尚书·泰誓》中引了一句“天视自我民视，天听自我民听”。这句引文显然是“The voice of the People is the voice of God”(人民的声音乃上帝的声音)之中国版。然而与西方的神不同，中国人的“天”没有制定“上帝的计划”让人类在历史中去开展。“天”也不会用灭顶之灾惩罚一个王朝。“天”似乎只是在消极地等着通过肯定好的、抛弃坏的来评论人类的计划。这样，天意的观念在中国传统史学思想中不存在。不论司马迁还是后来的史学家都没有表现出一点像希罗多德般的倾向“去劝说读者相信历史与一个神的计划相符合”[①]。

中国史学家效法孔子“不语怪、力、乱、神”(《论语·述而》)的榜样，一般克制自己不指涉超自然现象。司马光那部从公元前403年到公元959年的编年通史《资治通鉴》提供了一个最著名的例子。在这样一部长篇编年史中，我们几乎见不到对奇怪事件和超自然性的报告。相反，每当有这种迹象他就毫不犹豫地揭露说这些所谓吉兆符瑞是宫中谄媚之徒伪造。他在一封给助手的信中针对在《资治通鉴》的初期草稿中包括还是排除“妖异”给出专门指示。例如：“谶记……因而致杀戮叛乱者，并存之。其妄有牵和……不须也。”“妖怪，或有所儆戒……或因而生事……并存之，其余不须也。”[②]很清楚，他甚至在第一稿中就打算把“妖异”限制到最小范围；只有那些在历史中造成实际后果的才被保留。不过，当我们现在把这封信与《资治通鉴》对照着检查，进一步显示出一些起初列举出来要包括在内的特定“妖异”在他的最后稿中也被删掉了。在这部长篇编年史中，就如在《史记》中一样，我们找不到一丁点迹象表明历史在向一个预定的结局发展。的确，在中国民间宗教中我们始终能够找到一些“天意”的元素，但是它们没能渗透到史学领域。

---

① Fornara, *Nature of History*, p. 78.

② E. G. Pulleyblank, “Chinese Historical Criticism: Liu Chih-chi(刘知几) and Ssu-ma Kuang(司马光),” in *Historians of China and Japan*, p. 163.(原文引自一篇论司马光的英文论文，未说明原始出处，看内容像是司马光《答范梦得书》中的话语，故据以还原。引文出自此文中“妖异有所儆戒”一语下的小字夹注，现全文照录，以便完整了解司马光之意：“凡国家灾异，本纪所书者并存之，其本志强附时事者不须也。谶记，如李淳风言武氏之类，及因而致杀戮叛乱者，并存之；其妄有牵合，如木人斗为朱字之类，不须也。相貌符瑞，或因此为人所忌，或为人所附，或人主好之而谄者伪造，或实有而可信者，并存之，其余不须也。妖怪，或有所儆戒，如鬼书武三思门，或因而生事，如杨慎矜墓流血之类，并存之，其余不须也。”见《全宋文》第28册，巴蜀书社1992年版，第430～431页。——译者注)

像我在这篇文章开头指出的，正是关于历史的天意观的近代世俗形式在这个世纪的转折关头迷惑了中国人的史学思维。“进步”、“进化”和“发展”这些思想被中国历史学家普遍接受，这就是柯林武德所说的研究历史的“绝对前提”(absolute presuppositions)。因此，它也吸引我把对中国史学思想的反思转向历史目的论的现代版本。

我觉得近代的“进步”思想在一个本质的方面与它最初的、宗教的版本不同：历史的“结局”、“目标”或“目的”不再是由被称为“上帝”的超人力量从外部强加的。取而代之的是，它是历史所固有的，并不停地从内部寻求自我实现。这个内在于历史的基本动力是被称为“精神”还是“物质”没什么区别。只要它推动自己达到自己的“结局”，历史就向着一个而且是唯一的预定的方向运动。作为一个结果，整个历史进程必定呈现一种明确的形态或展示一个全景模式。在这个不可逆的进程中，作为个体的人以及他们的个人目的和信仰无关紧要。因为他们与分子没有根本不同，并且他们的各种感知是虚幻的。他们的存在仅意味着让这个基本动力在历史中实现自己。

如果我们像这样漫画这种近代的历史目的论，那么我们必须说，它与中国人历史思维间的抵触就与上文讨论过的同天意思想之间扞格不通一样。无论如何，在此简单提及中国人对历史中“非人力因素”的理解似乎正当其时。有时我发现难于抗拒诱惑去把司马迁在《史记》中所说的“天”解释为对“非人力因素”的模糊指涉，这种解释也包括作为一个整体的人类的动力。例如，当他谈到公元前221年秦始皇承天命统一中国的时候，他可能在脑子里也有种模糊的意识，觉得历史趋势造成的变化对个人来说太巨大以至难于阻止或抵抗。为求一个适用的术语，他只能借助“天”这一传统概念。但是后来，一个新的术语“势”被用来解释包括“非人力因素”在内的历史变化。柳宗元(773～819)用制度术语来言说公元前221年的同一事件——从“封建”变为“郡县”，在此他不是用“天”这种旧思想而是采用“势”这一新观念作为自己的解释性概念，“势” 视上下文可以被翻译为“条件”、“形势”、“趋势”等等诸如此类(此字与早先提过的意指“抄写员”、“档案保管员”或“撰史人”的“史”不同)。按他所说，中国的“封建”并非如传统所说的纯粹由人设计产生。并不是古代圣贤发明了这种思想，然后把它建设为一种政治制度。也不是秦始皇为了便于实行中央集权而专制地废除了它。相反，这个制度的开始和终结都是“时势”所需。在这里，柳宗元清楚地构想出了我们将称为历史中"非人力因素"的东西。[①]

柳宗元之后,"势"一语被牢固地确立为历史分析的一类。举两个出众的例子就足以解释我们的观点。王夫之(1619～1692)在他关于中国历史的哲学论文中尤其广泛深入地使用了这一术语。当他试图描述特定的重大历史变化为何发生时,经常诉诸"势"的观念。他以一种很容易令人触想起柳宗元的方式,也把秦朝废"封建"兴"郡县"归为历史时势造就的力量作用所致。他甚至更进一步提出可能存在着控制历史变局中非人力因素的"理"。如他的一条语录所说,"势随时变,理因势变"[②]。

章学诚在他最著名的论文《原道》中用"势"来解释"道"在历史中的演进。章学诚把"道"历史化到危险地接近了其时代精神所允许的儒学信仰之边界。在他的概念中,当"道"逐渐卷入历史中时,它通过政治、社会、经济和文化方面各种各样的制度化发展而在人类社会中形成。"道"的开始是最简单的家庭形式("三人居室"),然后随着人口增长和社会分工增多而发展得越来越复杂。就此而言,它处在一个进化过程中。[③] 然而,我们这里最感兴趣的是章学诚如何把"非人力因素"引入这个进化过程。在儒学兴起前的古代,出现了包括"封建"在内的许多重大制度,这标志着"道"进化中的第一个突破。按照儒家习惯说法,这些制度由许多圣贤统治者建立,被孔子无限崇敬的周公是这个统治者序列中的最后一位。章学诚像柳宗元一样,反对这个传统的"大人"理论,但他以一种更加系统和精致的方式反对。在他的观

---

① Jo-shui Chen(陈若水),*Liu Tsung-yuan*(柳宗元)*and Intellectual Change in T'ang China 773-819*,Cambridge,1992,p. 96. 然而应当注意,在柳宗元之前,8 世纪中期的几位作家早已提议把历史看作一个有模式和趋势的非人为的长期过程。见 David McMullen,"Historical and Literary Theory in the Mid-Eighth Century," in *Perspectives on the T'ang*, eds., Arthur E. Wright and Denis Twitchett,New Haven,1973,pp. 321-326.

② Ian McMorran,"Wang Fu-chih(王夫之)and the Neo-Confucian Tradition," in *The Unfolding of Neo-Confucianism*, ed., Wm. Theodore de Bary,New York,1975,pp. 455-457;On-cho Ng, "A Tension in Ch'ing Thought: Historicism in Seventeenth-and Eighteenth-Century Chinese Thought," in *Journal of the History of Ideas*,54(1993),p. 568.

③ 章学诚《原道上》原话:"天地生人,斯有道矣,而未形也。三人居室,而道形矣,犹未著也。人有什伍而至百千,一室所不能容,部别班分,而道著矣。……三人居室……既非一身,则必有分任者矣。或各司其事,或番易其班,所谓不得不然之势也,而均平秩序之义出矣。又恐交委而互争焉,则必推年之长者持其平,亦不得不然之势也,而长幼尊卑之别形矣。至于什伍千百,部别班分,亦必各长其什伍,而积至于千百,则人众而赖于干济,必推之杰者理其繁,势纷而须于率俾,必推德之懋者司其化,是亦不得不然之势也;而作君作师,画野分州,井田封建学校之意著矣。故道者,非圣人智力之所能焉,皆其事势自然,渐形渐著,不得已而出之,故曰天也。"见叶瑛校注《文史通义校注》,中华书局 1985 年版,第 119 页。——译者注

念中,即使是"圣智"如周公者,如果不是碰巧生活在经纶制作所需之道法大备之时,也不可能集千古之成制如此多制度。① 恰如尼维森(David S. Nivison)的贴切之语:"一个圣人不能'创造'出任何东西。他所能成就的受历史机遇所赋予之可能性的严格限制。"②章学诚在讨论古代制度时坚持把这些制度的起源归结为他所描绘的"不得不然"的时势。但他超过柳宗元,暗示这些不得不然的时会最终兴起于无人在意的普通百姓的"人伦日用",他把这定义为"道"本身。这就是为什么他说只有"以吏为师",贤者才能设法了解"道"。③ 这种思想在儒家传统中根本不新鲜。但章学诚肯定是第一个把它运用到历史中的儒家思想家,从而把他用"不得不然之势"所指之意更明晰地表达了出来。

17世纪中期以后,中国史学经历了一个重大变化,部分归因于实证学术的兴起,部分归因于这里无法讨论的外部因素。鉴于我们眼下的目的,我只希望提到三个重要发展。第一,历史学家的研究超出政治史范畴并向各个方向扩展。其次,他们倾向于把注意力集中于特殊的话题和难题,并开始以一种原型论文的(proto-monographic)形式描述他们的新发现。我用"原型论文"一词是因为他们喜爱的学术交流媒介是能够被发展成现代论文的高度浓缩的"笔记"。事实上,很多20世纪的中国历史学家的确曾将这些"笔记"当作他们专题研究的起点。中国宗教史研究的首席权威陈垣(1880～1971)曾经打过一个饶有趣味的比喻:"在乾嘉诸老中,不过笔记一条,扩而充之,则为今人一论文矣。譬诸炼奶,一匙可冲水一大碗也。"④第三,清前期的语言学转向使学者们越来越多地明白了语言的历史变化。经学家和史学家一个共同的核心考虑是,发现词语和术语自孔子时代以降变化着的含义。其结果是,学者们的视野被拓宽,研究变得专门化,历史感觉敏锐起来。

王夫之和章学诚关于历史变化的思想必须比照这些知识转向来理解。在历史学实践中,对中国文明某一方面的起源、演进或变化的兴趣也在不断增长,随便举几个例子,如亲属制、宗教礼仪和信仰、哲学思想、科举制、诗

---

① 章学诚《原道上》原话:"周公以天纵生知之圣,而适当积古留传、道法大备之时,是以经纶制作,集千古之大成,则亦时会使然,非周公之圣智能使之然也。"见《文史通义校注》,中华书局1985年版,第120～121页。——译者注

② Nivision, *Chang Hsüeh-ch'eng*, p. 145.

③ 从"人伦日用"开始,章学诚原话是:"则政教典章、人伦日用之外,更无别出著述之道……秦人……云学法令者,以吏为师,则亦道器合一,而官师至教,未尝分歧为二之至理也。"《原道中》,见《文史通义校注》,中华书局1985年版,第132页。——译者注

④ 陈智超编:《陈垣来往书信集》,上海古籍出版社1990年版,第686页。

歌、绘画、音乐、印刷和裹脚。有人(如赵翼,1727~1814)甚至冒险对历史时期较长或较短的变化模式提出概括性评论,并揭示其所以然。我们可能没有人会随梁启超走得那么远去断定"清儒治学,纯用归纳法,纯用科学精神"。但无论如何不能否认,近代(西方)史学研究的一些重要元素在清代的考据学研究中已开始出现。中国史学在西方人到来前夕已经在概念上和方法论上达到它自己的顶峰,这个结论大概是可信的。18世纪最后几年,赵翼在他的《廿二史劄记》中提出了理解中国历史的一个重要新方法,恰在这同时章学诚在《文史通义》中发展出了系统化的史学理论和思想,这不能纯粹看作巧合。就我的判断力所及,在中国悠久的知识传统中,章学诚的作品是唯一一部在几种意义上都真正够称"历史哲学"的作品。赵翼和章学诚在近代史学史上的重要意义被普利布兰克(E. G. Pulleyblank)在其《中国和日本的历史学家》(*Historians of China and Japan*)中很好地总结过:在前者身上,"我们发现了一个能够越过孤立的细节看事物、并对社会史和制度史趋势作出归纳概括的人,这种归纳概括正是近代历史学家设法要建立的"。另一方面,后者提出了"关于历史的性质与含义的一般性思想,这是首次试图打破传统框架并探讨一个比较像我们现代观念的概念"。

但即使如赵翼和章学诚的例子所显示的,中国史学晚至18世纪时开始与它的西方对应者接近,也仍然没有迹象表明中国史学家曾设想历史是一个走向明确结局的直线发展过程。换句话说,在中国传统中找不到黑格尔、马克思、斯宾格勒和汤因比这样的人。的确,柳宗元、王夫之和章学诚都发展出了"道"在历史中进化的思想。但是,更仔细的审查表明他们无一曾用表达黑格尔"精神"一词意义的术语来设想"道",黑格尔的"精神"用"历史"来实现自己的结局。相反,"道"实际上无所作为,并且它的进化完全依赖于人(尤其是圣人)的作为。因为他们依然全都相信孔子最先发明的重要真理:"人能弘道,非道弘人。"(《论语·卫灵公》)

如上所述,中国史学家并不是全然不知"非人力因素"在历史中的作用。他们也认识到往昔之中有"历史趋势"或"变化模式"。然而当他们涉险进行概括时,这些概括无一例外有时间限制并局限在一个特定的方面。他们从没想过建立"普遍历史法则"或把人类历史整个进程理论化是他们的事。由于深受《易经》的宇宙观影响,历史过程永远不会终结是他们的"绝对前提"之一。传统中国每一位受过教育的人都知道《易经》中的最后一卦"未济":

"物不可穷也,故受之以《未济》。终焉。"[①]"历史的终结"这种思想的两种意义对传统中国史学家的思维来说都是彻底不可想象的。在这点上,以《易经》宇宙观为其历史思想首要基础的王夫之可以被当作证方再提出来。马克莫安(Ian Mcmorran)精炼地总结道:

> 一个人只能通过对构成"势"的各种因素的全面分析去估计"势"的趋势如何起作用……然而这种趋势并非必定不可逆转;只有它自身的变化是必然的。随着宇宙的不断进化,势也在不断改变,但它们变化的方式既不是预定的,也并非绝对不可避免的。人必须尽其所能去影响它。[②]

不用说,王夫之关于宇宙的思考运用于历史也同样有效。在中国传统思想中,人力具有核心重要性,这就给任何一种完全决定论都没留下多少余地。

中国史学家缺少深入思考整个历史进程的冲动,这使我们难于就中国史学思想是线性的还是循环的作出任何明确的断言。西方学者有一个普遍倾向——把中国归入循环史观一类,这在很大程度上是因为"王朝更替"思想非常普及,但就我的理解,"王朝更替"是个非常误导人的术语。即使在政治史领域,宋朝以来的儒家学者中间也一直有种明显趋势,宣称他们自己的朝代在一些特定方面优于前朝。杨联陞曾把这种心态描述为"朝代比赛",暗含了一种有限意义的"进步"。至于物质生活和社会习俗,唐代制度史学家杜预(735～812)以相当肯定的术语声明,中国人在很早以前就从野蛮人进化为如他的时代那样生活方式高度文明的人。[③] 在哲学上,黄宗羲(1610～1695)也说明代哲学比以前各代都进步得多。[④] 我们经常发现同一位历史学家会在一个方面持循环论观点而在另一个方面又有直线发展思想,司马迁也是这样。但是在中国,进步并不一定是指不可逆转。进化过程也不会预定"宇宙法则"或特别"结局"。在此脉络下,我想提出,将"进步"与"循环"之间的区分运用于中国史学思想的困难对由来已久的所有西方二分法同样存在,如"普遍性对特殊性"、"客观性对道德判断"、"说明对阐释"或"历史对编年史"。

从黑格尔到现代汉学家,当他们把作为一个整体的中国史学同西方史

---

① 文中所引为卫礼贤(Richard Willhem)《易经》译本中的话,今还原为《序卦》中原文。——译者注

② Mc Morran,"Wang Fu-chih," p. 457.

③ 参见杨联陞《朝代间比赛》,载《杨联陞论文集》,中国社会科学出版社 1992 年版,第 126～138 页。杜预的评论在第 133 页被引用。

④ 黄宗羲著、Julia Ching(秦家懿)编:《明儒学案》,Honolulu,1987,p. 46.

学作对比时，都不断描述中国史学主要关心“事实”而缺乏“观点或推理”(黑格尔)或“这种要求形成归纳的抽象思考”。[①] 我在此不打算直接回应这种判断，因为这么做需要许多的“推理”或“抽象思考”，恐怕超出了我在当前展开的文章脉络下所能够提供的。但我必须说这种判断有一定的事实基础，不能轻易地被当作西方“偏见”而置之不理。

作为我这篇反思文章的尾声，我希望将中国史学里这种被指控为消极的特征与伯克论文中提到的其他几点联系起来，如西方史学里带有目的论和因果论解释的成见。受过西方哲学、逻辑学全面训练的中国著名哲学家金岳霖(1896～1984)在中西哲学之间进行过粗略对比。他认为，“中国哲学的一个标志性特征是那种被称为逻辑—目的论意识的东西发展不完善”。其结果是，也缺乏科学的系统化发展。不仅如此，中国哲学对“天人合一”的强调也阻止了中国人发展出对自然界的培根主义态度。[②] 我相信，金岳霖为中国哲学总结的特征在适用于中国史学时须作必要修改。如伯克指出的，希腊史学作品中“原因”一词的早期起源暗示出“史书是对自然科学的模仿这种西方思想渊源有自”。为了简明起见，我想把目的论解释和因果论解释都看作最终植根于西方文化中通常所称的“理论理性”(theoretical reason)。这样，上文所引的所谓缺乏推理或缺乏抽象思考就可以被理解为是中国传统中“理论理性”或“玄思理性”发展不完善的结果。我经过全面考虑才强调“发展不完善”这个词。因为“发展不完善”同“完全欠缺”不一样。如果我们看看中国哲学(尤其是理学)，而不是中国史学，我们就能找到大量抽象推理，即使它在其西方对应者面前仍显贫乏。根据我自己的理解，传统中国史家也同样关心一个具有某种历史重要性的特殊事件为何会像这样发生。司马迁在《秦始皇本纪》结尾时对贾谊《过秦论》的总结只不过是表现这位史学巨擘在寻找秦朝覆亡“原因”的一个例子。

但是总体而言，不曾有过像西方这样对历史中的“终极原因”进行理论化或在历史中寻找“普遍法则”的系统性尝试。与西方的史学理论家相对照，中

---

① G. W. F. Hegel, *Lectures on the Philosophy of History*, New York, 1956, p. 135; Etienne Balazs, "History as a Guide to Bureaucratic Practice," in *Chinese Civilization and Bureaucracy*, New Haven, 1964, p. 129.

② Yüeh-lin Chin(金岳霖), "Chinese Philosophy," in *Social Science in China*, 1(1981), pp. 83-93.(注释称此话出自金岳霖载于《中国社会科学》1981 年第 1 期的文章《中国哲学》，但《中国社会科学》该期实无此文，且据《报刊资料索引》和《全国报刊索引》检索，1980～1983 年各刊物都没有金岳霖的哲学类文章。余英时对于中文资料一般用拼音书写或注明是中文，此处却没有注明，推测可能并非来自中文文本，这里只能意译。——译者注)

国史学家中没有人准备从一个重要的历史观察中发展出一个系统化的理论,这恐怕要归结于他那着实不发达的"理论理性"。例如,班固的《汉书·食货志》已经清楚地显示出中国史学家们长期以来就强调经济基础对道德意识和社会秩序的重要性。[①] 但是遵循马克思和恩格斯《德意志意识形态》思路的理论化发展甚至连做梦也不会被梦到。也许卡尔·曼海姆(Karl Mannheim)的意见有几分正确:"德国一直存在着一种把逻辑论据推向终极结论的极端化倾向。"[②]依我之见,这似乎是西方思想的一个普遍特征,与其充分发展的"理论理性"不无关系。但是"理论理性"在史学领域的发展同样也付出了高昂代价。它不仅导致理论一个接一个孳生,有时它也被自己内在的逻辑驱使去尝试建立一个这样或那样的意图具备普遍有效性的宏大体系(grand system)。

20 世纪的中国史学家已经基本上是西方宏大理论的俘虏。让他们从这长达一个世纪的被俘中解放出来的时机已真正到来。"理论理性"值得在中国史学中发展,这没问题,但它不等于尝试另一种宏大理论,而是达到有意义的综合——在任何可研究的课题中都这样——前提是无损于必然因事而异的史料的本质。著名的俄国史学家古里维奇(Aaron I. Gurevich)就在最近才从他称为"历史编纂学"(当然是西方起源的)的概念的束缚中获得自由,他提供了这条启示:

> 对我来说,所有这些考虑都暗示着有必要揭示出一种特殊的历史目的。与现在声誉不佳的历史学(historiosophy)相反,历史的特殊目的在这里暗示着不需要制造一种单一的普适性结构。为了取代那种不区别无限多样的历史材料而求适用的单一系统,我们提出了一种能够随研究进程发展的特定解释法(ad hoc hermeneutical method)。这种方法应同时以所研究的个别史料和所使用的分析方法为基础。[③]

就以这段睿智的忠告作为本文的结束吧。

(吴莉苇　译)

---

① Nancy Lee Swann, *Food and Money in Ancient China: The Earliest Economic History of China to A. D. 25*, Princeton, 1950, pp. 114-115, 132-134.

② Karl Mannheim, "Conservative Thought," in *Essays on Sociology and Social Psychology*, London, 1953, p. 79.

③ Aaron I. Gurevich, "The Double Responsibility of the Historian," in *The Social Responsibility of the Historian*, ed., Francois Bedarida, Providence, 1994, pp. 80-81.

# 历史必须遵循理性的解释模式吗？

## ——来自中国人视角的批评问题

［美］托马斯·李

我从一个接受西方史学思维教育的中国历史学者的角度写作此文。因而，我的评论将建立在我对过去中国的理解基础之上。为使我的中心论点能有一个适当视角，我想提出三个问题，它们将有助于阐释伯克先生的观点。

第一个问题是关于伯克先生的第一和第二两篇论文。在这两篇论文中，伯克先生使用了“均衡”这一概念，并将其与循环的历史观相联系。当然，伯克先生并未说“均衡”的概念就等同于循环的历史观。但对这两个概念作一较为明确的区别也许应该是有必要的。“均衡”更适宜表示众多构成要素持续互动而谋求平衡的一种状态。这个概念也许更适宜描述历史存在的状态而不是历史过程的状态。尤其是，我认为，均衡的概念承认不易共存的要素因竞争而存在。或者说，均衡的概念是一种世界观，即在任何特定的时段，与其他要素或因素相比，没有一个要素或因素更能显示其作用。在历史思维的情境之中，我认为历史是一个变化的均衡过程，而这个过程未必意味着在循环模式中有规律存在。不同的要素、事物或系统遵循着一种可预言的模式或规律作无休止的反复，这便是循环的历史观。但是，如果变化的均衡过程并不遵循着任何模式或规律，那又将是什么呢？循环的历史观构建在变化是遵循着特定规律或模式的假设之上的，即便变化是重复的。如此，这种变化远远超过变化的均衡。在我看来，西方传统中并不存在将历史理解为变化的均衡这种真正企图。

第二个问题与历史知识的认识论上的敏锐性有关。在西方史学思想所有的显著特征中,在我看来,试图去“理解”是其中最突出的一个特征。对我来说,似乎西方传统更关注阐释人类经验的特性而不是其意义。在试图描述过程(诸如线性—循环,抑或辨别历史变迁动因之类)的变化时,其所关注的焦点几乎都集中在发掘历史变迁的理由(原因)或模式(基于理性的研究或调查)上。我甚至认为,对作为历史知识基础的“文本”的需求源自于对“解释”的关注:运用文本能使历史学者更好地说明(或分类)真实的人类经验。简而言之,我认为西方历史传统的全部关注可归纳为具有对历史经验性质关注的特征。而伯克先生也的确未考虑将传统上形成于犹太教—基督教信仰的道德或伦理判断作为西方传统的一个特征。

第三个问题是西方理性地甚至是逻辑地专注于描述历史的规律性或模式。① 我认为这种专注通常导致了一种目的论的探究。尽管伯克先生在其论文中未用“目的论”一词,但在西方,线性时间观的流行隐含着目的论。即使是循环的历史观也暗示着有秩序的持续变迁,如无灵魂拯救的观点,同样隐含着可预言性。总之,专注于历史过程的模式与规律性无疑是西方传统中最重要的深层次的假设。然而,20 世纪解释论方法的发展对这种假设提出了一个意义重大的挑战。或许从微观的角度考察历史过程,即将变迁解释为解释论的循环,比之提供宏观的模式或“方向”的解释更有益处。简单地说,如果我们可以以解释论的多维度考察历史,我们也许能从一个有趣的新视角更好地描述历史变迁。

我认为中国传统主要是关注均衡、意义和解释论的循环。然而,西方历史学者较多关注描述历史变迁的性质和过程;相比之下,中国历史学者则更为关注构成无止境的历史变迁(其过程可能是循环往复的,也可能是线性的)的偶然因素之间的均衡。中国历史学者对均衡的专注能够弥补西方历史学者对规律性或模式的思维定式。历史映像不仅仅取决于前后发生的历史事件之间的因果关系,也取决于描述为什么(而不是怎么样)均衡被某个支配因素打破,以及这一因素如何继续作用的同时新因素出现并重新形成新的均衡。

以观念为例。中国历史学者承认在同一时段存在着相互冲突的观念。从理论上讲,这些观念应该处在和谐的平衡中。因此,弄清楚这些观念的均衡为什么和如何被打破,与确定这些观念中哪种观念更具理性(具有道德)

① 我是在一般意义上使用“理性”一词,意指历史是能够被“理性”理解的,因为历史结构或过程是以理性理解为条件的,尽管历史性质可能被证明是非理性的。对一个中国历史学者而言,这种专注不具有多大意义。

和更符合自然与人类“法则”或“秩序”是同样重要的。目的论或规律性取向的历史思想更多地关注探究真理，或至少是关注探究一种观念如何优于另一种观念。对一个中国思想家而言，这种关注的重要性并不等同于关注为什么一组复杂的观念不能维持其有效的甚至是缺乏协调的平衡。因此，中国思想家对真理是什么的关注远不如对如何重建均衡的关注。换言之，各种观念始终共存一直是中国人的立场，各种观念重建以达到其原有的和谐(均衡)状态是最为重要的。如果一种观念不能与其他观念协调互动，那么它就是不完美的。如此，观念的历史可视之为一种丧失了原始均衡的延续状态，是绝望和缺乏拯救的历史。中国人的普遍观点是：观念的历史是一系列观念的偶然聚合体。他们很少关注在这些观念中是否有一种观念表达了方向或模式。

观念的历史被视之为一系列另类的与不协调的观念的随意组合，那么对于我们来说，历史就意味着一个没有规律性的过程。因此，将中国人的时间观归结为波利比阿或圣·奥古斯丁使用的循环实际上是不正确的。相反，中国历史学者所说的历史犹如物理学上的勃朗宁运程。

解释论的方法在某种程度上揭示了中国人的历史观念。按照中国人的观点，如果每个时段是不平衡状态中相互冲突的因素的集合的话，而历史变迁很少表现出或者根本就没有模式的话，那么，解释变迁的最好方法可能就是解释论的循环。[①] 这里除了表明以下两点之外，我不展开系统的讨论。第一，解释长时段的历史变迁从来不是中国历史研究的长处；第二，因果关系被运用在微观或宏观的方法中。历史意义之外的东西吸引了中国历史学者。

如上所述，西方历史哲学并不缺乏对发掘历史意义的强调，在我看来，只有当我们首先了解了性质的变迁后，这些尝试才是可行的。但中国的传统很少意识到这种信念的益处。中国历史学者不是特别关注历史的性质：在孔夫子乃至孔夫子之前，世界万物的道德秩序已经毋需证明了，那么需要做的只是重建其原有的秩序。伴随着这种关注的一直就是如何从检验道德公正的失误与均衡的破坏或失衡之间的关系中汲取道德教训。简言之，中国传统关注的中心是用人类的道德经验去凸现历史的变迁。对道德的历史意义的关注是高于一切的——假定个人的历史与历史变迁之间存在共鸣，并使后人能够理解他们——这构成了中国史学思维的最重要特征。不能推

① 偶尔尝试以认识规律性——线性的、螺旋的或循环的——存在，但这种尝试不是主流。

定可预见性的本质就是发现隐藏的信息。

一般来说,西方传统的长处是强调知识,即认为过去的和现在的经验是一致的,而历史的过程是有规律性的。这种观点至少与色诺芬一样古老。然而,即使没有抛弃人类本性是一致的假定,人们仍然可以认为:在历史的任何阶段,起作用的各种因素的聚合体不是必定按照规律性或模式运动的,也很少是有方向性的。历史过程是一系列无休止的微小变化,这种微小变化持续不断地、随意地运动着,以求达到均衡。似乎解释论的循环最接近这种寻求。但中国历史学者对描述“解释论的循环”本身的“过程”不感兴趣;相反,他们感兴趣的是利用资料去获得道德教训。他们这样做并没有受到历史性质问题的困扰。最重要的是,在人类的经验中,历史性质已经表明了道德生活的必要性。历史的意义是运用这些不言自明的道德认知去影响变化的过程,并期待原有的均衡或和谐最终得以复原。

我的问题是:(1)对于我们来说,在能够了解历史的意义之前,理解历史的性质有必要的吗?(2)历史能被理解为一系列没有方向或模式的彼此毫无联系的成分(因素)吗?如果是,拯救来自何方又来自何时?(3)如果我们接受历史是互动的因素的聚合体,没有一个总模式或规律性,这是否就必定意味着我们不能理性地理解历史?这是否就意味着这个主旨超越了理解?这是否就意味着不存在拯救?

我们在这里集中向解释论的传统提出了问题,但这个问题对于我们寻求人类历史经验的意义是极其重要的。

(邢丙彦　译)

# 关于早期印度历史思想的几点反思

[印度]罗密拉·塔帕尔

有人可能愿意相信我们已经达到了这样的程度，可以对世界各地的“历史文化”进行比较研究，或者更简单地说，对每个人的历史认知进行比较研究。然而，通常一种历史意识会全盘否定其他意识，除非它们与特定类型的历史相一致。因此，如果从具有启蒙意义这一观点来理解历史，那么“历史文化”就需要更为严密的界定。但是，正如近来一些论述理解历史问题的理论著作所证实的那样，历史的启蒙意识本质上也具有历史特殊性。姑且承认它是我们所认定的历史规则的基础（而且也是衡量其他文化中是否存在历史书写的标准），然而评论历史的其他代表应该是有可能的——所涉及的方面可以是：他们是否与我们所理解的历史相一致，他们如何反思自己的过去，如何发挥了历史意识的功能。由于普遍的观点是早期印度缺乏历史意识，因此我的回答很大程度上具有解释的性质，解释我是如何理解早期印度的历史意识。因为这否认了普遍的看法，因此在证明早期印度存在历史意识的时候，任何论述的前面都必先介绍将要参考的文本，在这些文本中可能会找到早期印度的历史意识之所在。

我所参考的文本在时间和形式上有很大的不同。[1] 这些文本涉及的时段大约在公元400年至公元1200年。由于这段将要叙述的过去和事件已经相当久远，我想引介四类文本：《往世书》(*Puranas*)、佛教僧侣的年代纪、历

---

① C. H. Philips, ed., *Historians of India, Pakistan and Ceylon*, London, 1961; A. K. Warder, *An Introduction to Indian Historiography*, Bombay, 1971; R. Thapar, Society and Historical Consciousness, in *Situating Indian History*, eds., S. Bhattacharya and R. Thapar, New Delhi, 1986.

史传记以及与某个朝代或地区相关的年代纪。与所有这些文本相联系的是被称作《如是所说往世书》(*itihasa-purana*)的经文典籍。尽管从现代意义上来说不该将之理解为历史,但是现在已将之视为"历史典籍"。"*itihasa*"的字面意思是"如是","*purana*"是指代往世。"*itihasa*"一词并不是作为一个标签贴在上文所提到的四类文本之上的,然而又与它们相关。

《往世书》是教派的经文集,每一篇要么是题献给印度神,要么是关于印度教信仰和修行。[①] 一些早期的经文,如《毗湿奴往世书》(*Vishnu Purana*),有一节是叙述家族史的,是经文的五个组成部分之一。这些家族史从第一个统治者摩奴开始讲起。如我们从《麻蹉史诗》(*Matsya Purana*)中所知,摩奴是巨洪之灾的幸存者,也是众多族裔的祖先。这些族裔中最受敬仰的是太阳家族和月亮家族,两者之间存在着显著的差异。据传这些家族后来分裂了并定居在不同的地方。他们最终毁灭于一场大战,史诗《摩诃婆罗多》(*Mahabharata*)中就描述了这次战争。和大洪水的历史作用相似,这是第二个时间里程碑。这些有关早期王侯的叙述取自于史诗和口头传说。到目前为止,口述传说通常因缺乏历史考证被摒弃。如果暂且把考证这些家族延承的史实性放在一边,那么从家族结构与政治权力和社会制度之间的关系中我们可以得出许多推论。[②] 和政治事件一样,它们与历史有着真实的关系。第一次世界大战之后,王朝史的叙述模式从根本上发生了改变,依次分列统治者名称、执政年代及其简略(表明其身世),记述一概使用将来时态。其他史料,如碑文,已经证实了这些王朝很多都是存在的。《往事说》中的这些章节对于拼合早期印度编年史来说具有重大的意义。它们包含在经文中,与宇宙史、神话、祭祀和对毗瑟拏的敬拜有关,这部分地赋予其以神圣性,但可能更多的是一种保障,使得这些资料得以保存和遗传。

佛教僧院纪事从斯里兰卡传入并得以延存至今,它还可以追溯到公元一千年的中期。[③]《岛史》(*Dipavamsa*)记载了岛屿的历史,但是它的可信度要比《大史》(*Mahavamsa*)低。《大史》记述了斯里兰卡强盛的摩诃毗诃罗(Mahavihara)的历史。事件叙述涉及到岛上的居民——有些是本土的,有

---

① F. E. Pargiter, *Ancient Indian Historical Tradition*, London, 1922; *The Purana Text of the Dynasties of the Kali Age*, London, 1913.

② R. Thapar, "Genealogical Patterns as Perceptions of the Past," in *Studies in History*, n. s. 7.1. (1991), pp. 1-36.

③ L. S. Pereira, "The Pali Chronicle of Ceylon," in *Historians*, ed., C. H. Philips, pp. 29-43.

些是移居的——和一些小国的政权，它以印度佛教的传入为时间上的转折点。从这个转折点起，文本中记述了国家权力和僧伽（Sangha）或佛教权威之间的交互作用。除了斯里兰卡当时的政治，该叙述也将印度王朝史编入其中。编年史的基础是时间序列上的一个定点，如《大般涅槃》（*Mahaparinirvana*）或公元15世纪后期佛陀去世的日期。[①] 叙事描述了摩诃毗诃罗的兴衰变迁及其成为强大的机构的最终结局。佛陀的史实性、该日期的向心性、理清教派分裂和记录财产来源的必要性，都有助于促成一种更为鲜明的意识去维持和保存僧院记录。然而，很可能正是僧院和宫廷之间关系的变化激发了一种更为精确的历史的诞生。从某种意义上说，这些僧院纪事也是史诗的替代品，其中的英雄就是摩诃毗诃罗，它是僧伽或佛教在斯里兰卡的基本的佛教机构。

四种类型中的第二类和第三类是以宫廷文学为基础的。公元一千年期间，甚至在这之后，宫廷是强大的政治和文化中心。建制完备的王国出现了，它虽根源于过去，却具有崭新的形式。这种认识到国家是一个独特实体的意识，不再零星镶嵌于宗教的经文中，它尽管并未与宗教完全分离，但是已远离早期时代的难以摆脱的家谱。这些传记并不着力精确详细地记述个人的行为活动，而是力图传达那个时代以及国王所管治的宫廷的气息。[②] 做到这一点，一般采用的方法是：讲述一系列与国王统治密切相关的事件。这些事件可以是夺取一个城池或地区。这被认为是宗主国的基本权利，例如在巴纳巴哈塔（Banabhatta）所写的《哈撒卡里塔》（*Harsacarita*）中所描述的曷利沙伐弹那（Harshavardhana）获得坎瑙吉（Kannauj）的故事；或者是镇压已危及到国王政权的叛乱，如善德海亚卡拉兰丁（Sandhyakaranandin）所写的《罗摩强瑞塔》（*Ramacarita*）。由于传记本质上就是宫廷传统文学，因此传记和散文传奇在风格和形式上有相当多重合，这很明显体现在两部著作的对比之中。它们是公元7世纪备受尊敬的传记作家巴纳巴哈塔（Banabhatta）的两部著作——《哈撒卡里塔》和《噶当巴里》（*Kadambari*）。必须承认，这样的文本正是通过文学体裁的形式在回味历史。

第四个主要的类别是编年史，而不是那些附属于宗教制度的文本。它们要么是王朝编年史，要么是地区性王国的编年表。这类编年史被称为“瓦

---

① 近来有些学者甚至偏向于将此时间提前到公元前368年。参阅 H. Bechert, ed., *The Dating of the Historical Buddha*, Gottingen, 1991. 但是也有个别观点认为这些编年史将它们的年表确定了固定的年代。

② V. S. Pathak, *Ancient Historians of India*, Bombay, 1996.

姆沙瓦利”(vamshavali)或“继承之路”。这类编年史遵循一个模式。它们首先界定所述事件发生的地区范围;如果有什么神话与这个地区相关,也会在其中讲述这些神话。因此,许多有关喜马拉雅(Himalayan)王国的编年史都从讲述这样一个神话开始。在喜马拉雅山山谷里曾经有一个大湖,通过某件神奇的事迹,湖水被排干了。这些编年史最初几个章节会尝试着把这个地区与《往事说》的家系中提到的英雄和族长们联系起来。[①] 这是一种通过历史和起源地理进行编合的形式。继这些叙述之后是描写王国的创立,叙述者会逐渐开始谈及所要记述的人和事的特点。编年史后部分的内容可以与不同的国王所颁布的各种碑文相比较,碑文已被现代历史学家看作是更为可信的史料。碑文证实了编年史,并为其提供补充资料,但是有时它们也会与编年史中的内容相矛盾。即使并非经常,这样的矛盾也会出现在其他相邻地区的编年史中。战利品和索求社会起源的权力是争论的热点。

编年史时常以更简明扼要的形式出现在王朝颁布的碑文中,这样的记述在公元7、8世纪之后不断增加。有时候可以从由统治者或与宫廷相关的其他人撰写的碑文重现王朝的历史,例如位于印度中部的邦德尔克罕德(Bundelkhand)的羌德拉斯(Chandellas)。[②] 许多更为重要的碑文——如那些在寺庙供奉仪式上题献的碑文——常简要记述王朝起源和先前的统治者以及王朝列王的主要功绩。这些碑文必然是这些事件的官方版本,可以预料的是它们和宫廷的告示内容是一样的。这需要现代历史学家把它们和可能获得的其他版本(如史诗和民间传说)联系起来。这些碑文可能没有被贴上“历史”的标签,但是被看作历史作品的意图是很明显的。

为了回到历史文化这一问题上来,行为方式之一就是探明:在19世纪那个非常重视知识是否具有历史基础的时代,为什么有些社会、文化、文明被认为没有历史。[③] 可能最惊人的例子就是印度文明因无历史记载而被排斥在文明之外。18世纪末和19世纪初,东方学者对印度历史的探索结果是否定的,唯一的例外是凯尔哈纳(Kalhana)的《王河》(*Rajatarangini*),一段关于12世纪的克什米尔的历史。其之所以被看作历史是出于三个原因:引言详细地记录了作者所参考的资料,并附有对每类资料可靠性的评定;叙述是

---

① J. Ph. Vogel, *Antiquities of Chamba State*, Calcutta, 1911, ASI, vol. XXXV.

② N. S. Bose, *History of the Chandellas of Jejakabhukti*, Calcutta, 1956; S. K. Mitra, *The Early Rulers of Khajuroho*, Calcutta, 1958.

③ M. A. Stein, *Kalhana's Rajatarangini*, *A Chronicle of the Kings of Kashmir*, London, 1990.

按照年月日的顺序和事件演变的先后进行的；它还有个明显的变换，即由较多的神话虚构转变为更多的现实性，如同当代所趋向于做到的那样；而且这种表达起到了一定程度的因果解释的作用。这与历史意识的启蒙意义是相一致，因此《王河》被欣然接纳为历史。这显然体现了一种意识，即历史不仅是一种显示对过去的认知的文本，而且还是一种探究这种认知是如何被创造出来的意识。这暗示存在着一个上下文的逻辑关系，资料的呈现正是遵循着这个关系，现代读者应该认识到这种关系。另外，要有一种以上的史料，多种史料之间的比较研究才可能会对历史事件作出一个更为详尽的解释。

由于只有一部文本符合当时所界定的“历史”的标准，有人主张东方学者必须“重新发现”印度的过去，遵照西方历史写作原则来呈现印度历史。这当然非常适宜于殖民政策。在19世纪，这关系到将印度作为一个殖民经济体进行重建的问题。提供一种新鲜的叙述历史的方式有利于实现这个目的，尤其是如果它能会产生一种认同，而这种认同则认为过去遗留下来只是支离破碎的残片。然而，除了《王河》，又不断发现了其他的文本含有历史意识的成分，可惜这些要素表现得更为含蓄，因此很难一目了然地辨别出来。它们是这种文本，当对其上下文进行推敲，会发现它们有意要作为历史意识的包装。它们按年代相继的顺序叙述，并且它们体现了一种因果解释的观念。它们有点类似于中世纪欧洲的作品，打上了普遍伦理的烙印。但是很显然，对于那些要从中寻求启蒙运动式的历史的人来说，它们是不会被认可的。

有人说，欧洲后启蒙时代的历史特殊体现了一种时间和空间意识以及进步的观念。欧洲的历史与线性时间和明确界定的地理范围是相联系的。两者在印度历史中却表现得非常不同。印度和传统世界有一种以时间循环论为基础的宇宙观，而且按照推测，印度的循环性时间是排斥历史的。这已经成为关于印度时间的永恒的神话之一。[①]《往事说》中的宇宙论提到四个轮回：萨提亚（Satya）、特瑞塔（Treta）、都瓦帕尔（Dvapara）和卡莉（Kali）。四个轮回构成了一个大轮回，即大乘瑜伽（mahayuga）。这些轮回的时间长度的结构成等差级数下降。大轮回总的时间长度是四百三十二万年。然而，意义重大的是，第四个轮回（即目前的卡莉时代）有各种线性时间推算方法，其中至少有两种完全与历史意识相关联。《毗湿奴往世书》（*Visnu Pura-*

① R. Thapar, *Time as a Metaphor of History*, *Early India*, New Delhi, 1996.

na)中的家族篇章,用家谱的形式列述了诸位英雄和国王,他们的统治是从时间的起点开始,一直延续到公元一千年中期左右。在该家族篇章中,编年表先是按照世代相继的顺序排列,然后按照朝代的先后排列。每个朝代都有其国王列表和详细的在位时期。对重新编订早期印度编年史来说,该文本具有一定的重要性。除此之外,它还具有时代意识;在公元一千年中期之后的碑文中(这时候的碑文实际上是早期印度历史年鉴),文本内容与时代相链接的现象是常有的。因此,在这些附有早期印度历史观念的著作中,存在着时间多种形式之间的相互作用——循环性的和线性的。时间形式的多样性引发了这样的问题,即每种时间形式各自的功能是什么,而且它们各自符合或相悖于特定历史意识达到了什么程度?在宇宙时间被看作为不断重复的轮回的地方,就有可能还原另一个过去。

时间的轮回并不缺乏进步观念,因为在一个轮回行将结束之际,一个新轮回即将来临。由于极乐时期预设在轮回的起始处,新轮回的到来又带回了极乐世界。然而,这不是末世论所关注的焦点,例如,就像基督教的末日审判和伊斯兰线性时间的传说。轮回反对私念,大乘瑜伽的时间跨度太大了以至于不容私念存在。但是个人的行为都为世人和(后来的)王国增添福泽,一个建制完备的国家所具有的特征成为追求的最高目标。

四个时代各自都含有一套法(dharma)或德行,并从第一个时代至最后一个时代不断递进。有文本将其描述为一头公牛,在第一个时代用四条腿站立,但是到第四个时代只剩下一条腿,这象征着道德和社会规范的衰落。[①]在第四时代,当法的衰落降到最低点时,便会开始回升。至少在两种盛行于历史文本的末世说中,甚至都没有一种对新轮回回归的期待。在北方佛教经典中,最后的佛——弥勒(Maitreya)的到来预示着极乐境界的回归,暗示太平盛世的各种景象将如期降临。与之类似,以《往世说》为创立基础的印度教,也预言喀尔金(Kalkin)的降临,喀尔金是毗瑟挐第十个人体化身。这将再次带来法的复原并标志着一个大乘瑜伽的结束。

法的衰落用历史语言来表述的话,就形同这样的变化:从最初的英雄时代——出生于最高贵的刹帝利(Ksatriya)家族中的英雄——到由王朝统治的列国的出现,在这些王国出现了各类家庭,如暴发户、奴隶管理者和低等的外来者(可能是参考古希腊人的做法)。这种变化体现于这样的转换中,即从不间断地列举家族后代的模式,变成分列各王朝的名称和统治年代的

---

① *Manu* I, pp. 81-82.

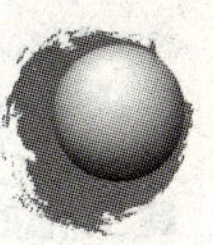



同一的王朝模式。这是一项变化记录。在这里,一代人确实站立在另一代人的肩膀之上,而这种变化是不可逆转的。有人指出,循环性的时间否定了历史事件的唯一性,正如他们假设的那样,在前后相继的轮回中也没有说事件会重复发生。英雄的消失是第一等级的损失,但还会出现更强大的势力,伴随着王权不断延展成为更辽阔的王国。正是这些王朝的统治者为公元一千年后期的历史传记家们铸造了传记写作的原型。

地理学中所设定的空间度量法含有自相矛盾的因素。宇宙地理学的界定并不明确,就像这类地理学常有的那样,很有可能是故作含糊。由多个同心圆主宰的宇宙幻象最后集中于一个地区,这个地区让人联想到次大陆,但却不是准确的地理学术语。诸如南赡部洲(Jambudvipa)、东胜神洲(Bharavarsha)、西牛贺洲(Avaragodaniya)这样的名称更具有文化标志的性质而非准确的地理位置,这很明显地体现在有关四个洲的社会行为规范的描述中。这与地方编年史形成了对比,如《王河》或昌巴(Chamba)和许多其他地方的万挲瓦里斯(Vamshavalis)。在这些编年史中,王国演变前后的地理范围表述得更精确、详细。在昌巴的编年史中,这样详尽的叙述使人有可能根据其提及的地理位置以及与这些位置相关联的事物来观测王国地理形状的变化。因此,空间意识以早期印度历史意识的形式得以普及,这与文本的特异性是相关联的。

特异性在历史传记中体现得更为明显。从这些传记的开头就可以探寻到一种意识,即用过去的权威来为现在正身。这种手法似乎起源于碑文史料。阿拉哈巴德(Allahabad)令人难忘的巨柱成为一种石头上的历史重写本。① 最初,石柱上镌刻着公元前3世纪孔雀王朝阿育王的碑文,描述了他对社会伦理和佛教福利的关注;石柱上还有一篇冗长的颂扬公元4世纪笈多王朝的一位国王的赞歌,列举了他的各种征服和联盟的功绩;最后,石柱上还刻有17世纪莫卧儿王朝贾汗季王(King of Jahangir)的碑文,列述了其诸位先王。石柱上的每一份陈辞都反映了作者截然不同的立场,但是很显然,后面的两位都试图通过将其陈辞铭刻于石柱上,以索求过去的正统性。类似这样的陈辞与传记不同,因为它们带有部分自传的性质,打上了权威的烙印,而且基本上是政治言辞。

说句离题的话,有人可能会说利用过去为现在正身的现象是普遍存在。

---

① Allahabad Pillar Inscription. A. Cunningham, *Corpus Inscriptionum Indicarum*, vol. 1, Inscriptions of Asoka, Varanasi, 1961 (reprint), 37ff, E. Hultzsch, CH, vol. 1, *Inscriptions of Asoka*, New Delhi, 1991 (reprint), xix, 155ff.

这也许不能准确地称为历史的表达方式,但是它再次指向了这样一种意识,即一种历史意识的意识。为了说明这一点,可以引用两个迥然不同的例证。在中世纪的印度,人们为了获得合法权益而去伪造时间更早的土地让渡证,这就是中世纪印度有名的伪造土地让渡契约事件。[①] 举行献祭仪式有时特别要求一些古老的技艺就是为了强调与过去的联系,尽管这在仪式中表现得并不明显。[②]

历史传记或克里答斯(caritas)中,大部分是当代统治者的传记。它们之所以成为容纳了历史意识的文本,是因为:作为传记对象的个人历史之前必然有王朝的历史;在传记的开头或结尾,作者必须用一章内容来提供传记人物的身份背景证明——它常是自传性的,但包含了传记人物的家族史。过去与现在是个连续不断的整体。传记中所描述的事件被看作是人与时间所独有的。业(Karma),即个人所积的善行,它的含义有时被引用来探讨人的行为。印度教和佛教经典都没有提到人的虚幻性,即使有时,世界就像我们看到的那样,被描绘成一个幻觉,而人从未被描述成一个幻觉。关于"事件"尚没有直接明了的辩论,但是这方面的辩论可以隐含在传记写作之中。例如,其中似乎含蓄地反复提及这样一个议题,即必须证明弟弟篡夺王位是正当性。要使篡位具有合法性需要重新组合排列事件和人物,甚至可能借助神的干预。传记写作必须符合其高度程式化的御用格式,以至于这样的政治问题只得隐藏在修辞之中。

这便引出了一个问题:文本在叙述过去时,对资料进行了什么程度的筛选?凯尔哈纳在《王河》中的写作手法给东方学者留下了深刻的印象:他列出了所使用的史料和选择这些史料的优先次序,并评定了资料的可信度。当然,这些还不具有现代社会学的精确性,而只是一般的粗略的方式。出现对史料可靠性的评定,不是源于审定证据的法律程序,而是出于尽可能真实地叙述过去的目的——没有过多关注神奇事物和超自然物——有意识地关注公正。

几十年前,这样的叙述是文本能化归为历史类所必需的要素,但是如今,人类学家就文化书写问题展开了大量的讨论——解构主义和后现代学者们更为广泛地探讨了资料筛选的问题,认为任何文本都与生俱来地暗含着筛选的经历——问题的中心领域似乎已经转移到了文本的上下文而非单

---

① D. C. Sirca, *Indian Epigraphy*, Varanasi, 1965, 435ff.

② R. Thapar, "The Archaeological Background to the Agnicayana Ritual," in *Agni*, *The Vedic Ritual of the Fire Altar*, ed., E. Staal, vol. Ⅱ, Berkeley, 1983, pp. 19-26.

独的文本自身。客观性，几乎是阅读每一种史料时的索求目标，如今更加实际地，以不同寻常的程度索求这种客观性，而且只能在有限的文本及其评注中追求这种客观性。强调如实直书是欧洲书写较晚的发展。先前的文本则非常重视目的和作用，而客观公正却不受重视。

没有必要一定要同意后现代主义者的分析，当批评理论运用到阅读古代文本时，其方法上还是具有一定的有效性。作为资料的史料是经常有所变化的口头传说，正如这个例子所示：在公元最初的几个世纪里，家谱和后嗣列表最后被塑造成形并收编到了《往事说》中。选择的严格条件是由文本的目的和作用决定的，因此，在评定史料价值时作者的思想观念便的的确确地成为最重要的因素，写作时所处的总的时代背景和环境也同样重要。从这个视角看，历史就如同一系列家族模型，这些模型在某些特定的时间点所经历的结构的变化具有重大的意义。如今，阅读这些家谱需要相当多的专业技能，但是在编写这些家谱的时期，这些表述肯定是人们惯常使用的，意义的层次也是很分明的。选择性不一定非得经过论证和解释，但却内含在文本的思想观念和其他观点之中。启蒙式的历史会觉得难以接受这一点，认为只有那些有意识地探讨了史料及其选择的文本才能算作历史，但是坚持这种看法将会不必要地限制可以从古代世界获得的历史作品的数量。

我们今天所知道的历史规则是启蒙运动时期的历史观的要求充分发展而来的。它导致的主要变化表现在两个方面：一是通过筛选的过程来认知过去；二是认识过去对于现在的作用。人类行为的代理机构也由如君主、教会和氏族演变成了国家。这些过程对于启蒙运动前的“历史学家”来说是知晓的，但是经历和实践的方式却是含蓄的。经过启蒙运动思想的强调，这种含蓄变得很清晰。在此之前，在不同的文化中，历史的组成要素是不尽相同的，（由于缺乏共同语言）他们之间即使进行一个对话也是不可能的。重视合乎理性的因果解释是新颖的观念。国家日益与宗教分离的事实意味着混合着神性和超自然力量的叙述史开始受到质疑。

因此，我们有必要将同类事物进行比较。在印度早期的著述中我们找不到启蒙运动历史观。启蒙时代后的历史分析展现了一些可能性，可以同时为找到历史意识和历史另辟新径；同时它们的确拓宽了原来的历史视野的空间。这在本质上是由于界定历史的方式改变了。如果计量史学需要只有工业化社会才能提供的档案记录，那么口述传统的研究只能通过对非资本主义社会发生移情作用才会显得有效。两种方法的比较具有相当大的价值。在早期印度的例子中，我们发现了质量很好的历史叙述，它的基本原则是在过去两个世纪确立起来的。早些时候的一些作者主张叙述"史传"(itihasa,无论它是否遵循了启蒙的方法)。如果对他们看待过去的方式加以分析,这种分析本身就会极大地促进我们理解早期印度社会所具有的历史观念。

(程金华　译)

# 第三部分

# 编 后 记

# 回 应

[英]彼得·伯克

首先要感谢各位对我的初稿提供意见和建议,这些反例及不同观点揭露了我的假说之嫌。我尤其还要感谢其中的一部分学者,他们用英语或德语对拙作作出了评论,虽然这不是他们的母语。

可惜的是我不能对上述评论一一答复,只能集中精力于那些直接涉及本论集的论述,恳请评论家们给予谅解。综合所有的辩论和相关著作,我将讨论以下四个大问题,继而对关于拙作十个论题所作的评论进行逐一的回应。这四个问题是:(1)观点上存在的问题;(2)内部具体问题的合理性;(3)史学革命的结构;(4)史学需要更加严密的区别对待和具体分析。

## 一

有人说我的论文反映了西方中心主义的观点,对此我丝毫不感意外。比如海登·怀特所指出的,它们把一种西方的视角凌驾于全世界之上;还有如弗朗西丝·哈特戈(Francois Hartog)认为,它们简直就是以欧洲价值为中心,甚或只是代表了英国以至英格兰的价值观。毋庸讳言,我的这些论文会反映我本人的性别特点、社会阶层以及时代特征,而且我欢迎针对这种"西方文化特征"(Occidentalisms)进行更多具体而实在的细致讨论。不过,提到艾尔—阿兹迈(Aziz Al-Azmeh)所作的具体评论,我必须声明,我认为自己并不是"活力论者"(vitalist)或黑格尔哲学信徒。同许多欧洲知识分子(尤其是英国知识分子)一样,我认为文化及其载体之间的类比是很危险的,因此竭力不使“西方”成为时间上同一或空间上一致的一种概念。事实上，同艾尔—阿兹迈与弗朗西丝·哈特戈一样，我也坚信所谓西方是一个“历史性的建构”，虽说一直以来人们并没有这样看待它。根据最近所收集的短文评论，某些关于西方的观点，可以说带有一种“西方文化特征”，正与萨义德(Said)的“东方文化主义”①相类比。

因此，我欢迎那些反映西方多样性的评论，比如，像戈弗雷·默里乌基(Godfrey Muriuki)所探讨的“源自西方历史传统内部的文化冲突”；再者，对于古代之世，我认为与其称之为“西方”，不如仅仅把其当作地中海沿岸民族，当然，此种观点有待进一步讨论。另外，在西方世界之内，应重视欧洲与其他部分——姑且称之为“远西”，或者“新西方”文化、“环欧洲”文化——之间的差异，这也是有益的，这些文化是在1492年以后兴起于美洲，稍后兴起于澳大利亚。其次，也可以将西方文化分作不同的阶段，如格奥尔格·伊格尔斯(Georg Iggers)，他把我论文的主要部分定位为现代。这个问题非常重要，不容忽略，但是我对“现代”这个概念仍有些许顾虑。这主要是因为西欧人自从12世纪以来几乎一直在讨论这个所谓“现代”或“现代性”，从而赋予了这个词许多不同的意义。这个概念就像一个塞得过满的手提箱一样被撑裂了。伊格尔斯也认识到，我赋予西方史学的特征，有些可以上溯到希腊，有些来自中世纪和文艺复兴时期，还有些来自启蒙时代。它们共同塞满了“现代性”这个包袱，使它处于我们自己的“后现代”的审视之下，即使后现代主义也是西方的一个发明。不过，罗密拉·塔帕尔(Romila Thapar)在她的结论中指出，这股后现代潮流给我们提供了一个对非西方文化进行反思的机会。

基于以上的第一点意见，有关评论认为，即使提出西方史学的内在区别，这本身就是个西方中心主义论调的问题，甚至如塔利夫·卡利迪(Tarif Khalidi)指出的，这简直就是个假问题。对这个意见我的回应只能是对或者错。每个特定群体的成员都对自己这个群体何以千差万别深感兴趣，在这个意义上，它当然是对的。回首马克斯·韦伯关于中国、印度和中东的研究，现在看来它们不是超世脱俗的比较史学，而更像是尝试通过比较欧洲传统(封建主义、资本主义、官僚制度、新教价值观和某种音乐风格等等)和其他民族的文化来定义何为西方。这样做的危险是，比较这些在西方文化中具有而在其他文化中并不存在的特征，会使人联想到中国“未能”发展出近

① James Carrier, *Occidentalism*, Oxford University Press, 1995.

代科学和非洲“未能”建立封建主义这种问题。[1] 在历史编纂领域，像唐纳德·布朗(Donald Brown)关于“历史意识的社会起源”这种明晰直率的比较研究本来就为数不多，而它的价值也被上述对比抵消了。[2]

然而，既然比较是可逆的，我仍想对我的文中提出的那个被指为欧洲中心论调的基础性问题作出辩论。假如承认在特定的地区和时间，一个像保守知识阶层那样的群体确实存在过，就像德国的大学教授们曾存在过一样，那么当我们去追究非洲何以没有产生骑士阶层的时候，同样可以问：欧洲为什么没能产生保守知识阶层。[3]

塔利夫·卡利迪除了那个假问题的论断以外，还提出了一个“正确”的问题，即关于“史学革命的结构”。艾尔—阿兹迈和弗兰克·安克史密特(Frank Ankersmit)对此给出了一个政治性的回答。这是一个出色的问题，在这一点上我同意他们三人的看法，而且在某些重要的案例中，这种政治性的回答也是极具合理性的。卡利迪本人进而讨论了伊斯兰史学的出现与“早期帝国痛苦的诞生”之间的关联。[4] 安克史密特引用了三个“创伤性”事件(“traumatic” events)，即 1494 年法国入侵意大利、17 世纪 40 年代的英国内战以及法国大革命，对此，奎恰尔迪尼、海德与兰克派等新史学流派都是其回应。另外，萨迪克·阿尔—艾泽姆(Sadik Al-Azm)讨论了 1798 年拿破仑占领埃及的案例。关于这最后一个案例有一种值得注意的观点，即认为在文化上遭遇西方的暴力干涉，这种事与政治上的干涉一样残酷，就像后来在 19 世纪中国和日本所遭遇的，也是类似的经历(我不知道萨迪克为什么把“温和的遭遇”这一说算到我的头上，其实一直以来我的观点只是说这类遭遇也产生过某些积极的影响，如此而已)。对 1494、1649 和 1789 年的案例，我也只能同意上述观点。至于政治思想方面，历史撰写似乎对暴力冲突特别感兴趣。

史学革命的其他个例都不是这么清晰鲜明。但是，对于约尔瑞茨·罗尔夫(Ulrich Raulff)最近那独创性的研究，即尝试把马克·布洛赫(Marc Bloch)在史学上的创见同他在一战中的经历联系起来，我却有点不敢苟同，

---

① Joseph Needham, “Poverties and Triumphs of the Chinese Scientific Tradition,” in *Scientific Change*, Alistair C. Crombie, London, 1963; Jack Goody, “Economy and Feudalism in Africa,” in *Economic History Review*, vol. 22, 1969.

② Donald E. Brown, *Hierarchy, History and Human Nature, The Social Origins of Historical Consciousness*, Tucson, 1988.

③ Fritz K. Ringer, *The Decline of the German Mandarins*, Cambridge, Mass, 1969.

④ Tarif Khalidi, *Arabic Historical Thought in the Classical Period*, Cambridge, 1994.

因为布洛赫在一战爆发之前早已顺着新的线索延伸了他的思绪。[1] 在二战的案例中,有一种论断是,德国人的战争创伤不是推动了史学革命,而是迁延了它,因为那些经历使得历史撰写难以离开事件性的历史。二战也许是布罗代尔史学思想的催化剂,但是他那时早已对长时段(longue durée)历史产生了兴趣。[2]

但另一方面,有时候历史书写范式的转型与政治的关系会相对较小,找出这样的转型来也是有可能的。在此我不便赘言,但是我相信,社会史在18世纪的法国、英国、意大利和德国兴起,可以由社会的变迁来解释,包括书刊出版(其中涉及它的女性化倾向)。这是一场平静而缓慢的革命,但堪称史学实践中的根本性变化。

许多评论中都指出,研究中需要有区别对待,不能一概而论。这不仅是针对西方世界的(如上所述),对于非西方世界也是如此,需要区分的包括不同的时代以及"历史"的不同概念和形式。这一点我全心全意地接受。无论是从地理的角度,还是从文化的角度,通常所谓"近东"确实比远东更接近欧洲。比如说希腊的历史遗产,不仅在基督教民族的历史撰写中看得到,在穆斯林的史书中同样可见。

谈到历史的概念和形式,我同意托马斯·李的主张,应该将循环和平衡两个概念区别对待。稍有不同的是,我认为从1500年左右,虽然一些中世纪的史家曾假想存在一种道德平衡,在这种机制之下,道德可能会有暂时的混乱但终将归于正常,但传统的历史撰写更感兴趣的并不是托马斯所说的文化平衡性,是政治和经济的平衡性。我也赞同哈特戈,即我们应当区分所谓"history"、"Geschichte"、"shih"、"târîkh"、"hikayat"等等概念。同样的道理,当我们讨论不同文化中像"因素"和"原因"这些概念的时候,应该对这些各自本土的对等概念作出分辨——如果它们确实对等的话。鉴于我们大多数人只懂几种语言,解决之道应当是编纂一本历史辞典,用不同的文化来描述人类的过去,描述借以对历史进行解读和表述的各种文学类别。

恐怕最棘手的是历史分期的问题了。我所讲的西方文化和其他文化之间聚散离合的故事,并不求得赞同,而是希望招来众说纷纭、互相争执的批评。且不说中世纪和文艺复兴时期的事情,让我们来关注一下今天历史学家这全球性的联盟——顺便说一下,假如不是这样,就不会产生今天的研讨

---

① Ulrich Raulff, *Ein Historiker im 20. Jahrhundert. Marc Bloch*, Frankfurt, 1995.

② Pierre Darx, *Braudel*, Paris, 1995.

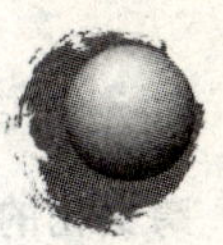



会和这本论文集。这种联盟会不会如怀特所说，意味着非西方的史学家采用西方的史学撰写理论呢？是的，当今的主流模式主要是西方的，从这个意义上说，确实是这样；但又不能一概而论，因为在非西方也有些人贡献于这种模式，比如默里乌基的口述史，以及大家在不同地区所分别做出的实践。阿拉伯历史学家作为最近书写领域内的专家，不需要西方提供给他们特别新颖的东西，而是需要借鉴一些前现代的历史撰写原则，主要是去除神秘色彩和提供资料证据。[①]

在任何情况下，外来文化模式如果不经修改是不会被本土文化接受的。拿多元化的"西方"来说，仅举一例，兰克史学可能已在英语民族中被热情地接受了，但是正如伊格尔斯所揭示的，它被理解成了经验主义的优势文化。[②]假如我们以同样的方式研读一下兰克史学或者其他什么西方史家的理论在俄国、埃及、中国和印度被接受的情况，那一定是千姿百态。类似的研究还不止此，比如前文提及的"history"、"shih"、"tārīkh"等概念之间的区别，其重要性也就不言自明了。

## 二

在此，我的话题应该回到那十个论题以及针对它们的评判上了，确切地说是九个论题，因为第八个关于计量史学的论题没有引出反例。最后，我将会加上第十一条作为结论，讨论马马杜·迪尔瓦拉(Mamadou Diawara)的建议。

关于发展与进步，换句话说，对过去的"线性"看法。阿齐兹·艾尔—阿兹迈和默里乌基都提醒了我关于拜火教创始人的适当评价。我也不能确定，到底是把拜火教作为中东历史遗产对于"西方"国体的重要性的一个反例，还是同《圣经》和亚里士多德一样看作是它的一个证明。不过无论如何这是应该被采纳的。[③] 罗密拉·塔帕尔指出，印度传统的宇宙观尽管看起来是循环论的体系，实则有各种各样以线性时间来定位的机制，其中有两种完

① Khahch, *Arabic Thought*, p. 234.

② Georg G. Iggers, "The Image of Ranke in American and German Historical Thought," in *History and Theory*, 2 (1962).

③ Cf. Tarif Khalidi, "The Concept of Progress in Classical Islam," in *Journal of Near East Studies*, 40(1981).

全是关于历史观的。在我的初稿中也提出,无论是循环论的时间观,还是线性时间观,在绝大多数文化中都可以并存。然而,它们二者各有轻重,也各有不同的形式,我们可以据此区别不同的文化以及某种文化中不同的历史阶段。

有些批评家责备我认为线性论比循环论更优越。其实我并没有这么认为。我自己的看法是,这两者我们都需要,它们可以优势互补。而且我、阿齐兹·艾尔—阿兹迈和卡利迪一样,也发现螺旋式的历史发展观很有启发性,我希望有人能研究它。据我所知,在西方历史上首次提及螺旋式发展是在17世纪,托马·斯布朗(Thomas Browne)爵士写道:"一切的生命,不止人类的,也包括联邦乃至这整个世界的生命,并非递进在一个逐渐增大的螺旋状态,而是运转在一个封闭循环中。"①

关于"历史的未来影射力"或说"时代错位"的观念(sense of anachronism),或者如约翰·伽尔唐(Johan Galtung)所称"主体意识"和"自我时代观"。默里乌基引用了非洲的一些反例,尤其以肯尼亚为主,即原生的同代人群,或称"时代产物"。用他自己的话来解释,就是"与具有划时代意义的历史事件相关联"。这非常有意思,但是它与我所说的"时代错位"这个意义不是十分相合。在西方的中世纪也是一样,历史根据重大事件进行断代,但缺乏一个"时代错位"的观念。具体说来,人们不是很清楚风俗习惯以及服饰和建筑等风格的变化,比方说给奥古斯都穿上中世纪国王的衣服,或者把摩西打扮得像骑士。从文艺复兴以来,对"时代错位"的警惕在西方已经普遍比较敏锐,但在其他地方仍然可见,比如19世纪的阿拉伯对穆罕默德以前重大事件的揭示。②

一个人、一个群体或者一种文化具有区别于其他的人、群体和文化的特殊性,而在对于这种特殊性的意识和兴趣这个意义上,我们谈到个性。

我并非无视伽尔唐指出的西方对普遍性的兴趣,然而这种兴趣,我认为是所有文化共有的,但对特殊性关注的强度则是西方独有的。

阿齐兹·艾尔—阿兹迈认为,我所说的这一点是对西方中心主义的陈腐观点弱化了的重申,认为只有西方文化才把人们当作个体来看待。我并没有这样说,而且现在也不这样认为。为了推翻这个假设,指出一点就够了,那就是在非西方民族,尤其是中国的肖像画法和个人传记的传统(这一

① Thomas Browne, *Religia Medici*, London, 1906.

② Khalidi, *Arabic Thought*.

点我已经指出过)[①]。我的观点是,对个性的兴趣(或说成见)在西方文化中自古至今一直是很强烈的。在基督教文化中,因为个体那近乎幻觉般的自我意识,这种对个性的兴趣变得无拘无束,而在印度教和佛教文化中并不是这样的。至于伊斯兰教应该被归入西方还是东方的阵营,我还不是很确定。

社团(伽尔唐正在研究,这是一种并不稳定的群类)在西方历史撰写中受到了非常的重视。默里乌基指出,延伸式的大家族或说部落组织在非洲史学中具有重要地位。也许我们不妨回到我原稿中那简单的二元命题,这一事实即"某些社团"(尤其是集会和自愿性社团)在西方史学中具有不同寻常的重要角色,不亚于其在西方政治中的重要性。

西方史学的当务之急在于历史知识的认识论问题,这也是它的特色所在。这样说可不等于我接受了怀特的说法,他认为我之所以提到"方法的"和"概念的"问题,是因为我的意图只在于强调当务之急是了解过去,无论这个过去是被绝对怀疑论者在一般的水平上讨论,还是被原始的批判文章在更实用和专门的水平上研究。我的意图并不在此。我从艾泽姆的研究中得知穆斯林学者也对实用性的批判很感兴趣,对此我不觉奇怪,同样的结论也可以从中国学者那里得出,并且即使能从世界其他地方得出来也是无疑的。然而,如果在传统的穆斯林学者中间就是否可能认识过去这个问题举办一个大讨论,我倒很想知道讨论的细节。[②] 我曾提出一个关于在伊斯兰世界中法律和历史认识论之间关系的问题,感谢罕里德对此进行研究。此外,有人注意到西欧早期现代科学的兴起与某些历史事件有关系,比如中世纪的"欧洲合法革命"、罗马法的复兴以及合于自然法则的社会道德的产生,这个研究也是有价值的。[③]

全世界的史家都试图阐释历史,但是针对"原因分析"进行的表达却是鲜明的西方特征。在这场讨论中,跨语际交流的问题非常突出,而这一点就是症结之一。阿尔·安萨里(Al-Ghazali)与阿威罗伊(Averroes)之间的讨论非常有意思,但是如果弄清楚他们的关键论点是什么,对我们大家(也包括

---

① Pei-Yi Wu, *The Confucian's Progress Autobiographical Writing in Traditional China*, Princeton, 1990; Richard Vinograd, *Beundaries of the Self Chinese Portrait* 1600-1900, Cambridge, 1992.

② 参见卡利迪(Khalidi)的 *Arabic Thought*, p. 131,163. 他的研究尽管很有趣,但是对欧洲人关于历史怀疑论所讨论的问题,他却认为不是那么紧迫。

③ Tobby E. Huff, *The Rise of Early Modern Science*, *Islam*, *China and the West*, Cambridge Mass., 1993, ch. 4.

像我这样的非阿拉伯语种的人)都有益处。在英语中,“原因”(cause)这个词带有严谨而机械的科学色彩,这也就难怪在20世纪初当历史学家们梦寐以求使他们的学科跻身科学之列的时候,这个词是那么具有吸引力,同时,也开始受到不断的排斥。那么在阿拉伯语中也是如此么?在医学用语中又是怎样的情形?希波克拉底医派能够像亚里士多德一脉的传统一样,对阿威罗伊具有适用性吗?因此我们可以得出一个类似的结论,即对历史的理解力也是西方史学思想的一个显著特点,这一点恰好回应了托马斯·李的论述。假如他所指的仅限于西方史学长于阐释原因这一传统所遗留下来的自我意识化阐释风格(Verstehen versus Erklarung),我想他也许是对的。但是,为了进一步弄清这个问题,也许我们有必要对汉语、阿拉伯语等语言中历史阐释的词汇进行比较研究。同样,托马斯·李的另一个观点,认为西方史学在合乎逻辑(logic)和理性(rationality)——相对于史学话语中的“错乱”(irrationality)与“荒诞”(folly)——方面占有绝对优势,这也值得以同样的方式进行推敲。

“西方史学家长期以来很是为自己所谓的客观性感到自豪。”佐藤将之(Masayuki Sato)针对东亚,对此以偏概全的论断提供了重要的反例。或者更精确地说,是对于它的第一部分,即传统意义上的“公正”(impartiality),而非现代意义上的“客观”(objectivity)。

“西方史学的文学形式同其内容一样与众不同。”怀特希望我对文采修辞说得更明确些,而卡利迪却让我避开这个话题。这两种态度之间的争执,在西方史学界由来已久了,惭愧的是我不知道这是否为西方所专有,总之我想怀特在他自己的著作中似乎已经专门谈到了这场争执,谈到了“华而不实的历史撰写”存在的危害。西方史家向来对自己的作品自视朴实无华,有时比照着其他的文学形式,从悲剧作品到新闻报道再到小说不一而足,而将他们的同行竞争者斥为仅仅是悲剧作家、记者和爱情小说家。

我并不是说,我们的历史学家从那些他们据以界定自己作品的文学类型中一无所获。可以这样说,朴实无华的风格本身就是一种文风,借以使读者确信它对过去故事的叙说是真实的。然而,差异性在这里同样是一件好事。史学家中必定存在着一些人较之他人更擅长华丽的文风,而在某些时代人们对于华丽词藻的厌恶必然甚于其他时代。比如,17世纪早期,欧洲曾出现过反对史学靡丽文风的潮流,包括保罗·萨皮(Paolo Sarpi)、雅克·奥古斯特·陶(Jacques-Auguste de Thou)、以马利·米特(Emmanuel van Meteren)和威廉·卡姆登(William Camden)在内的一群史学家,他们的作品中摈弃了主观论断，代之以对原始资料文档的引用。至于文学性描述，则要感谢佐藤将之对我提出的日本“贞烈”问题的回应。

“西方史学家不仅对于时间具有独特眼光，对空间概念也是如此。”有趣的是只有一位评论者——来自挪威的伽尔唐对此话题进行了评论。挪威是欧洲少数几个人口密度较低的国家之一，因此自古至今对空间理解比较明晰。

最后，让我们来讨论一下蒂安瓦拉建议应当加上的第十一条：西方史学的文本主义传统（scriptocentrism）。很抱歉虽然我的初稿就是我自己文本书写方式的确凿证据，而我那时却没有想到这个问题。以下是这个问题的两点意见：第一，以这个话题来划分世界史学，与其他论题的划分是截然不同的。因为在这个划分之下，我们发现欧洲和中国处于同一阵营中，即书面文本的阵营，而且它们都尤其重视官修史书；而在其他文化中，比如马里和秘鲁，却强调口述和回忆的史学，有时还辅之以记忆术，比如秘鲁在被西班牙征服之前，其史学家曾使用击鼓、结绳记事或棋谱的方式。第二，西方史学的这一特点，有着自己的发展轨迹，从13世纪以来日益明显，17世纪后更甚，而尤其彰显于19世纪。因为正是在19世纪，产生了“史前”这个词，同时，基于书面史料的“历史学”同基于其他文物遗存的“考古学”、基于口述的“民间传说”从此泾渭分明。在关于民间传说的研究中，欧洲对它的积极态度（如民俗学[Volkskunde]、民谣[Folkliv]）同职业史学家对其持有的反对态度，都值得重视。欧洲的民俗学者与20世纪60年代的口述史运动之间的关系值得回味，在这之前人们对口述传统的态度也值得费些笔墨。我想到两项相关研究，都与英国有关。丹尼尔·伍尔夫（Daniel Woolf）已经考证，英国史学史上对口述资料的态度，经历了一个衰落过程，这个过程始自16世纪早期的文物学家约翰·利兰（John Leland），当时他认为那些“普通的声音”（common voice）是值得认真对待的。到了17世纪，包括约翰·塞尔登（John Selden）和威廉·达戈代尔（William Dugdale）在内的一些学者，力主口述资料只能充当二手史料。那时，尤其明显的转变发生在法律界，法庭审判的侧重点从回忆转到书面记录，从相信证人转而相信文书。在英国，这一转变过程的年限被定为1066～1307年。而今天，我们却发现事情的发展又在发生转变，这不仅包括口述史运动，也包括史学家对中世纪考古、工业考古乃至一般意义上的物质文化产生日益高涨的兴趣，他们不但将这些当作史料来对待，而且把它们当作历史本身。

我的论述到此结束,但欢迎针对这些问题继续讨论。以上的回应也表明,至少这里提出的一部分论题值得考察和推敲,希望我们在比较与合作的基础上进行进一步研究。

(王琳　译)

# 作者简介

## 主　编

约恩・吕森(Jörn Rüsen),教授、博士,出生于 1938 年,在科隆大学学习历史、哲学、文学、教育学。1974～1989 年任波鸿大学(University of Bochum)现代史教授。1989～1997 年任比勒费尔德大学(University of Bielefeld)史学与史学理论教授。1994～1997 年任比勒费尔德大学跨学科研究中心(Center for Interdisciplinary Research,简称"ZiF")主任。自 1997 年 4 月以来任莱茵—威斯特法伦科学中心之埃森人文科学高级研究所(Kulturwissenschaftliches Institut Essen [KWI] im Wissenschaftszentrum Nordrhein-Westfalen)主席。出版的著作有:*Begriffene Geschichte*(1969),*Historische Vernunft*(1983),*Rekonstruktion der Vergangenheit*(1986),*Zeit und Sinn*(1990),*Konfigurationen des Historismus*(1993),*Studies in Metahistory*(1993),*Historische Orientierung*(1994),*Historisches Lerner*(1996)。

## 副主编

克里斯提安・高雅伦(Christian Geulen),出生于 1969 年,在比勒费尔德大学和约翰·霍普金斯大学(巴尔的摩)。比勒费尔德大学历史学博士候选人。自1998年起担任莱茵—威斯特法伦科学中心之埃森人文科学高级研究所助理研究员。

## 作　者

彼得·伯克(Peter Burke),教授、博士,出生于1937年,毕业于牛津大学,1962～1979年在苏塞克斯大学(University of Sussex)任教。自1979年起任剑桥大学文化史教授、伊曼纽尔学院(Emmanuel College)学术委员、不列颠学院(British Academy)学术委员,欧洲学术委员会(Academia Europea)成员。主要著作有:*A Social History of Knowledge*(2000),*Varieties of Cultural History*(1997),*The European Renaissance: Centers and Peripheries*(1998)等。

萨迪克·阿尔—艾泽姆(Sadik J. Al-Azm),教授、博士,1934年出生于大马士革,毕业于耶鲁大学,在耶鲁大学、纽约Hunter College、贝鲁特的美国大学、普林斯顿大学、奥尔登堡(Oldenburg)大学任教。柏林科学委员会(Wissenschaftskolleg zu Berlin)委员、伍德罗·威尔逊国际学者中心(Woodrow Wilson International Center of Scholars in Washington, D. C.)委员。自1977年起担任大马士革大学教授。出版著作包括:*Unbehagen in der Moderne: Aufklärung im Islam*(1993),*Kant's Theory of Time*(1967)等。

弗兰克·安克史密特(Frank R. Ankersmit),教授、博士,出生于1945年,在莱顿大学、格罗宁根大学(Groningen)学习物理、数学、历史、哲学。任格罗宁根大学历史理论与思想史教授。出版著作包括:*Exploraties*(3 vol., 1996-1997),*Aesthetic Politics: Political Philosophy beyond Fact and Value*(1996),*History and Tropology: The Rise and Fall of a Metaphor*(1994)等。

马马杜·迪尔瓦拉(Mamadou Diawara),出生于1954年,在社会科学高等研究院(école des Hautes Etudes en Sciences Sociales,简称"EHESS")、巴黎索邦大学学习非洲史、社会人类学。为马里巴马科人文科学研究所(Institut des Science Humanines [ISH] in Bamako, Mali)终身会员。1994～1995年任柏林科学委员会(Wissenschaftskolleg zu Berlin)委员;1996～1997年

任耶鲁大学教授，1997～1999 年间任拜罗伊特大学（University of Bayreuth）教授。出版著作有：*Le graine de la parole*（1990）。

约翰·伽尔唐（Johan Galtung），教授、博士，出生于 1930 年，在奥斯陆大学（University of Oslo）学习数学、社会学。任 Witten-Herdecke、Granada、Ritsumeikan、Tromsö 等大学和平学教授。出版著作包括：*Macrohistory and Marohistorians: Perspectives on Individual Social and Civilizational Change*（1997），*Peace by Peaceful Means: Peace and Conflict, Development and Civilization*（1996），*Europopia: Die Zukunft eines Kontinents*（1993）等。

弗朗索瓦·阿尔托（François Hartog），教授、博士，出生于 1946 年，任社会科学高等研究院古代、现代史学主席。出版著作包括：*Mémoire d'Ulysse: Récits sur la frontière en Grèce ancienne*（1996），*Le miroire d'Hérodote: Essai sur la representation de l'autre*（1991），*Le XIX siècle et l'histoire: le case Fustel de Coulanges*（1988）等。

格奥尔格·伊格尔斯（Georg G. Iggers），教授、博士，1926 年出生于汉堡，布法罗纽约州立大学历史学教授。莱比锡大学、达姆施塔特技术大学（Technical University of Darmstadt）访问教授。1995 年获得亚历山大·冯·洪堡研究奖（Alexander v. Humboldt Research Award）。出版著作包括：*Historiography in the Twentieth Century: From Scientific Objectivity to the Postmodern Challenge*（1997），*Ein anderer historischer Blick: Beispiele ostdeutscher Sozialgeschichte*（1991），*Social History of Politics: Critical Perspectives in West German Historical Writing since* 1945（1985）等。

塔利夫·卡利迪（Tarif Khalidi），教授、博士，1938 年出生于耶路撒冷，在牛津大学学习历史，在芝加哥大学学习伊斯兰教。在贝鲁特美国大学、剑桥大学任历史学教授。出版著作包括：*Arabic Historical Thought in the Classical Period*（1994），*Classical Arab Islam*（1984），*Islamic Historiography: The Histories of Mas'udi*（1975）等。

托马斯·李（Thomas H. C. Lee），博士，出生于 1945 年，毕业于耶鲁大学，任教于香港中文大学。现为纽约城市学院历史系成员。出版著作包括：*Education in Traditional China: A History*（2000）等。

克劳斯·墨勒（Klaus E. Müller），教授、博士，出生于 1935 年，在慕尼黑大学学习音乐、戏剧、哲学、人类文化学、突厥学、伊斯兰教。自 1971 年起担任美因州法兰克福大学人类学教授。出版著作包括:*Der Krüppel*: *Ethnologia passionis humanae*(1996),*Das magische Universum der Identität*: *Elemantarforment sozialen Verhaltens*(1987),*Die bessere und die schlechtere Hälfte*: *Ethnologie des Geschlechterkonflikts*(1984)、*Geschichte der antiken Ethnographie und ethnologischen Theoriebildung*: *Von den Anfängen bis auf die byzantinischen Historiographien*(2 vol., 1972)等。

戈弗雷·默里乌基(Godfrey Muriuki),教授、博士,1946 年出生于肯尼亚,在乌干达 Makerere College 学习历史。英国历史协会荣誉会员。斯坦福大学、密苏里杜鲁门大学大学访问教授。出版著作包括:*United States Educational Influence on Kenya*(1995),*People round Mount Kenya*(1978),*A History of the Kikuyu*: 1500-1900(1975)等。

佐藤将之(Masayuki Sato),教授、博士,1946 年出生于日本。在庆应大学(Keio University)、剑桥大学学习经济、哲学和历史。伊利诺伊大学(University of Illinois, Urbana-Champaign)访问教授。山梨大学(Yamanashi University)社会研究教授。出版著作包括:"Comparative Ideas of Chronology," in *History and Theory*(1991);"Historiographical Encounters: The idea of Chronology in East Asia," in *East Asian Sciences*: *Tradition and Beyond*(1995);"The Chinese and Western Traditions in Turn of the Century Japan," in *Storia della Storiografia*(1992)等。

罗密拉·塔帕尔(Romila Thapar),教授、博士,1931 年出生于印度,新德里尼赫鲁大学历史教授。1983 年度印度历史协会主席,1986 年度剑桥大学玛格丽特·霍尔女子学院(Lady Margaret Hall)荣誉会员。她的著作包括:*From Lineage to State*(1984)、*Ancient Indian Social History*: *Some Interpretations*(1978)、*Asoka and the Decline of the Mauryas*(1973)等。

海登·怀特(Hayden White),教授、博士,出生于 1928 年,加利福尼亚大学观念史教授、斯坦福大学比较文学教授。出版著作包括:*Figural Realism*: *Studies in the Mimesis Effect*(1999),*The Names of History*: *On the Poetics of Knowledge*(1994),*Metahistory*: *The Historical Imagination in Nineteenth Century Europe*(1875)等。

余英时(Ying-Shih, Yü),教授、博士,出生于 1930 年,在香港新亚学院、哈佛大学、耶鲁大学学习。新亚学院院长、香港中文大学副校长。现为普林斯顿大学东亚系教授。出版著作包括:*Li-shih jen-wu yü wen-hua wei-chi*(Historical Figures and The Crisis of Culture, 1995),*Wen-hua p'ing-lun*

*yü Chung-kuo cg'ing-huai* (Cultural Criticism and Chinese Sentiments, 1998), Early Chinese History in the People's Republic of China (1981), *Trade and Expansion in Han China* (1967)等。